ユーラシア考古学選書

グラヴェット文化のヴィーナスの像

旧石器時代最大の美と知のネットワーク

竹花 和晴 著

Archaeologia Eurasiatica

雄山閣

レスピューグ洞窟発見の「ヴィーナスの像」（グラヴェット文化）

口絵 2

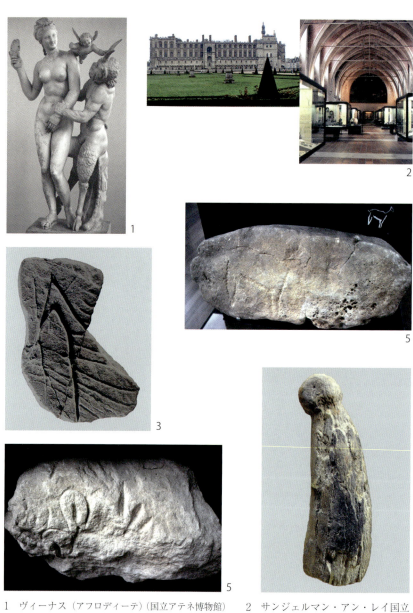

1　ヴィーナス（アフロディーテ）（国立アテネ博物館）　2　サンジェルマン・アン・レイ国立文化財博物館　3　ルー洞窟発見の最古の芸術表現（シャテルペロン文化）　4　ベルケール岩陰発見の線刻画（オーリニャック文化）　5　セルリエ岩陰発見の線刻画（オーリニャック文化）　6　ブランシャール岩陰発見の像（オーリニャック文化）

1　ブラッサンプーイ洞窟の「外套頭巾の婦人」(グラヴェット文化)　2　ブラッサンプーイ洞窟「小娘」(グラヴェット文化)　3　ブラッサンプーイ洞窟の「洋ナシ」(グラヴェット文化)　4　ブラッサンプーイ洞窟の「帯を締めた小像」(グラヴェット文化)　5　ブラッサンプーイ洞窟の「短剣の塚」(グラヴェット文化)　6　ブラッサンプーイ洞窟の「革袋の線」(グラヴェット文化)

口絵 4

1 グリマルディ洞窟の「黄色い臀部肥大」(時期不明)　2 グリマルディ洞窟の「ロザンジュ」(時期不明)　3 グリマルディ洞窟の「ポリシネル」(時期不明)　4 シャヴィニャーノ遺跡発見の「ヴィーナスの像」(時期不明)　5 チュルサックの「ヴィーナスの像」(グラヴェット文化)　6 シィリューイーユ発見の「ヴィーナスの像」(グラヴェット文化)

■グラヴェット文化のヴィーナスの像■目次

序章　グラヴェット文化の概要　5

プロローグ　1　研究史　2　地理的な分布　3　古環境　4　石器文化　5　住居遺構と生活様式　6　芸術的表現　7　代表的遺跡　8　人類学上の資料　エピローグ

第1章　グラヴェット文化のヴィーナスの様式、
　　　　特に西ヨーロッパの研究

はじめに……………………………………………………………… 19

第1節　総　論 ……………………………………………………… 21
（1）研究の歴史　21
（2）後期旧石器時代前半の古気候　22
　　1　オーリニャック文化期　2　グラヴェット文化期
（3）文化編年上の位置　25
（4）ヴィーナスの像誕生の背景　27

第2節　西ヨーロッパのヴィーナスの像……………………………… 30
はじめに　1　最初のいわゆる「ヴィーナスの像」　2　最初のグラヴェット文化の小像　3　ブラッサンプイの多様な小像群　4　南ヨーロッパの典型的ヴィーナスの像　5　ヴィーナスの様式における"傑作"　6　新たに発見されたヴィーナスの像　7　マドレーヌ文化のヴィーナス　8　人像様の最も古い動産芸術　9　パトー岩陰の浅浮き彫り　10　シィリューイーユのヴィーナスの像　11　チュルサックのヴィーナスの像　12　ローセルの浅浮き彫り像　13　テルム・ピアラの浅浮き彫り画　14　畑の中で発見されたヴィーナスの像　15　サヴィニャーノのヴィーナス　16　キオッツァの小像　17　ルナンクールⅠ開地のヴィーナスの像

第3節　西ヨーロッパのヴィーナスの像群の特徴 ………………… 68
はじめに　1　材料　2　像のサイズ　3　頭部の形　4　顔の表現　5　胸

1

部の表現　6　上半身の均整　7　腹部の表現　8　臀部の表現　9　最大幅の位置　10　下半身末端の特徴　11　下半身の均整　12　妊娠の特徴　13　表現上のタイプ　14　人物描写の特徴　15　身体以外の表現

結　論……………………………………………………………………… 73

第2章　中部ヨーロッパにおける後期旧石器文化のヴィーナスの様式

はじめに……………………………………………………………………… 79

第1節　「ヴィーナスの様式」の背景と位置づけ………………… 81
はじめに　*81*
(1)　西ヨーロッパの研究史　*82*
(2)　中部ヨーロッパの研究　*85*
(3)　後期旧石器時代前半の古気候　*87*
　　1　前段のオーリニャック文化　2　グラヴェット文化期
(4)　ヴィーナスの様式における文化編年上の位置　*89*
(5)　ヴィーナスの様式が生まれる背景　*92*

第2節　中部ヨーロッパで発見されたヴィーナス像………………… 95
(1)　関連遺跡と「ヴィーナスの様式」　*95*
　　1　ヴィレンドルフ開地の「ヴィーナスの像」　2　ワインベルグのヴィーナスの像　3　リンゼンベルグのヴィーナスの像　4　ガイセンクラステルレの人物像　5　フォゲルヘルドのヒト形の像　6　ホーレンシュタインの擬人像　7　ホーレ・フェルス洞窟の最古のヴィーナスの像　8　ドルニ・ヴェストニツェ開地における一群の「ヴィーナス」　9　パヴロフ開地の「ヴィーナスの像」　10　ペトルコヴィツェの「ヴィーナスの像」　11　ブルノⅡのヒトの像　12　プレドゥモストのヴィーナスの像　13　モラヴァニーの「ヴィーナス」

第3節　中部ヨーロッパにおける「ヴィーナスの様式」の分析……*126*
(1)　中部ヨーロッパのヴィーナスの像群の特徴　*127*
　　1　材料　2　サイズ　3　頭部の形　4　頭髪の表現　5　顔部の表現　6　頭と顔の有無　7　身体に対する頭部の均整　8　胸部の表現　9　上半身の均整　10　腹部の表現　11　臀部の表現　12　最大幅の位置　13　下

　　　　半身末端の特徴　14　下半身の均整　15　妊娠の特徴　16　表現の特徴
　　　　17　身体以外で表現されているもの　18　「ヴィーナスの像」の帰属時期
　結　論………………………………………………………………………………133

第3章　東ヨーロッパ大平原に展開した 「ヴィーナス像の様式」

はじめに………………………………………………………………………………135

第1節　東ヨーロッパの「ヴィーナス」…………………………………………137
　(1)　背景をなす地理的空間　137
　(2)　研究の歴史　137
　(3)　後期旧石器時代前半の古気候　139
　(4)　「ヴィーナスの像」の編年上の位置　141
　(5)　ヴィーナスの様式が生まれる背景　143

第2節　東ヨーロッパのヴィーナスの像……………………………………………144
　はじめに　144
　(1)　モロドヴァⅤ開地のヴィーナスの像　145
　(2)　アヴディエヴォのヴィーナスの像群　150
　(3)　ガガリノのヴィーナスの像群　156
　(4)　ポリヤコフ遺跡のヴィーナスの像群　162
　(5)　コスティエンキⅧのヴィーナスの像　172
　(6)　エリセエヴィッチのヴィーナスの像　174

第3節　総論と比較……………………………………………………………………175
　(1)　東ヨーロッパ大平原　175
　　　1　頭部の表現　2　頭髪　3　顔の具象性　4　妊娠の特徴　5　胸部の
　　　特徴　6　身体中央部　7　足部の表現　8　下半身の縮約性　9　複合
　　　的な表現　10　像の大きさ　11　身体のプロポーション

結　論…………………………………………………………………………………181

目 次

第4章　グラヴェット文化の「ヴィーナスの様式」、特に西シベリア地域の研究

はじめに ……………………………………………………………… 185

第1節　西シベリアの「ヴィーナスの像」………………………… 186
　(1) 背景をなす地理的空間　186
　(2) 研究の歴史　186
　　　1　隣接地域の研究　　2　シベリア
　(3) 後期旧石器時代前半の古気候　189
　　　1　オーリニャック文化期　　2　グラヴェット文化期
　(4)「ヴィーナスの像」の編年上の位置　191
　(5) ヴィーナスの様式が生まれる背景　194
　(6) シベリアのヴィーナスの像群　196
　　　1　ブレチのヴィーナスの像　　2　マリタのヴィーナスの像

第2節　比較・総論 ………………………………………………… 210
　はじめに　210
　(1) 身体の表現　211
　　　1　頭部表現　2　頭髪　3　顔の表現　4　腹部　5　胸部　6　身体中央　7　身体下端　8　下端の縮約
　(2) 複合的な表現　214
　　　1　身体の総合的特徴　2　彫像の大きさ　3　均整

結　論 ………………………………………………………………… 218

終章　結論　221

　引用参考文論　227

　欧文要約　239

　あとがき　245
　　　［追記・初出について］247

4

序章　グラヴェット文化の概要

プロローグ

　グラヴェット文化はユーラシア大陸の西半分に分布するにもかかわらず、大西洋岸では地方的な文化名称である後期ペリゴール文化とも呼ばれている。その文化的統一性を示す要素には、特に3つの明確な領域の中に類縁的要素を見出すことができる。①スペインのピレネー地方から東ヨーロッパ大平原（ロシア大平原）に至る地域に、ヴィーナスの像と呼ばれる小型の豊満な女性彫像が協約的に作られる（図1）、②マンモス遺骸や石のブロック等で半地下式の円形住居が作られる（図38）、③それぞれの地方的文化の石器組成中における3タイプの背付尖頭器が時間的・空間的に共有される（図3）。

　従ってグラヴェット文化は芸術表現と生活様式各面、更には石器組成において統一的要素を示していると言われる。以下では後期旧石器時代前葉における文化的成熟期の展開を概観する。

1　研究史

　当該期を含む西ヨーロッパの後期旧石器文化の編年は1905〜1910年の間にブリューイによって基本的に確立される。当初、3つの文化時期、オーリニャック文化、ソリュートレ文化、そしてマドレーヌ文化の編年を提唱した（Breuil 1912）。当時、ソリュートレ文化層の下から、既に多くの小型女性彫像が発見されていたが、「オーリニャック文化のヴィーナス」として把握されていた。しかし、今日の「狭義のオーリニャック文化」の堆積層には全く伴わない。フランス南西部・ドルドーニュ県レ・ゼジィー・ドゥ・タヤック村の教師であったペイロニーは、1918年よりこの地方のレ・ゼジィー博物館の学芸員となり、ブリューイ編年を1933年に新たに改編した。それはドルドーニュ県内のフェラシィー大岩陰とロージュリ・オーットゥ岩陰の資料に基づき独特な文化認識によって後期旧石器時代前半の諸様相を地域内で連続的に把握する試みであった。具体的には二つの独立した文化伝統であるオーリニャック文化とペリゴール文化がそれぞれ発達した（Peyroy 1933）、という考えである。ペイロニーはペリゴール文化の5つの連続した

序章　グラヴェット文化の概要

文化段階の中で、Ⅳ〜Ⅴ期を「後期ペリゴール文化」として分類した。ロージュリ・オートゥ岩陰のD層あるいは西側部分のオーリニャック文化Ⅴ期と同時期と解釈したのである。ペリゴール文化Ⅴ期はフェラシィー大岩陰の文化上の堆積層によって、更に連続した3時期に分けられ、それぞれの層より特徴的石器類型を伴うことに着目した。①ペリゴール文化Ⅴa期は「フォン・ロベール型尖頭器」（図3-8）が特徴をなす。②同Ⅴb期は「石刃素材切り断り石器」（図3-2）の存在が鍵となる。③同Ⅴc期は「ノアイユ型彫器」

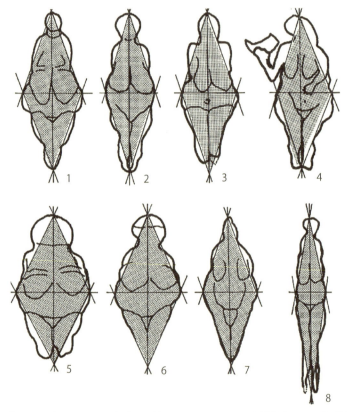

1　レスピューグ洞窟（フランス・ピレネー地方）　2　コスティエンキ遺跡（ロシア・ドン地方）
3　ドルニ・ヴェストニツェ遺跡（チェコ・ドナウ河支流）　4　ローセル岩陰遺跡（フランス・南西部）
5　ヴィレンドルフ遺跡（ドナウ河流域）　6　ガガリノ遺跡（ロシア・ドン河流域）
7　グルマルディ洞窟（イタリア・地中海西部）　8　ガガリノ遺跡（ロシア・ドン河流域）

図1　ヨーロッパ各地で発見されたヴィーナス像の特徴（Leroi-Gourhan 1965b　表現変更）

（図3-1）によって特徴づけられる。ロージュリ・オートゥ岩陰 B 層の様相は後に、モヴィウス（Movius H.L.jr.）によってパトー岩陰においてその存在が再び確認される。この文化の編年上の位置は結局大きく若返り、ノアイユ型彫器の存在からペリゴール文化 V 期に後続し、従ってペリゴール文化 VI 期と解すべきである（図4中央）。結局、フォン・ロベール型尖頭器や石刃素材切り断り石器、更にノアイユ型彫器等の編年上に示す意味はペリゴール文化 V 期細分の中に把握することは到底受け入れられるものではない。これらの石器群は更にグラヴェット型尖頭器をも常に組成中に構成するもので、ドルドーニュ県ロック・ドゥ・コンブ洞窟やフラジュオレ岩陰（Flageolet）等複数の遺跡文化層が発見されている。今日「前期ペリゴール文化」はシャテルペロン文化の呼称に置き換えられ、ペリゴール文化 I、II、III 期の諸段階は以後全く存在意義を失うのである。一方、「後期ペリゴール文化」の表現は継続して使われており、「グラヴェット文化」の代わりに頻繁に使われる。後期ペリゴール文化の連続した諸段階は以下の様になる：ペリゴール文化 IV 期はグラヴェット型尖頭器と細くて真っすぐな先端の鋭利なナイフ形石器を特徴とする。若干の遺跡、例えばラ・グラヴェット遺跡やパトー岩陰等ではフレッシェットと呼ばれる小矢形石器（fléchette：図3-7）がグラヴェット型尖頭器（図3-5）に伴う。この石器は非常に小型で木の葉形を呈し、細かい細部加工で石刃素材の剝片剝離面に加工を施している。ペリゴール文化 V 期は幾つかの非常に特徴的な石器の出現によって際立っている。例えばフォン・ロベール型尖頭器であるが、この石器は特にフォン・ロベール洞窟に多量に見出されるが、石刃素材基部の両側を急峻な細部加工により長い着柄部が作られている。石刃素材切り断り石器は石刃の片側縁に急峻な細部加工によりナイフ形石器のように背部を設け、この背部に続く細部加工が両端部に直角に延び、石刃の縦軸両端を欠く。ノアイユ型彫器は非常に小型の石器類型で、石刃の細部加工された折面（troncature：図3-2）から側の刃部の挾入（nocht）に連結し作られている。このタイプの石器はペリゴール地方東部の後期ペリゴール文化に属し、その名もノアイユ洞窟（Noailles）から発見されたことに由来する。ペリゴール文化 VI 期はペリゴール地方のパトー岩陰第3文化層（図4中央）において、グラヴェット型尖頭器とグラヴェット

型細石刃（microgravette：図3-6）によって特徴づけられる（Movius 1975）。しかし、これらの特徴はペイロニーによって分類されたロージュリ・オーットゥ岩陰D層のペリゴール文化Ⅲ期と非常に近似する。この時期、ノアイユ型彫器のペリゴール文化Ⅴ期の文化層における堆積上の観察から、その下層にあたるⅥ期の編年的位置が再認識された。ボルドゥはグラヴェット型細石刃とグラヴェット型尖頭器、更に多くの彫器を伴う発達したペリゴール文化をペリゴール地方コルビヤック遺跡（Corbiac）で発見し、この文化期をペリゴール文化Ⅵ期とⅦ期の中間的な段階と把握した（Bordes 1968）。ペリゴール文化Ⅶ期はロージュリ・オーットゥ岩陰やパトー岩陰のペリゴール文化Ⅵ期層の直上の文化層である。ソリュートレ文化を介在し、編年上の位置が大きく隔てているが、多くのマドレーヌ文化との類縁関係を示すことから、原マドレーヌ文化と呼ばれている。このことをソンヌヴィル・ボルドゥはペリゴール文化Ⅶ期とすることを提唱した。この時期は豊富な両側縁細部加工石刃と背付き石刃を特徴とする。これらの諸特徴は原マドレーヌ文化（Protomagdalènien）、あるいはペリゴール文化Ⅶ期の3遺跡（ロージュリ・オーットゥ岩陰、パトー岩陰、ブロ岩陰：Blot）で確認されている。グラヴェット文化は多くの石器の類型的変異に富み、特徴的な諸段階（ペリゴール文化Ⅳ〜Ⅶ期）があり、西ヨーロッパの殆どの地域に分布する。同様に大西洋側のペリゴール文化Ⅳ期と同時期の中部ヨーロッパの多くの石器文化複合をギャロド（Garrod D.）は「東方グラヴェット文化」を提唱し、更にこれらを地方的に細分化した文化が、チェコのパヴロフ文化（Pavlovien）、オーストリアのヴィレンドルフ文化（Willendorfien）、ロシアのコスティエンキ文化（Kostienkien）等がそれある（Garrod 1938）。

2　地理的な分布

かつて、ルロワ・グーランは当該文化の地理的分布域を、特徴的なヒト形の動産芸術作品の様式が広がる範囲を最大の文化的領域と捉えた（Leroi-Gourhan 1965b）。西端はスペインのパルパロ洞窟（Parpallo）からフランス国内の諸遺跡、ベルギーのトゥルー・マグリット岩陰、イタリア、中部ヨーロッパ、ウクライナ、ロシア、更にドン河流域に及ぶ広大な範囲（図2）を指摘した。遺跡の最も集中するのはフランスのペリゴール地方（ドルドー

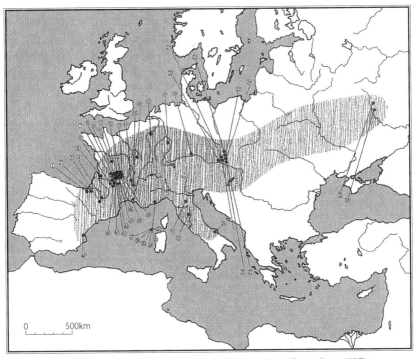

①イステューリッツ洞窟　②ブラッサンプーイ洞窟　③ガルガ洞窟　④レスピューグ洞窟
⑤ペール・ノン・ペール洞窟　⑥グラヴェット崖下遺跡　⑦フェラシー大岩陰
⑧フラジュオレ岩陰　⑨パトー岩陰　⑩ラロー岩陰　⑪クロマニヨン岩陰　⑫コルビヤック開地遺跡
⑬ロージュリ・オートゥ洞窟　⑭ヴィーニュ・ブラン開地遺跡　⑮プロ岩陰
⑯アルシィー・スール・キュール洞窟　⑰トゥルー・マグリット岩陰　⑱マインツ・リンゼンゲルグ
⑲ヴァインベルグ・モーエルン洞窟　⑳ヴィレンドルフ開地遺跡　㉑ブルノ開地遺跡
㉒パヴロフ開地遺跡　㉓ペトルコヴィチェ開地遺跡　㉔ドルニ・ヴェストニツェ開地遺跡
㉕ガガリノ開地遺跡　㉖コスティエンキ開地遺跡　㉗プレドモスティ開地遺跡
㉘モラヴァニー開地遺跡　㉙パグリーチ洞窟　㉚トラジメネ遺跡　㉛サヴィニャーノ遺跡
㉜パウーノ洞窟（グリマルディ）　㉝キャヴィヨン洞窟（グリマルディ）　㉞ルース洞窟（グリマルディ）
㉟ルギュリ洞窟（グリマルディ）　㊱アンファン洞窟（グリマルディ）
㊲バルマ・グランデ洞窟（グリマルディ）　㊳ポワソン岩陰　㊴フォン・ロベール洞窟
㊵ファクター岩陰　㊶ノアイユ洞窟　㊷シルーイユ遺跡　㊸テルム・ピアラ岩陰
㊹ロック・ドゥ・コンブ洞窟　㊺モンパジェール遺跡　㊻バルバロ洞窟

図2　グラヴェット文化の遺跡分布

ニュ県周辺）であり、文字通りペイロニーの提唱する文化名称である「ペリゴール文化」と一致する。同様に、中部ヨーロッパにおいても当該文化の遺跡は豊富に展開する。たとえばパヴロフ文化は特徴的なコスティエンキ型尖頭器と呼ばれる鉤形尖頭器（pointe à cran）を伴う東方グラヴェット文化で

ある。この文化期の遺跡からは極めて類型的変異に富む骨角製尖頭器が伴う：マンモスの象牙製大型尖頭器、マンモス骨製突錐（poinçon）やヘラ状骨角器（spatules）、鏝状骨角器（pelle）等が伴い、頻繁に幾何学的模様が刻印されている。

3　古環境

　当該文化の展開した時期はヴュルム氷期の第Ⅲ氷期初頭にあたり、温暖な亜間氷期であるケセルト期（Kesselt）とチュルサック期（Tursac）の間に位置する。数多くの遺跡において当該古気候期の連続的変遷過程が立証されており、ヨーロッパの南東地方ではロージュリ期（Laugerie）まで継続する（図6）。

　動物化石の観察からは、当該文化期は極端に寒冷で乾燥し、特に中部、東部ヨーロッパではトナカイ、マンモス、ケサイ、ウマ、ウシ科（特にビゾン）そしてツンドラ気候帯のレミング等が豊富に生息していた。ユーラシア大陸の大西洋岸、特にフランスでは気候が寒冷で厳しかった。しかし、大陸の内陸部地方ほどではなく、より湿潤で比較して見れば相対的に温暖な時期であった。その象徴的動物であるアカシカ等も比較的頻繁に見られた（Lumley 1984）。

　植物相の観点からは、後期ペリゴール文化の最も早い遺跡は29,500yBP頃に現れ、寒冷乾燥のステップ気候の終末にあたる。次いで主要な時期は温暖湿潤な気候であるケスレット亜間氷期に展開する。この気候期の存在は植物学的に土壌と古花粉の化石によってユーラシア大陸西部全域で観察され、それは温暖植物の限られた避寒地から発達した草木の増加によって当該期を特色づける。そして寒冷な時期が続き2つ目の温暖期・チュルサック亜間氷期（23,000yBP）に連結する。この気候好転の時期に、特に湿潤な谷地形等に温暖性の樹木が繁茂し、たとえばカシワ、ニレ、シナノキ、セイヨウトネリコ、クルミ等がハンノキやハシバミに混在して豊かな森林景観を作りだしていた。この樹種群の下生えには羊歯類が生い茂り、植物種は特定の地方（山岳、渇水地帯）、あるいは河川から遠く離れた地方を除き、フランス北部から地中海側まで一般的に見られた。しかし、台地や平原の広大な空間には日照を好むステップ気候帯の植物群が残存しており、特にペリゴール文

化Ⅵ期の終末からⅦ期にかけて再び寒冷で乾燥した厳しい気候が舞い戻ってきた（Lumley 1984）。

4　石器文化

　グラヴェット文化の石器組成の特徴は何といってもグラヴェット型尖頭器を伴うものであるが、その一方、非常に複雑で微妙な諸組成グループ間の関係を形成している。グラヴェット型細石刃（図3-6）とソンヌヴィル・ボルドゥの言う「有瘤尖頭器」(ébauches de pointe：図3-3）は恒常的にグラヴェット型尖頭器（図3-5）に伴う。全段階に共通する基本的な石器類型である彫器と掻器は数量上で大きな変異を示す。一般的に数量上、彫器は掻器を凌駕するが、彫器の大きな変異である石刃折面細部加工上彫器（burin sur troncature retouchée）と彫刀面交差型彫器（burin à dièdre）は、一般に前者が後者より多い。当該文化中でも後期ペリゴール文化の「示準石器」としての特徴的な形を持つ若干の石器がある：①フレッシェットと呼ばれる小矢形石器（図3-7）は前期グラヴェット文化に豊富にある。②ノアイユ型彫器（図3-1）はラバッテュ岩陰（Labattut）、パトー岩陰やラロー岩陰（Laraux）

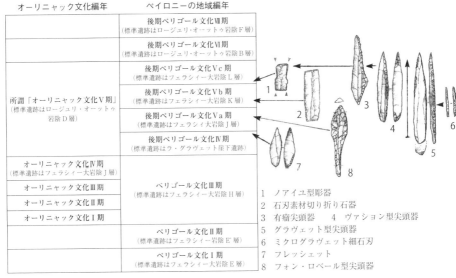

図3　オーリニャック文化とペリゴール文化の相関図

1　ノアイユ型彫器
2　石刃素材切り折り石器
3　有瘤尖頭器　　4　ヴァション型尖頭器
5　グラヴェット型尖頭器
6　ミクログラヴェット細石刃
7　フレッシェット
8　フォン・ロベール型尖頭器

序章　グラヴェット文化の概要

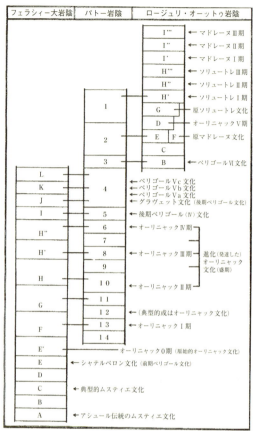

図4　フランス・ペリゴール地方の
3つの標準遺跡の堆積相関図

の上部層等に極めて多量に見出される。③フォン・ロベール型尖頭器（図3-8）は非常に特徴的な石器であるが、フェラシィー大岩陰のJ層で際だって多く、その他の遺跡では数点程度が確認されるのみである、④石刃素材切り断り石器（図3-2）はラロー岩陰の下部層で明らかに優勢であるが、その他の遺跡では稀である。

骨角器類は後期ペリゴール文化、あるいは当該文化の諸段階に常に存在していたが、先行のオーリニャック文化に比べ量的にも質的（形態的変異性）にも劣る。長い骨角製尖頭器があり、時々斜断面のある骨角製尖頭器や骨角製両端尖頭器（Sagai biconique）が伴う程度である。ハンガリーのイスタロスコ洞窟（Istallosko）とフランスのパトー岩陰のそれぞれのノアイユ型彫器（図3-1）を伴う段階に特徴的な先端部に平行沈線文の施された骨角製尖頭器が発見されている。これをモヴィウスは「イスタロスコ型サゲ槍」と呼んだ。主に、両遺跡に限定し少量しか発見されていないが、若干の資料がペリゴール文化V期の遺跡から報告されている。一方、「革袋の栓」（bouchon d'outre）と呼ばれる特徴的な骨角製尖頭器が当該文化の諸段階に伴う（図10-1）。この骨角器はトナカイの角製で円錐形に整形され、鉢巻き状の隆帯によって尖頭

部と円柱状部に分かれる。パヴロフ文化あるいは東方グラヴェット文化は独特の骨角器文化を持っていた。チェコのドルニ・ヴェストニツェ遺跡（Dolni-Vestonice）では、マンモスの象牙を素材に使う幾何学文様を施した多数の骨角器が知られている（Klima 1976）。

5 住居遺構と生活様式

当該文化に伴う遺構は非常に多く発見されており、時として極めて複雑である。チェコのパヴロフ遺跡では、13個の独立した遺構が確認された。これらは円形、楕円形、不整形等の竪穴であり、マンモスの遺骸が集中し遺構の外郭を形成している。各遺構は1、2基、あるいは複数の炉跡を伴っている。また1932年に発見されたウクライナのプスカリ遺跡（PuskariⅠ）ではモンモスの牙等を部材とし、炉を伴う竪穴式の連結住居が発見された。

フランス・ロワール地方のヴィーニュ・ブラン遺跡（Vigne brun）では居住遺構の集中した恒常的あるいは長期間の野営地遺構が発見された（Combier, Ayrole et Perteet-Gely 1982）。その構造は竪穴状に掘った部分に大きな岩塊を搬入し、居住空間を仕切っている。中部ヨーロッパの遺跡グループと同じ伝統によって構築された、と考えられる。前者の中部ヨーロッパのレス土壌堆積地帯では岩塊の入手が困難なためマンモスの遺骸等を代用したものと考えられる。ロワール川上流域のブロ岩陰では、8mに及ぶ大きな居住遺構が発見された。この遺跡は玄武岩の崖裾に位置する岩陰である。遺構内には長軸に沿って柱穴が配列され、多様な形態の小遺構が発見されている（Delporte 1976）。パトー岩陰のペリゴール文化Ⅵ期層では、5基の炉跡がそれぞれ2mおきの一列配列で発見された。これらの炉跡は岩陰の奥壁と前方に落下した大きな岩塊の間の庇部分に位置している。5基の内中央の3基は多量の絵具（顔料）の付着が確認されたという。顔料の存在はヴィーニュ・ブラン岩陰の遺構内でも発見され、粘土質の床は赤色顔料の置き場（depôt）で部分的に数センチに及ぶ厚さのもので覆われていた（Lumley 1984）。

6 芸術的表現

当該文化期の洞窟遺跡や岩陰遺跡には本格的な壁面絵画が線刻やレリーフ手法等によって表現された。装飾されるのは多くの場合、入り口付近やさほど奥深くない部分にのみ限られる。個々の動物の描写は一定の統一した

様式（style）を持っている。これはルロワ・グーランによって体系化された表現様式の「第Ⅱ様式」（style Ⅱ）に対応し、首筋や背中の線が実態に対して極端に誇張され、鹿角やウシ科動物の角等は単純に側面や正面に描写される。例えばラ・グレーズ洞窟（Grèze）のビイゾン等は捩れた遠近法（透視）によって表現される（Leroi-Gourhan 1984）。細部の描写に関しては背部の骨格線はより引き伸ばされ、くわえてより不鮮明に表現されている。同様に脚部は多くの場合省略されるか、或いは暗示させる程度で、先端部等は稀にしか描かれない。表現方法は変化に富み、線刻技法はグレーズ遺跡やペール・ノン・ペール洞窟（Pair-non-Pair）の動物描写に見られる。彫刻技法はポワソン岩陰（Poisson）の魚の浅浮き彫り手法の表現やローセル岩陰（Laussel）の裸婦像の浅浮き彫り（図11-5, 6）に見られる。彩色画の技法はガルガ洞窟（Gargas）やイタリアのパグリーチ洞窟（Paglicci）で知られている。ガルガ洞窟で特に圧巻なのは、壁面を覆う「人間の手のひら」の象りであり、これらの手の中には明らかに指の欠けているものがあり神秘的な表現意図が窺われる。人間の手の象り描写に関して多くの解釈が試みられている。ルロワ・グーランは異なった形態の表現を基に統計学的研究を行い、意思表示ための言語表現の可能性を推測している。動産芸術作品として、あるいは何らかの描写や装飾が施された道具等が注目される。たとえばフランス・ピレネー地方のイステュリッツ洞窟のウマの彫刻を施した骨角製尖頭器、ロージュリ・オートゥ岩陰の格闘する2頭のマンモスの影像があしらわれた有孔装飾棒（baton percé）等があげられる。動物描写は鉱物質の素材にも見られ、テルム・ピアラ岩陰（Terme-Pialat）の石灰岩塊、ラバテュ岩陰の石灰岩礫にウマの線刻画やブロ岩陰の板石上の線刻画等がある。チェコのドルニ・ヴェストニツェ遺跡では多くの動物像がレリーフ技法で描かれた。あるいは粘土で作られ、偶然または意識的に焼成されていた創作もある。これは熱処理による物質の化学変化を活かした例外的な早咲きの土器作りを想起させる。

　一方、本章冒頭でも触れたが、広大な地理的領域に当該文化様式の統一性を示すものとして「ヴィーナスの様式」（style des Vénus）がある（Leroi-Gourhan 1965b：図1）。これらの人物彫像はマンモスの象牙や動物の骨、あるいは岩板等を素材に作られ、豊満なヒトの姿の描写から疑う余地なく裸婦

彫像である。これらの大きさは一般に控え目であり、平均で10cm程、最大のサイズであるサヴィニャーノ遺跡（Savignano：図12-4）のヴィーナスで23cmを測る。表現形態は比較的画一的であり、先ず乳房の部分、腹部、腰の部分等の誇張表現が認められ、一方上半身と脚部等は身体の均衡上痩身に描かれている。しかし、オーストリア・ヴィレンドルフⅡ遺跡のヴィーナスの像（図1-5）の様に表現手法が充分に写実的な例も見られる。一方、レスピューグ洞窟（Lespugue：図1-1）のヴィーナスの像の様に非常に様式化されているものもある。これら一連の資料中の幾つは明らかに肥満な女性を表現していると考えられ、既に「先史時代の肥満症」の現れと指摘されている。或はアフリカのブッシュマンの様に、当該域の後期旧石器時代人は臀部肥大症（stéatopyge）であったとの推測、即ち臀部に皮下脂肪を蓄えることの出来る体質であったといわれている。ルロワ・グーランはこれらの女性彫像の持つ幾つかの協約的なフォルムの表現に着目した。乳房、腹部、腰部は脚部と頭部を包括しながら菱形を描いていることを指摘した。数千キロメートルに及ぶ空間的な隔たりにも関わらず、これらの女性彫像の持つ協約的な表現の統一は文化的な同族性の広がりを示すものと理解する（図1-1～8）。

7 代表的遺跡

パトー岩陰はフランスのペリゴール地方レ・ゼジィー・ドゥ・タヤック村にある。クロマニヨン岩陰から南へ数百m、またその先数百mに国立先史学博物館（レ・ゼジィー洞窟）がある。まさに周辺には、学史に名だたる遺跡が目白押しの遺跡分布域である。1958～64年までアメリカ人先史学者モヴィウスによって精緻な発掘が行われた（Movius 1975）。本発掘の大きな成果は、オーリニャック文化の開始された時期から後期ペリゴール文化に至る連続的な文化層の検出にある（図4中央）。そのことはブリューイの編年やペイロニーの編年の再検討と同時に再確認を行い、ユーラシア大陸大西洋側における今日的な編年細分を確立したことにある。オーリニャック文化期の堆積層は同期の最も古い時期（14層：34,250±675yBP、13層：33,000±760yBP）から同典型期（12層：33,000±500yBP、11層：32,000±800yBP）、放射性年代測定法による最古期から典型期までの詳細な年代値が同一堆積層内から得られ、これは貴重な編年上の充填事項である。これらの同期前半から徐々に発

達して行く、所謂「発達したオーリニャック文化（Ⅱ・Ⅲ・Ⅳ期）」（10～6層：32,900±700～29,300±450yBP）。各層出土の石器組成は他の遺跡に比べて変異性に富んでいるとはいえないが、炉を中心とした生活跡を伴う良好な保存状態にある。第5層は後期ペリゴール文化期に対応する8,000点にも及ぶ石器等とシカ科の動物骨や骨角器80点が出土した。第4層ではペイロニーのペリゴール文化V_3期（Ⅴc期）の示準石器であるノアイユ型彫器（図3-1）を代表とする多様な石器組成を特徴とし、結局5,000点以上の石器が確認され、多くの炉跡を伴い広範囲な空間利用が行われたことが解った。第3層は後期ペリゴール文化の終末（Ⅵ期）に対応し、若干の石器及び石器製作文化に関する遺物や、60数個のシカ科の叉角や10数個のマンモスの牙を伴い、更に当該文化特有の岩塊にレリーフ技法で描いた小さな女性像「パトー岩陰のヴィーナス」が発見された。第2層は21,940±250yBPと測定され2,000点の石器等を含む、原マドレーヌ文化に近い様相であるといわれている。その他、モヴィウスによれば、この遺跡の利用のされかたは短期間の利用のみであったが頻繁に繰り返し利用されたという（Movius 1963）。また堆積層から出土する消費された狩猟対象動物骨の90％以上はトナカイであったという。岩陰堆積層からは埋葬、或いは非埋葬を問わず多くの人類化石が出土しており、その中で特にノアイユ型彫器を伴う後期ペリゴール文化層（4層上部）で1個体分の人骨が出土し、原マドレーヌ文化層（2層）からは、6個体分の人骨が出土している。

8 人類学上の資料

パトー岩陰の人類に関しては、第2層の原マドレーヌ文化或いは後期ペリゴール文化Ⅶ期において最も多くの人類化石が出土している。成人男性1体、成人女性1体、子供（1ヶ月～7歳）4体である。中でも「マダム・パトー」と呼ばれる若い女性骨（推定16歳）は、ほぼ完全な頭骨と顎骨が一括で発見された。この人骨は多くの形質的特徴が「クロマニョン岩陰の人骨」に類似点を持ちながら、反面より原始的な特徴も備え、ネアンデルタール人類のそれを彷彿させる部分もあるといわれる（Lumley 1984b）。

序章　グラヴェット文化の概要

エピローグ

　グラヴェット文化は20世紀初頭において、後期旧石器時代後葉のソリュートレ文化堆積層の下から見出される小型の女性影像を伴う文化様相として認識された。後に当該文化は2つの独立した文化伝統として把握されるようになる。特に一方のペリゴール文化は大西洋岸域においては5つの連続した地方的文化段階と考えられ、今日までグラヴェット文化と独立する認識として捉えられている。同時期、中部ヨーロッパの諸文化複合も類縁文化として「東方グラヴェット文化」と呼び、その地方的様相を構成するものと考えられている。当該文化の広がりを芸術上の特徴的な一様式が展開する範囲を最大の文化的領域として捉える。ユーラシア大陸西部の東側・ロシア・ドン河流域からイベリア半島に至る範囲までがその特性に合致し、取り分け遺跡の最も集中するフランス南西部のペリゴール地方が際だち、文字通り「ペリゴール文化」の「古典的な地帯」を形成する。当該文化期の主体はヴュルム第Ⅲ氷期初頭の温暖期と次の温暖期に跨る相対的に温暖湿潤な気候に展開したが、その後半は寒冷で乾燥した氷期が到来し、特に中部や東部では極端に寒冷で乾燥した気候であった。反面、寒冷な気候下に生息した大型動物群に依拠した活発な人類活動があった。石器組成の特徴はグラヴェット型尖頭器を中心に、より形態上洗練された石刃素材を用いた後期旧石器文化の典型的な石器類型の発達を示す。一方、骨角器は全段階に存在したが、先行文化に比べ量的・質的にも劣る。居住空間は先行文化同様に、西側においては依然として洞窟や岩陰が主体であったが、大西洋岸の開地遺跡で竪穴式の集合住居が造られる様になる。この様な開地住居は、本来中部ヨーロッパや東ヨーロッパ大平原の諸グループ間に伝統的・普遍的にマンモスの遺骸等を材料に構築された。この様に生活様式面でも東西の広い範囲で交流と統一性が観察される。当該期の芸術表現は、洞窟や岩陰の入り口付近に線刻技法や彩色技法で装飾を施し、後の彩色壁画の祖形が現れ、また描写個体の表現様式の統一性を示す「第Ⅱ様式」に対応した。動産芸術作品中、「ヴィーナスの様式」の人物影像は全て豊満な裸婦像であり、女性がもつ新たな生命の懐妊する能力を強調した協約的なフォルムが表現されて、ユーラシア大陸の西側に展開した。それは強力な精神的汎用性をもつ類縁文化のネットワークを示す。

第1章　グラヴェット文化のヴィーナスの様式、特に西ヨーロッパ地域の研究

はじめに

20世紀初頭において、フランスの先史学者・ブリューイ（Breuil H.：1877-1961）は、西ヨーロッパ後期旧石器文化の発展的な編年関係を把握した。

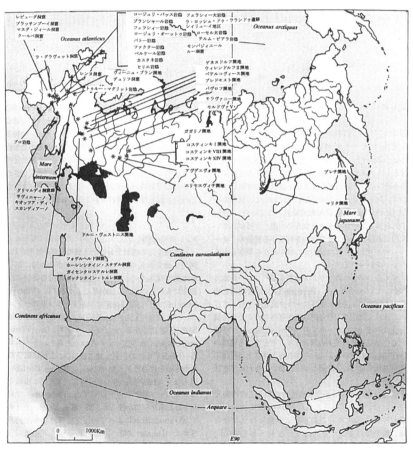

図5　ユーラシア大陸におけるヴィーナスの像に関連する遺跡分布図

第1章　グラヴェット文化のヴィーナスの様式、特に西ヨーロッパ地域の研究

それはオーリニャック文化（Aurignacien）、ソリュートレ文化（Solutréen）、マドレーヌ文化（Magdalènien）などの各文化的諸階梯であった。これら後期旧石器文化を包蔵する堆積物のなかで、就中ソリュートレ文化以前において、女性の小像（satatuette）が複数例発見されていた。当時、これらは、「オーリニャック文化の小像」と呼ばれていたのである。ただ、今日定義されている狭義の「オーリニャック文化」の堆積層からは、いかなる類型も出土していなかった。続く1933年までの時点で、フランス南西部のペリゴール地方において、ペイロニー（Peyrony D.：1869-1954）は後期旧石器文化の前半に広義のオーリニャック文化と平行して5つの地域的文化様相の継続的諸段階が存在したことを指摘し、これをペリゴール文化（Périgordien）と呼んだ。今日でもその後半の第ⅣとⅤ、そしてⅥとⅦ期のみが用いられている。これらの石器類型学上（typologie）の各様相の変遷は明解で、文化編年学上においてきわめて有効である。この後期ペリゴール文化の細分を編年上の時間尺度としながら、イベリア半島からロシアのドン川流域にいたる広大な地理的空間に展開した文化複合をフランスの標準遺跡に因んでグラヴェット文化（Gravettien）とも呼ぶ。この文化の展開した領域内における精神性の統一を表す特徴は、いわゆる「ヴィーナスの様式」（style des venus）と形容される。これは女性をかたどった小さな彫刻あるいは浅浮き彫り手法の表現様式で制作されたものである。おもに、マンモスの牙（象牙）あるいは大型草食性哺乳動物の骨、大理石や石灰岩などの柔らかい石材で作られた。これら小像の特徴は身体の特定部分に肉厚観を誇張し、実際上の姿とかけ離れた独特の協約的姿が表現された。それは女性的な特徴が表れる腰部、腹部、乳房などの身体中央部が強調される。けれども、同様に女性的な特徴でもある頭や足などの末端部は本来の均整が度外視され、極端なまでに省略化される（Leroi-Gourhan 1982 ; p.252）。この特徴は20世紀初頭までの西ヨーロッパの旅行者がアフリカ大陸で見聞した先住民（Hottentot）の臀部肥大症（stéatopygie）の特徴を表したものと類推された。

　小論はすでに多くの評価を得た先駆的研究や代表的な論考を検証しつつ、西ヨーロッパ地域で様式化された旧石器芸術の一表現領域に対し新資料を交え、また他地域と比較しながら再検討をおこなう。

第1節 総論

(1) 研究の歴史

19世紀半ばの西ヨーロッパで科学的人類の起源が論証され、同時に地質年代における人類の存在が具体的に知られ始めて間もなく、本論の主題である旧石器時代人の創作にも注意が払われるようになった。1864年に、ヴィブレ（Vibraye Marquis de P.-H.：1809-78）はフランス南西部ドルドーニュ県ロージュリ・バッス岩陰（Laugerie-Basse）で発見された象牙製の小像ついて「みだらなヴィーナス」（Vénus impudique；図8-2）という表現をライエル著（Lyell Ch.）の翻訳版補遺に用い、これが文献に表された最も早い注目であった（Vibraye 1964；pp.108-126）。間もなく（1867年）、ベルギー南部リエージュ市近郊のトゥルー・マグリット岩陰（Trou Magrite）で発見された象牙製の小像（図8-6）が、デュポン（Dupont E.：1841-1911）によって発掘報告書のなかで紹介された（Dupont 1867；pp.129-132）。同じ頃（1867～68年）、ランデスク神父（Abbé Landesque：1838-1905）は、ロージュリ・バッス岩陰で象徴的な表現の線刻画が記された石灰岩片を発見し、「トナカイの女」（Femme au renne）と名付けた（Lumley 1984；pp.308-309）。ただし、ロージュリ・バッス岩陰の前出とこの資料は本論の主題として扱うグラヴェット文化の創作群とは様式の上で明らかに異なり、大凡一万年後のマドレーヌ文化中期以降の所産となる。1883～95年にかけて、イタリア北西部のグリマルディ洞窟群（Grimaldi）中のバルマ・グランデ洞窟（Barma Grande）などで十数体の女性小像が発見された。これらは1900～02年の間に、当時ピエット（Piette E.：1827-1906）を擁するフランス国立サン・ジェルマン・アン・レイ古文化財博物館が、この内の7体を購入した（Lumley 1984；pp.177-179）。その後、ピエットはフランス国内で、特にピレネー地方を中心に調査研究を進めていたが、1888年にマスダ・ジィール洞窟（Mas d'Azil）でウマの門歯に彫刻されたマドレーヌ文化後期に相当する男性の小像（図8-4）を発見した。1894～97年に、同地方のブラッサンプーイ洞窟（Brassempouy）で発掘を実施し、後期ペリゴール文化期の堆積層から、確かな象牙製の女性頭部像など（図9-1）を発見した。これは一般に「外套頭巾の夫人」（Dame à la capuche）

第1章　グラヴェット文化のヴィーナスの様式、特に西ヨーロッパ地域の研究

などと呼ばれ、その名が知れている（Delporte, éd. Mohen 1989；pp.18-19）。1908年には、中部ヨーロッパ・オーストリアのヴィレンドルフⅡ開地でスゾムバティ（Szombathy J.）などの発掘によって3体の女性小像がグラヴェット文化関連の石器群などと共に発見された。なかでも「ヴィーナス第1号」（Venus I）は粗粒の石灰岩製で、その特徴的な容貌から非常によく知られている（Lumley 1984；pp.188-191）。以上が、いうならば本主題の研究における初期に発見されたヴィーナスの像の一群である。1920年代以降は、ロシア・ドン川流域のコスティエンキⅠ開地（Kostenki I/Poljakov）やガガリノ開地（Gagarino）などでも東方グラヴェット文化（Gravettien oriental）の堆積層から象牙製の女性小像が多数発見されだした。さらに1940～50年代には、ウラル山脈遙か東方のシベリア・エニセイ川上流のアンガラ川流域で、東方グラヴェット文化類縁のマリタ開地（Mal'ta）やブレチ開地（Buret'）から女性小像が多数発見され、当代文化網の組織的広がりの大きさが再認識された（Abramova 1967；pp.99-125, Delporte 1979；pp.159-187）。1965年に、ルロワ・グーラン（Leroi-Gourhan A.：1911-1986）は後期旧石器文化における洞窟壁画の体系的編年を発表した。そのなかでおもにグラヴェット文化に展開した第Ⅱ様式（style Ⅱ）に「ヴィーナスの様式」も並行したことに論及した（Leroi-Gourhan 1965）。後年の著書でも以下のような、「いわゆる"臀部肥大症のヴィーナス"の後期旧石器文化の女性小像は全く同一の図式的な構成をもっており、乳房、腹部そして生殖器が1つの環のなかに収まる．そして頭や両脚などの末端は象徴上の重要性が劣るとおもわれ、それぞれ対称形を成す三角形を描く．この協約的な構成は実際の女性の身体的な特徴から程遠いものである．この先史時代の一つの規範はロシアからイベリア半島にいたるまで実例によって証明される．」と理解しうる内容で、非常に短く、そして明解に指摘した（Leroi-Gourhan 1982；p.252, fig.7）。

(2) 後期旧石器時代前半の古気候

1　オーリニャック文化期

　更新世後期後半のヴュルム第Ⅲ亜氷期の初頭（34,500～33,500yBP）は酸素同位体比第3段階後半に相当し、この頃オーリニャック文化0期と呼

ばれる原始的な様相が現れた。それは比較的寒冷で湿潤な気候で、たとえばフランスのフェラシィー大岩陰第14層（Ferrassie）やブランシャール岩陰（Blanchard）などでは、トナカイ（*Rangifer tarandus*）が優勢であるが、ウマ（*Equus caballus gallicus*）、アカシカ（*Cervus elaphus*）そしてオーロックウシ（*Bos primigenius*）なども多く、イノシシ（*Sus scrofa*）やヤマネコ（*Felis sylvestris*）などの比較的温暖な森林環境に生息する動物も共存した。植生はヨーロッパ・アカマツ（*Pinus sylvestris*）、カシワ、ハンノキ、ハシバミなどが遮蔽的な地形に茂り、シダ類も多かった。

　次なる気候はオーリニャック文化Ⅰ期（33,500～32,000yBP）を迎える頃より寒冷で乾燥化した。依然としてトナカイは優勢で、ホラアナグマ（*Ursus spelaeus*）、マンモス（*Mammuthus primigenius*）、ケサイ（*Coelodonta antiquus*）、そしてウマなどが多く見られた。反面、比較的温暖な森林環境を好むアカシカなどはとても稀となった。この時期の植物相はヨーロッパ・アカマツやネズノキなどの樹木がわずかに生き残り、大半はステップ気候帯の草本植物であった。

　同文化Ⅱ期（32,000～30,500yBP）は一転してアカシカが増加し、湿度の回復が起こったことが理解される。ただ、夏季の平均気温はやや高まったが引き続き冷涼であった。闊葉落葉樹は稀で、湿気を好む草本類が繁茂した。

　最後の同文化第Ⅲ・Ⅳ期（30,500～29,500yBP）は再び氷期の寒冷な気候に回帰し、森林環境が後退した。大きな樹木は稀で、ステップ気候帯の草本植物が非常に発達した（Lumley 1984；pp.56-58, 図6参照）。

2　グラヴェット文化期

　グラヴェット文化期は全体的に見れば氷期特有の非常に寒冷な時期で、特に中部ヨーロッパ（ドイツ、チェコなど）や東ヨーロッパ（ウクライナ、ロシアなど）ではトナカイ、マンモス、ケサイ、そしてツンドラ気候帯の齧歯類レミング（*Dictostonyx torquatus*）などが豊富に生息していた。西ヨーロッパでは、特にフランス南西部などにおいても厳しい気候であった。ただ、比較的他のヨーロッパ内陸地域より湿度があり、たとえばケセルト期やチュルサック期（Tursac）などの亜間氷期には温帯森林気候帯の指標動物であるアカシカも普通に見られた（図6参照）。

第1章 グラヴェット文化のヴィーナスの様式、特に西ヨーロッパ地域の研究

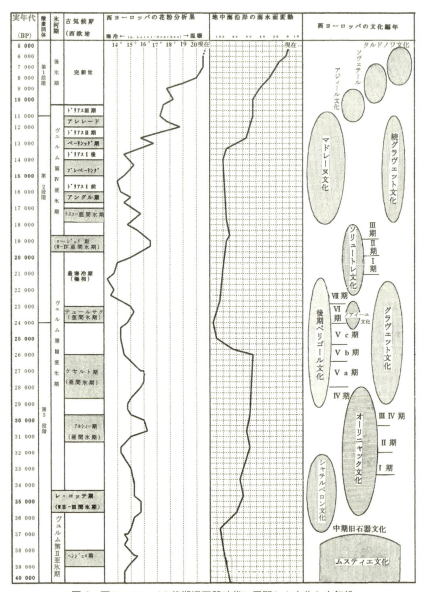

図6 西ヨーロッパの後期旧石器時代に展開した文化と古気候

最古の様相である後期ペリゴール文化Ⅳ期はアルシィー亜間氷期（31,500～30,500yBP）後の亜氷期に現れた。この時期は寒冷で乾燥したステップ気候帯のような環境であった。

　続く同文化Va-b期はケセルト亜間氷期（29,300～26,000yBP）に相当し、比較的温暖で湿潤な気候が長く安定した。そのため避寒地から回復した樹木や好温植物は回復し、その結果、全ヨーロッパ的に植生土壌が発達した。

　後続する亜氷期（26,000～24,000yBP）には後期ペリゴール文化で最も重要な同Vc期あるいはノアイユ文化（Noaillien）が展開し始め、2つの温暖期を伴う環境で、後者のチュルサック亜間氷期（24,000～23,000yBP）まで展開した。比較的温暖な環境を好むカシワやトネリコなどの落葉広葉樹が回復し、それにシダ類を伴う森が復活した。

　終末は同文化Ⅵ期（23,000yBP頃）が現れ、これを境に更新世後期の最も厳しい気候期へ向かった（Lumley 1984；pp.110-111）。

(3) 文化編年上の位置

　グラヴェット文化編年の研究はブリューイの編年を基礎に、ペイロニーのフェラシィー大岩陰の調査で明らかにされた発展的な諸階梯によっている（Peyrony 1933）。また、モヴュウス（Movius H.L.Jr.：1907-87）はパトー岩陰の調査（1958～64年）で如上の変遷を再確認した（Movius 1975）。さらに、ボルドゥ（Bordes F.：1919-81）はロージュリ・オーットゥ岩陰の発掘（1957～59年）において、より詳細な知見を加えた。これらペリゴール地方の岩陰や洞窟堆積物の知見は相互に照合し得るもので、特徴のよく表れた諸様相の連続的階梯である。従って今日もなお、この編年体系はヴィーナスの様式を語る時、資料個々の時間的な位置づけを把握する上で非常に有用である。ただ我々からすれば、グラヴェット文化として広域的な統一性を強調されながらも、一地方の後期ペリゴール文化の細分によって時間上の位置が把握される、という奇妙現象に多少なりとも困惑を禁じ得ない。

　最も古い様相である後期ペリゴール文化Ⅳ期はパトー岩陰第7層（GrN-3105：29,300±450yBP）のオーリニャック文化最終段階（同Ⅳ期）の直後に現れた。この様相はフェラシィー大岩陰Ⅰ層とパトー岩陰第5層（27,900

±260yBP)でそれぞれ確認された。具体的な特徴はグラヴェット型尖頭器(pointe de la Gravette；図3-5)を標準類型とし、グラヴェット型細石刃(microgravette)、フレッシェットと呼ばれる小さな矢形の尖頭器(fléchtte)が伴う(Rigaud, éd. Mohen 1989；pp.269-273)。

同文化Va期はフェラシィー大岩陰J層(OXA-402：27,900±770yBP〜OXA-404：26,250±620yBP)を標準とし、さらにパトー岩陰第4層下部(GrN-4280：27,060±370yBP)で再確認された。これはフォン・ロベール型尖頭器(pointe de Font-Robert；図3-8)と呼ばれ、茎部に細部加工をもつ石刃製尖頭器を標準類型とし、これにグラヴェット型尖頭器とグラヴェット型細石刃(図3-6)、さらにフレッシェットなどが引き続き伴う様相である(Rigaud, éd. Mohen 1989；pp.269-273)。

同文化Vb期はフェラシィー大岩陰K層で識別され、パトー岩陰第4層中位で再確認された。石刃の基部と先端を切り離し、さらに長方形に細部加工した石刃素材切り断り石器(élément tronqué；図3-2)を標準類型とし、これにグラヴェット型尖頭器とグラヴェット型細石刃などが伴う(Movius 1975)。

同文化Vc期はフェラシィー大岩陰L層を標準とし、パトー岩陰第4層上部で再確認され、ノアイユ型彫器(burin de Noailles；図3-1)と呼ばれる類型が加わる。これは石刃両端の切り面(troncature)に細部加工をおこない、そこから側縁の中程に施した抉入部へ彫刀面剥離が連結するきわめて特徴的な彫器が標準化し、引き続きグラヴェット型尖頭器と同型細石刃などが伴う。この様相は広範に独立性をもって展開することから、ノアイユ文化と呼ぶ研究者もいる。前述両岩陰の近隣に位置するファクター岩陰(Facteur)のノアイユ文化第11〜12層のそれぞれの年代は最小24,200±600yBP(OXA-585)〜最大25,630±650yBP(OXA-595)までの6つの年代値が測定された(Rigaud, éd. Mohen 1989；pp.269-273)。

同文化Ⅵ期はロージュリ・オートゥ岩陰B層あるいは同西側部分のいわゆる「オーリニャック文化Ⅴ期」と同時期で、パトー岩陰第3層(GrN-4721：23,010±170yBP)において再確認された。若干のノアイユ型彫器の残存とグラヴェット型尖頭器と同型細石刃の明確な減少から後期ペリゴール文

化Ⅴ期終末に後続すべき様相である（Rigaud, éd. Mohen 1989；pp.269-273）。

同文化Ⅶ期はロージュリ・オーットゥ岩陰F層（GrN-1876：21,980±250yBP）で認識され、パトー岩陰第2層（GrN-1862：21,940±250yBP）でペリゴール文化Ⅵ期層の直上で見出された。これをいわゆる「原マドレーヌ文化」（proto-magdalènien）と呼ぶ研究者もいる（Peyrony 1908, Movius et al 1963）。ただ、本来のマドレーヌ文化とはソリュートレ文化が介在し、編年上大幅に隔絶した様相である。この様相はペリゴール地方の3遺跡（ロージュリ・オーットゥ岩陰、パトー岩陰、ブロ岩陰：Blot）で確認され、けっして特異な様相ではない。むしろ、マドレーヌ文化との類縁関係を指摘しつつも後期ペリゴール文化最終段階と考える研究者が多い（Bordes［En cll. avec Sonneville-Bordes de D.］1966；pp.113-122）。

後期ペリゴール文化あるいはグラヴェット文化は石器類型学上多くの変異に富み、29,000～22,000yBP頃に諸段階が西ヨーロッパのほとんどの地域で展開し、詳細な分布が確認されている。後期ペリゴール文化Ⅳ期以降と同時期の中部ヨーロッパの多くの石器文化はギャロド（Garrod D.）によって東方グラヴェット文化が提唱された。さらにチェコのパヴロフ文化（Pavlovien）、オーストリアのヴィレンドルフ文化（Willendorfien）、ロシアのコスティエンキ文化（Kostienkien）などが識別されている（Otte, éd.Leroi-Gourhan 1988；pp.445-446）。

(4) ヴィーナスの像誕生の背景

ここで我々は本主題の表現様式が誕生したと考えられる文化的背景について、簡潔に事実確認をおこなわなければならないであろう。

ヨーロッパ地域の旧石器時代に関して、いわゆる「芸術的」表現は前期旧石器文化、そして中期旧石器文化を通じでほとんどその確実な要素を見出すことが出来ない。ところが後期旧石器時代には、その初頭から突如として西ヨーロッパ地域において明確に見出される。後者の黎明期であるシャテルペロン文化（36,000～32,000yBP）は、たとえばフランス中央部のレンヌ洞窟第Ⅹ層（Renne）の規則的な刻み目の印された管骨、同南西部のルー洞窟第4・5層（Loup）で見出された石灰岩片に刻印された幾つもの深い平行な線

刻などが挙げられる。ただ、それらは主題の意図が特定出来ないし、また余りにも萌芽的で曖昧である（Lumley 1984；pp.29-51）。つづく文化段階のオーリニャック期には表現の動機と表現対象の特定が明確化し、最初の様式化された創作が現れ、おもにペリゴール地方に展開した。たとえば典型的オーリニャック期のカスタネ岩陰（Castanet）では男・女性の生殖器を線刻による表現で、また同文化盛期のレンヌ・ドゥ・ベルケール岩陰（Renne de Belcayre）においては草食動物、同文化Ⅰ～Ⅱ期のセルリエ岩陰（Cellier）の女性生殖器群の線刻、フェラシィー大岩陰における同文化Ⅱ期の2つの女性生殖器、同文化Ⅳ期の草食動物と女性生殖器などが挙げられる。つまりこの地域の最初の表現は男女の生殖器と草食動物という2つの主題がとりあげられた。しかし、ほとんどは線刻画のみであり、主題と技法に関しても次のグラヴェット文化の女性彫像に直ちに結びつかない。そこで同じ時期にフランス以外の近隣地域で、別な芸術上の要素や伝統を検討する必要がある。最も有力なものは、ドイツ南部のドナウ川上流、ロネ川谷等（Lone）の遺跡群に注目する必要があろう。前述の如く、中部ヨーロッパにおけるトナカイ・マンモス動物群を背景とした同文化Ⅱ期のフォゲルヘルド洞窟（Vogelherd）のマンモス、ライオン、ウマなどを対象にした象牙製創作群や人像（図7-5）、同時期ホーレンシタイン・スタデル洞窟（Hohlenstein-Stadel；図7-1）、同ボックシタイン・トルレ洞窟第Ⅶ層（Bockstein-Torle）、同文化Ⅰ～Ⅱ期のガイセンクラステルレ洞窟（Geissenklosterle；図7-2）など象牙で作られた人間の全身を象った浮き彫りなどが、創作要素として注目される。これらの主題は大型で強壮な動物や男性的な彫像が盛んに表現された。これらは古環境学上アルシィー亜間氷期に展開した（Bosinski 1990；pp.66-78）。おそらく前者と後者集団の地理的な接点はフランス東部ジュラ山塊地方を経由し接触がはかられたのであろう。第二の接点はフランス北部からベルギーを中継しライン川中・下流に接続する経路であろう。ここではグラヴェット文化の古い段階の洞窟遺跡で、性別の曖昧な象牙製人像（図8-5）とトナカイの角に女性生殖器の線刻画が描かれたものなどがあり、別々に制作された資料からも萌芽的な存在が理解される（Otte 1979；pp.163-169）。これは、前二者の文化的な結び付きが、ヴィーナスの様式に結実した可能性を類推しうる充分な根拠であ

第 1 節　総　論

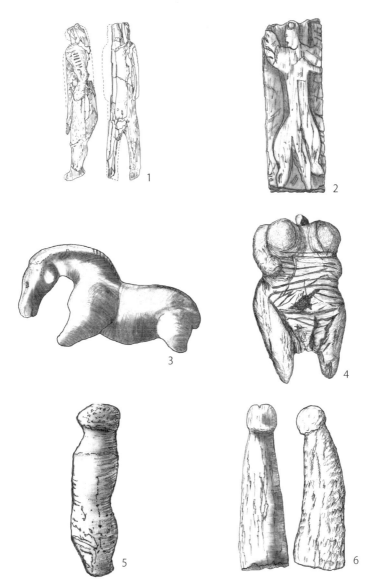

1　フォゲルヘルドの人物像（出典　Delporte 1979）　2　ガイセンクラステルレの人物像（出典　Bosinski 1990）　3　フォゲルヘルドのウマの像（出典　Bosinski 1990）　4　ホーレ・フェルスのヴィーナス（出典　Conard 2009）　5　フォゲルヘルドの人物像（出典　Delporte 1979）　6　ブランシャールの「男根」（出典　Siant-Blanquat 1987）

図7　グラヴェット文化のヴィーナスの様式に先行した彫像芸術

るとおもわれる。

第2節　西ヨーロッパのヴィーナスの像

はじめに

前節で述べたように「ヴィーナス」なる呼称と先史学上の最初の注目は西欧の諸発見と研究から始まった。以下では後期ペリゴール文化の細分および放射性炭素年代測定を考慮に入れながら、本主題に関わる主な遺跡とそれらで発見された資料を検証する。

1 最初のいわゆる「ヴィーナスの像」

その資料はフランス南西部ペリゴール地方レ・ゼジィー・ドゥ・タヤック村のロージュリ・バッス岩陰で1864年に発見された。命名の経緯は前節ですでに述べた如くである。この岩陰はドルドーニュ川の支流ヴェゼール川に面した高い崖線沿いにあり、巨大な崩落岩と岩陰から構成され、標準地点（classique）とマルセイユ地点（Marseille）が連なる2つの遺跡から構成される。今日でもこの遺跡は後期旧石器文化後半、特にマドレーヌ文化の研究（Ⅲ～Ⅵ期）にとって最良の遺跡といわれ、600点以上の線刻画や彫像が出土している。ヴィーナスの像は出土層位が不明確であるが、いずれにしてもマドレーヌ文化中～後期の所産であることは間違いない。マドレーヌ文化Ⅲ期（第15層）は放射性炭素法で13,850±160BPが測定された（Taborin et Thiebault, éd. Leroi-Gourhan 1988 ; p.611）。

小像（図8-2）は、象牙製で大きな損耗もなく、高さが8cmである。最大の特徴は上半身と下半身に実態上の均整があり、輪郭線上に起伏が乏しい棒状（claviforme）を呈する。頭部は最初から作られなかった。乳房は表されず、また腹部に誇張が全く認められない細身である。けれども女性生殖器だけは明確に印されている。両脚は極端な誇張や縮小表現が見られない。臀部はやや後方に突き出ているものの、いわゆる「臀部肥大症」や脂肪質肥満の特徴が全く認められない。側面観は腰を起点に「く」字型に屈めた独特な姿勢を示している。

ノート：この小像は疑いの余地なく女性を表現している。それはさやかに痩美で棒状な身体で、長い両脚を持つ特徴が独特の弱々しい印象を与え

第2節　西ヨーロッパのヴィーナスの像

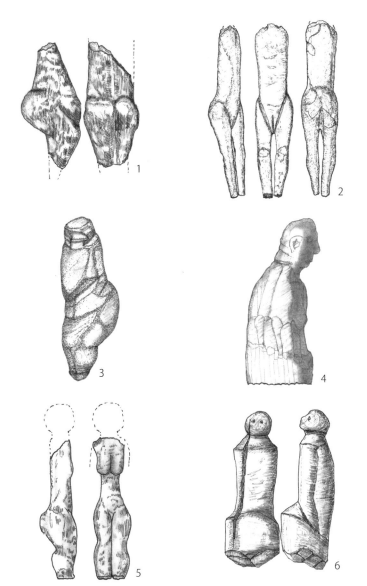

1　デュリフのヴィーナスの像（出典　Mohen 1989a）　2　ロージュリ・バッスのヴィーナス（出典 Cohen 2003）　3　クールベのヴィーナスの像（出典　Mohen 1989a）　4　マスダ・ジィールの男性の像（出典　Mohen 1989a）　5　エリセエヴィチのヴィーナスの像（出典　Bosinski 1990）　6　トゥルー・マグリットのヴィーナス（出典　Otte 1979）

図8　グラヴェット文化・ヴィーナスの様式に後続した彫像芸術

る。これは多くのヴィーナスの像がもつ最大の特徴である新たな生命の懐妊、さらにそれを育む豊かな母性的肉体の表現と異なる。この小像はグラヴェット文化のいわゆる「ヴィーナスの像」の諸特徴と明らかに異相の様式をもち、何よりも文化編年上の帰属が遥か後代のマドレーヌ文化中・後期の証左である。

　比較：この小像の特徴は細長い上半身と下半身が均整の上で対称形をなし、中央の腰部を「く」字に屈めた躍動的な側面観にある。これは同じ地方のマドレーヌ文化後期ラ・ロッシュ・ドゥ・ラランドゥ遺跡（La Roche de Lalinde）、ミディ・ピレネー地方のクールベ洞窟（Courbet）の小像（図8-3）、オーヴェルニュ地方のデュリフ洞窟（Durif）の小像（図8-1）などのフランス国内のマドレーヌ文化期の特徴的な表現意匠である。あるいは中部ヨーロッパの同文化ゲネスドルフ開地（Gönnersdorf）などで見られる線刻画や動産彫刻の主題に共通する（Marshack 1972；pp.313-315, Bosinski 1990；pp.229-237）。

2　最初のグラヴェット文化の小像

　最初の資料はベルギー南部ナムール州にあるトゥルー・マグリット洞窟から見出された。その発見は1864年にデュポンによって「第3番目の動物化石層」といわれた堆積層から、人間を表した象牙製小像として識別された（Dupont 1874）。これは前述のロージュリ・バッス岩陰と共に、学史上最も早く認識されたいわゆる「トゥルー・マグリットのヴィーナスの像」である。後年、この洞窟はオット（Otte M.：1948-）によって再調査された（Otte 1979；pp.115-119）。デュポンが指摘した4つの堆積層は最上位がマドレーヌ文化、その下部が後期ペリゴール文化で、3つ目がオーリニャック文化Ⅰ～Ⅱ期に相当する典型的な様相、そして最下位がムスティエ文化様相であった。小像を包蔵していたのは2つ目の後期ペリゴール文化層で、フォン・ロベール型尖頭器、ペリゴール型片面扁平尖頭器（pointe à face plane périgordienne）、そして背付き尖頭器（pointe à dos）の破片などによって構成される石器群で、同文化Ⅴa期に相当する比較的古い様相である。この様相の放射性炭素法年代測定に関しては、本遺跡からミューズ川（Meuse/Maas）に沿って70km下流にあるスピー洞窟（Spy/Betche aux Roches）で、この北方

型様相に対して26,000yBPの年代が測定された（Lumley 1984：pp.171-173）。この年代に相当しうる古環境は氷期の気候としても相対的に寒冷で厳しかった。その具体的な様相は樹木の少ないステップ気候帯のものでマンモス、ケサイ、ウマ、トナカイなどによって構成され、現在より明らかに原始的な寒冷気候帯の動物相が確認された（Otte 1979：pp.113-119）。この特徴はヴュルム第Ⅲ亜氷期中の3つ目の寒冷な時期（26,500～23,500yBP）で、温暖なケセルト亜間氷期（28,500～26,500yBP）直後に展開するものであり、次の温暖なチュルサック亜間氷期（23,500～22,500yBP）まで継続したものと考えられる。この象牙製小像（図8-6）は高さ3.8cm、基部の幅1.4cm、厚さ1.2cmの大きさで、この時期の西ヨーロッパで最も小さい部類に属す。その頭部は0.8cmの小さな球状に表され、鼻というよりある種の肉食動物などの鼻面（museau）のように突き出ている。両目は三角形の切り込みで簡略的に表されている。頸部は環状に削り込まれ、頭部と胴体を明確に区分している。一方、胴体には括れがなく、表面が滑らかである。両腕は最初から作られていなかった。正面から見ると、肩には十分な幅が確保され角張っているが、胴体中央部へ向けて明らかに収縮する。下半身あるいは基部は筒状の短い肉厚な部分によって、やや後方に反り、胴体を支える肉厚観が確保されている。底部は歪で後側にやや突き出ているが、特に具象的な意図が見られず、全体的によく研磨されている（Otte 1979：pp.167-169）。この時期の他の小像のような女性らしい身体の特徴、たとえば乳房、腹部や臀部などの曲線的な起伏はほとんど見出せないし、身体中央部の誇張も認められない。一般に最大の肉厚部が表現される胴体中央部が曖昧で、寧ろそれが下端に位置する。そして最も具象的な意匠は、意外にも頭部にある。

　　ノート：当該文化の女性小像に一般的に認められる身体表現上の特徴は、ほとんど表現されていない。この遺跡の場合、非常に簡略的で、完成途上のような印象を与える。それは西ヨーロッパの他の資料と比べて、明らかに様式上の表現の意図が曖昧である。ただ、我々はこらの特徴をこの大きさから類推するならば、類型的変異幅の中のある種の簡略的模型（miniature）の範疇であった可能性も考え得る。そして最も重要な情報は後期ペリゴール文化の比較的古い様相に伴ったという事実である。

第1章　グラヴェット文化のヴィーナスの様式、特に西ヨーロッパ地域の研究

比較：外形上の特徴で比較しうる最も近似した例はチェコ・モラヴィア地方のパヴロフ文化プレドゥモスト開地出土の5つの小像が挙げられる。これらはいずれも基部が肉厚で、胴部が相対的に細身で、そして頭部が明確に球体に形作られている（Delporte 1979；pp.149-152）。また、オーリニャック文化の終末様相に現れる丸彫り小像（rond-bosse）、たとえばドイツ南西部のフォゲルヘルド洞窟の小像（図7-5）などに創作上の脈絡を辿ることも飛躍した類推ではないとおもわれる。この近似性は地理的空間の繋がりがもたらす文化網の働きを想起し得る。また、それはフランス南西部のオーリニャック文化にも求められ、たとえばブランシャール岩陰の小像（図7-6）などとも関連づけられる可能性がある（竹花 2007；p.90）。

3　ブラッサンプーイの多様な小像群

フランス南西部ガスゴーニュ地方のブラッサンプーイ洞窟群はイエンヌ洞（des Hynes）とパップ洞（Pape）と呼ばれ、それぞれハイエナ洞と教皇洞とも受け取られる2つの洞窟から構成される。前者はオーリニャック文化に由来する。後者はムスティエ、オーリニャック、後期ペリゴール、ソリュートレ、そしてマドレーヌ文化などのほぼ連続した居住痕跡が確認でき、良好な遺跡である。ピエットはパップ洞窟において、1894〜97年にかけて発掘調査を実施した。後に「外套頭巾の夫人」あるいは「ブラッサンプーイの夫人」と呼び慣わされる象牙製の頭部像を含め、多くの人物彫像を、いわゆる「象牙の層」（éburnéenne）から発見した。この層にはアルファベットのEが与えられ、40㎝前後の厚さをもつ粘土質で、多くの炉址を伴っていた。直下の層厚約30㎝のF層はオーリニャック文化、直上のD層（60〜100㎝）がソリュートレ文化とマドレーヌ文化であった。後年、この詳細な知見はデルポルトによって堆積層準を確認する調査がおこなわれ、上記の帰属し得る文化が究明された（Delporte 1967；pp.5-41）。本主題に関連するE層は後期ペリゴール文化の比較的発達した石器群からなり、小型化したグラヴェット型尖頭器、2つの彫刀面が交差した彫器（burin dièdre）、扇形掻器（grattoir en évantail）、そして何といっても数百点に及ぶノアイユ型彫器が含まれていた。これらの組成の特徴は後期ペリゴール文化後葉の発達した典型的な同文化Vc期に相当する（Delporte 1967；pp.5-41）。

第 2 節　西ヨーロッパのヴィーナスの像

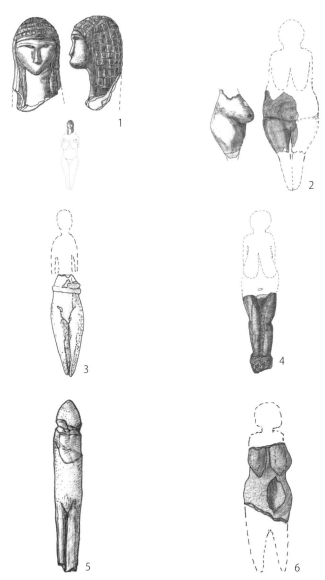

1　ブラッサンプーイの「外套頭巾の婦人」(出典　Galli 1978)　2　ブラッサンプーイの「洋ナシ」(出典　Galli 1978)　3　ブラッサンプーイの「帯を締めた小像」(出典　Siant-Blaquat 1987)　4　ブラッサンプーイの「人形の粗像」(出典　Lumley 1984)　5　ブラッサンプーイの「フィエット」(出典　Siant-Blaquat 1987)　6　ブラッサンプーイの「上半身像」(出典　Lumley 1984)

図9　グラヴェット文化のブラッサンプーイ洞窟におけるヴィーナスの様式の彫像群

35

第1章 グラヴェット文化のヴィーナスの様式、特に西ヨーロッパ地域の研究

いわゆる「外套頭巾の夫人」(図9-1)は象牙製で、現状3.6cmの大きさをもつ小像の頭の部分である。頸の割れ口は顔面側において頸部付け根から背面で首の同中程にあたるうしろ髪の端に至り、おそらく不意の衝撃がもとで損なわれものと考えられる。往時における本来の姿は知る由もないが、頭部末端にいたるまで克明な具象性が与えられていることから、全身を表現した像におけるその一部であったことが推定される(図9-1の下)。この頭部は実に具象的に表現され、前面で細い長い首によって際立っているが、両側と後部が肩まで垂らした髪に覆われ、実質的に胴部から頭部を物理的に支えていた。髪型は前髪を短く揃え、両側で耳を覆ういわゆる「おさげ髪」のややのびた状態である。そして、頭髪には網目状の整髪頭巾を被っている様子が仔細に表現されている。その網目状の整髪頭巾様のものは縦横の沈線で格子紋に描かれているが、そのうち縦の沈線が明らかにより太く深い。頭髪全体は細かな三つ編みのような髪形に整えられた可能性も考えられ、それ自体非常に強い印象を与える。顔は縦に短く非常に引き締まり、端正である。額は前髪に覆われ、わずかにしか表されていないが眉毛の部分がやや隆起し、その下の目の部分がとても深く窪んでいる。鼻は小さく低いが、しっかり表現されている。口は具体的に表現されていない。頬はやや盛りあがっているが、それ自体が非常に痩せこけて削ぎ落とした様で、尖った顎にそのまま至る。これら細部の表現の特徴は若い女性を明らかに彷彿させるものである。贅言を加えれば、現在でもフランス西部のブルターニュ半島におけるケルト系住民のなかに見出される容貌を連想し得る。フランスの研究者達は疑いなく旧石器時代において最も美しい克明な頭部像で、「ヴィーナスの像」の傑作であると賛辞を惜しまない(Lumley 1984；pp.125-132, Taborin 2004；p.197)。

いわゆるポワール・「洋梨」(poire；図9-2)と呼ばれる資料は象牙製で、腹部上端から上半身と膝から下、さらに残りの部分の左側の一部を欠く裸婦像である。現状の高さは約8.2cmである。最大の特徴は何といっても豊満な腹部である。お腹は前方へとても突き出ているが、恥骨部の脂肪塊に阻まれて、弛緩し明らかに垂れ下がっている。特に臍の回りの脂肪の蓄積具合は写実的に表現されている。臀部から股上部にかけては最大の肉厚観が表され、股の上部が丸々とし、その下部へ行くに従い急激に減じて、文字通り「洋ナ

シ」のような輪郭線を描く（Gailli 1978；pp.64-74）。ただ、この資料はいわゆる「臀部肥大症」の特徴に相当し得るものがないが、典型的な「ヴィーナスの様式」の特徴が認められる。

　いわゆる「帯を締めた小像」(figurine à la ceinture；図9-3) は象牙製で、現状6.8cmであるが、腹部より上を失っている。その腹部は幅の狭い明確な帯状ものが、わずかに右下がりの状態で胴部を一周する。これは解剖学上の身体の特徴というより、明らかに装着具の類である。腹部の状態はほとんど肥厚しておらず、むしろ腰の括れが表されている。さらに、下腹部には、男性生殖器のような突起も認められる。両脚はやや丸みを帯びるが真っ直ぐで、先端が点状に収縮し、足などが省略されている。表現は簡潔で、特に女性的特徴が見出せない。その結果、この小像に対しては男性像であるという指摘がなされる（Lumley 1984；pp.125-132）。

　いわゆる「人形の粗像」(ébauche de poupée；図9-4) と呼ばれるものは象牙製で、腹部と股の境目から上を欠く裸婦像の下半身である。現状の高さは7.5cmである。下腹部は三角形に表され、おそらく本来表現された身体の均整上からみて、発見された部分が大幅に下へ位置していると推測される。脚部は縦の真っ直ぐな深い溝でしっかり双方に分けられ、膝の部分でやや屈曲している。足に相当する部分は素材の未彫刻部分が残されているので、文字通り「粗像」と呼ばれる所以である。ただ、膝から下の縮約的な意図的表現は認められず、自然な均整というよりは脛がやや大きく、例外的な特徴を示している（Bosinski 1990；p.127）。

　いわゆるフィエット・「少女」(fillette；図9-5) と呼ばれるものは象牙製で、3.5cmである。頭部はやや先端が尖った球体で、頸部で際立っている。顔部や髪型などの細部は表現されていない。一方、両肩、頸、胸部などは大まかに削り出されただけである。また背中の曲線的表現、乳房、腹部、腰、臀部などの女性的な特徴は特に表されていない。ただ、下腹部は逆三角形の彫り込みがなされ、そこから脚部の双方を分ける深い溝が穿たれている。最大幅は辛うじて腹部の辺りにあるが、ただ全体に管状を呈し、特に簡略的で小型模型のような類型である。

　いわゆるトールス・「上半身像」(torse；図9-6) と称されるものは象牙製

で約 7.5 cmの大きさである。現状は損傷がもとで胸部から上、そして下半身を欠く小像の中央部である。乳房は大きく発達し砲弾形を呈し、腹部の上に垂れ下がっている。腹部は非常に盛りあがり前方へ突き出ているが、その中央部に縦の不整楕円の大きな穴が開いて、特異な印象を与える。注目される特徴は後で述べる図 10-2 の資料に類似した点が認められ、さらに破損の特徴まで共通する（Lumley 1984；pp.125-132）。

いわゆる「短剣の柄」(manche de poignard；図 10-2) と呼ばれるものは象牙製で、約 4 cmの大きさである。この資料は胸部から上、太股上部より下を失っていて、これも小像の中央部のみである。乳房は大きく発達し砲弾型を呈し、腹部の上に垂れ下がっている。腹部中央は前方へ突き出て、とても盛り上がっている。一方、臀部は横方向に大きく肥大している。お腹の下には女性生殖器が表されている（Lumley 1984；pp.125-132）。このような特徴は後述するローセル大岩陰の第 1 浅浮彫り像の表現に共通する。

いわゆる「肩掛けをまとった小像」(figurine à la pèlerine) と称されるものは象牙製で、現状約 3.5 cmの小さな破片である。この資料は T 字状の隆起した帯のようなものが見られる。

　　ノート：この遺跡の 8 個体のヴィーナスの像はいずれも後期ペリゴール文化 Vc 期に作られた。この知見は一つの遺跡で同時期に大きな変異性の一群を形成し、西ヨーロッパのグラヴェット文化の遺跡の資料として真に秀逸である。さらに、いわゆる「革袋の栓」(bouchon d'outre；図 10-1) と呼ばれる円錐形の特徴的な動産芸術は当該文化期に様式化した類型として注目される（Delporte 1967）。最も一般的な特徴である妊娠に伴う肥満はたとえばいわゆる「短剣の柄」、「洋ナシ」、「上半身像」などに見られ、確かに重要な題材である。あるいは、個人の精神性の表象とも考え得る顔や個人的な装飾などが仔細に具象化されたものは、たとえば「外套頭巾の夫人」の存在も非常に価値がある。また、両性的な特徴に関しては、たとえば「人形の粗像」や「小娘」なども創作上の主題構成の多様性として考慮される。本遺跡はイベリア半島の基部・フランス南西端の大西洋に近い所であるが、化石の生帯（biozone）上からも豊かな表現を支えた象牙の存在が注目される。

第2節 西ヨーロッパのヴィーナスの像

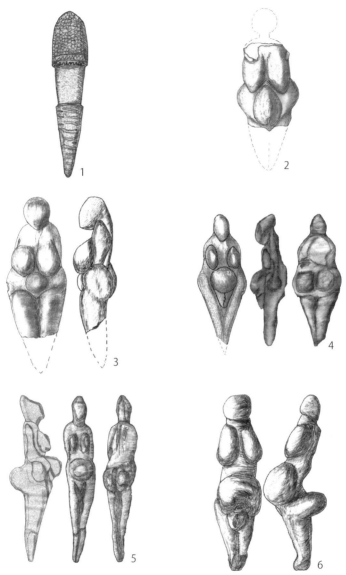

1 ブラッサンプーイの「皮袋の栓」(出典 Galli 1978)　2 ブラッサンプーイの「短剣の柄」(出典 Galli 1978)　3 グリマルディの「黄色い臀部肥大」(出典 Cohen 2003)　4 グリマルディの「ロザンジュ」(出典 Cohen 2003)　5 グリマルディの「ポリシネル」(出典 Cohen 2003)　6 モンパジィエールのヴィーナス (出典 Mohen 1989a)

図10　グラヴェット文化のグリマルディ洞窟等におけるヴィーナスの様式の彫像

第1章　グラヴェット文化のヴィーナスの様式、特に西ヨーロッパ地域の研究

　　比較：本遺跡において、表現の動機となった基本思想はあくまでも豊満な裸婦像であり、イタリアのグリマルディ洞窟群やフランス南西部のローセル大岩陰などに典型的な類例を見出し得る。ただ、いわゆる「外套頭巾の夫人」の頭部像のような例は、西ヨーロッパから中部ヨーロッパにかけて余り近似するものが知られていない。むしろ、我々は遙か東方のマンモス狩猟集団の遺した「ヴィーナスの像」に類例が見出せることに注目すべきである。たとえばウクライナ・アヴディエヴォ開地の第7号ヴィーナスの像、ロシア・コスティエンキⅠ開地の第5号小像や同カガリノ開地の第2号ヴィーナスなどであるが、のみならずウラル山脈の遙か西シベリアのマリタ開地の第1、2号小像である（Delporte 1979；pp.161-173, Abramova 1967；pp.99-125）。また、いわゆる「小娘」のような管状の小型模型はチェコのドルニ・ヴェストニツェ開地のいわゆる「乳房をもつ棒」やパヴロフ開地の2つの簡素な小像、西シベリアのマリタ開地の一連の管状の小像達、そして同ブレチ開地の同様の小像に対比できる。就中、後者の諸遺跡において同様の類型は、より具象的で仔細な表現のヴィーナスの像と併存していることを思い起こさせる（Abramova 1967；pp.112-113、竹花 2007；pp.77-114、竹花 2011；p.124）。

4　南ヨーロッパの典型的ヴィーナスの像

　イタリア北西部リヴィエラ地方に所在するグリマルディ洞窟群はアンファン（Enfants）、キャヴィヨン（Cavillon）、バルマ・グランデ、バウーソ・ダ・トルレ（Baousso da Torre）、そしてプランス（Prince）などの洞窟や岩陰で構成される先史遺跡群の総称である。19世紀末に数多くの発掘がおこなわれた。これらは、オーリニャック文化を中心とする後期旧石器文化の前半が主体である。けれども、堆積層に関する学術上の詳細は、今日的な認識においてよく解っていない。かつてフランス・マルセイユ出身のアマチュア考古学者（amateur）ジュリアン（Jullien L.A.）という人物は、1883～95年までの間に少なくとも15体の"ヴィーナスの像"を掘り出した、といわれる。その内、今日「グリマルディのヴィーナスの像」として知られる7体が、20世紀初頭にフランス・パリ市郊外にあるサンジェルマン・アン・レイ国立古文化財博物館によって学術上の価値が認められ、購入された。その内の2体はバル

マ・グランデ洞窟のD層から得られた（Mussi M., éd. Leroi-Gourhan A.1988；p.448）。後に、ジュリアンはカナダへ移住し、その地で没した。近年、アメリカ合衆国やカナダで、彼と共に新大陸へ持ち込まれた残り7体余りのヴィーナスの像が親族などによって保存されてきたことが注目されている。だた、出所にまつわる学術上の情報は不詳であるし、研究の対象資料として援用されたことがない。前者のサンジェルマン・アン・レイ博物館収蔵の一群に関しては以下の資料が有名である。

まず「画趣に富む像」（pittoresque）と表現されるいわゆる「甲状腺腫の女」（femme de goitre）は発見者のジュリアンによれば"ポワントロール"（pointerolle）と呼ばれる石器類型と共に見出された。これは、一種のグラヴェット型尖頭器を指すものと推測し得る（Lumley 1984；p.178）。

もう一方は、その下のE層から前者と同様の石器類型と共に出土したといわれ、いわゆる「黄色い臀部肥大の小像」（statuette en stéatite jaune；図10-3）と呼ばれる。保存状態は膝から下を欠くが、概ね良好である。赤褐色の大理石製で、現状4.7cmの大きさ、推定5.5頭身を呈す。頭部は均衡のとれた楕円体で、顔の細部が全く表現されていない。ただ、頭部表面に認められる条線は、頭髪を表すと見られるが、襟首までいたりやや異例な感じである。両肩はやや狭く丸みを帯び、撫で肩である。両腕は表現されているが、実際より明らかに控えめで申し訳程度である。一方、両乳房はやや垂れ下がりながら膨らみ、巨大である。腹部および腰部には、最大の肉厚観が表現されている。正面から見ると、腹部中央は半球体で明瞭に盛り上がり、単に肥満体質というよりは、妊娠後期の状態を思い起こさせる。下腹部および臀部の下は鉢巻き状の肥満による肉襞が鮮明に表現されている。太股はとても肉厚で、左右がしっかり分けられている。両乳房の付け根には隆起した帯状の衣装、あるいは装身具の類が認められる（Lumley 1984；p.178, Cohen 2006；pp.44-45）。

その他5体の小像はモナコ公国モンテカルロ市内にあるブランス洞窟から出土したといわれるが、後年（1966～68年）のモナコ先史人類学博物館による徹底的な発掘調査によって、ムスティエ文化以降の後期旧石器文化が全く確認されなかった。従って、残り5つの小像の出所は発見者の報告を根拠に

第 1 章　グラヴェット文化のヴィーナスの様式、特に西ヨーロッパ地域の研究

することに信憑性がなく、その起源が不明確といわざるを得ない。

　その内の 1 体は菱形を意味するいわゆる「ロザンジュ」（losange；図 10-4）と呼ばれ、より肉厚的な体形で、臀部の肥大化した表現が強調されている。このヴィーナスの像は大きな欠損も無く、後述の「ポリシネル」と同じ緑色で半透明の大理石で作られ、高さが 6.1 cm である。腰部に最大の肉厚観が表現され、そこから頭頂部および下半身の末端へ、それぞれ三角形を描がいて収斂し、輪郭が文字通り菱形を描くのである。頭部は約 5 頭身の均整で自然である。その他、頭部の具象性に関しては顔面や頭髪などの細部が表現されていない。顔部は均衡を保ったやや面長な顔貌を彷彿させ得る空間として確保され、研磨による光沢を帯びている。頸はとても太い。両肩は極端な撫で肩に表され、さらに肩や胸部が相対的に平坦である。反面、両乳房は肉厚で、互いに大きく隔たっている。腹部は半球体で、前方へ極端に突き出ていて、最も強い印象を与える。腰部の幅は均衡上非常に広く、括れが全くない。下腹部には石材本来の裂け目が縦に位置し、女性生殖器を暗示させる。恐らく、この大理石塊の自然の傷が小像を制作する天来の着想をもたらしたのかもしれない。臀部はやや後方へ突き出ている。下半身は急速に窄まり、先端が点状に収斂したと類推し得るが、往事に先端のみが失われている（Lumley 1984；pp.179-180）。ルロワ・グーランが指摘する身体中央部における誇張は上下両端の対称的な縮約性と相まって、最も典型的な範例の一つとして挙げ得る（Leroi-Gourhan 1982；p.252）。

　別の 1 つは、いわゆる「ポリシネル」（Polichinelle；図 10-5）と呼ばれ、太鼓腹でせむし、赤鼻の醜怪なフランス喜劇に登場する道化師に例えられる。保存状態は欠損がなく完全で、高さ 6.1 cm、緑色で半透明の大理石で作られている。表面全体は恐らく「使用」の結果として研磨され、光沢を帯びていると考えられる。反面、穿孔部に酸化鉄の膠結物が観察されることから、顔料などによる着色が施されていた可能性が認められる。頭部は円錐状に尖ってやや特異な形であるが、身体全体に対して 7 頭身の均整を持ち、比較的自然な姿である。顔面部は確保されているが、いわゆる「のっぺらぼう」である。両肩はやや前に突き出ている。両乳房は発達しているが巨大といえる程ではなく、幅が狭く垂れ下がってもいない。腹部は前方に異様な程突出し

て、否が応でも妊娠後期の状態を印象づける。このような生理的状態のために、この小像の姿は腰がやや前のめりの姿勢を必然的に取る。臀部は相対的に幅が狭い状態のまま後方へ極端に突出している。このヴィーナスの像には確かに典型的な臀部肥大症の形質が表現されている。全体の姿勢は下半身を踏ん張り、背筋をのばし、視線を上目使いに惚けた表情で、文字通りその所作がとぼけた味がある太鼓腹・せむし・赤鼻の道化「ポリシネル」と呼ばれた由縁である。両股は膝の位置までハッキリと切り離されているが、その先が点状に収斂し、足が省略されている (Lumley 1984；p.179)。腹部と臀部の最大肉厚部は頭頂部と下半身末端へそれぞれ三角形をえがいて収斂する輪郭を描き、これもまた最も典型的な表現が観察される。

　いわゆる「黒人の頭部」(tête negroïde) と呼ばれるものは同様に臀部肥大の体形で、緑色大理石製である。大きさは、2.1cmで小型の類型である。制作は全体を研磨し、特に顔の部分と下部が磨り減っている。このことから、すでに往時において破損し分離していたようである。この彫像は顔の部分が特に注目されるが、反り返った額、盛り上がった眉の部分、深く刻まれた眼窩などが表されている。鼻は無いが、摩滅のせいか、あるいは柔らか過ぎる石材のためと考えられる。そのほかは前へ突き出た頬、はっきりわかる上下の顎によって表された口が認められる。頭髪はローセル大岩陰のいわゆる「市松格子の頭髪女」をおもわせる市松格子模様によって表現されている (Lumley 1984；p.180)。

　ノート：本小像群の帰属する編年上の位置は後期旧石器文化前半が主体のようであるが、今なお詳細不明のものも多い。これらヴィーナスの像の主だったものは、5～7頭身の均整で表現され、整った楕円体の面長な頭部を持つが、顔が全く表現されていない。身体中央の腰部付近には最大の肉厚観を持ち、とても誇張されている。一方、上半身および下半身の両端における縮約的な表現は顕著で、この時期の最も典型的な例である。彫像の材料には、象牙が使用されず、代わって大理石や凍石などの軟質な岩石が活用されている。この特性はより肉厚的な形態を招き、それが故により象徴化した菱形の造形を生みだすことに関係していると考えられる。

　比較：「黄色い臀部肥大の小像」の諸特徴は西ヨーロッパや中部ヨー

第1章　グラヴェット文化のヴィーナスの様式、特に西ヨーロッパ地域の研究

ロッパに近似する例を求めるよりは、むしろ東ヨーロッパにおけるウクライナ・アヴディエヴォ開地のヴィーナス第5号やロシア・コスティエンキⅠ開地の同第1や2号などに同様な姿態の表現が見受けられる。また、後者の2例には、乳房の付け根に幅の狭い帯状の衣装、あるいは装身具のようなものが表現されていることも一致する（Abramova 1967；pp.104-109, Delporte 1979；pp.161-171）。また、「ポリシネル」はアヴディエヴォの第5号と多くの点で共通する。そしていわゆる「菱形」はコスティエンキⅠ開地の同第7号でも認められるように、象牙の彫刻に対して軟質石材を用いた時の避け難いより肉厚な姿を帯びることも相通じる。南ヨーロッパと東ヨーロッパのヴィーナスの像は地理的に大きく隔絶された領域で生み出されたが、それにもかかわらず密接で多くの共通性が認められる（竹花 2011；pp.123-126）。

5　ヴィーナスの様式における"傑作"

フランス南西部ピレネー地方オットゥ・ガロンヌ県のレスピューグ村（Lespugue）には3つの先史洞窟遺跡（des Scilles, des Boeufs, des Rideaux）の存在がよく知られている。1922年に、地元伯爵家のサン・ペリエール兄弟（Saint-Perier de S. et R.）はリドー洞窟（Rideaux）の発掘中にいわゆる「レスピューグのヴィーナス像」（Venus de Lespugue）を発見した。ほどなく、これは旧石器時代芸術において最も様式化された作品として評価され、一躍有名になった。この小像（図11-1）の出土状態は主洞の奥で、ノアイユ型彫器を擁する後期ペリゴール文化Vc期の堆積層から発見された。このことは文化編年上の明確な指標と共に発見され、非常に重要で幸運な事案であった（Saint-Perier 1924；pp.361-381）。小像は象牙製で、高さ14.7cm、幅6.0cm、厚さ3.6cmの比較的大きなものである。その趣はきわめて象徴化されながらも身体細部に至るまで形作られ、全体に調和をもった独特の均衡感が認められる。フランスの研究者は、「まさに"傑作"というべきもので、最も不思議な魅力をもったヴィーナスの像であり、旧石器芸術の頂点に至ったのは天才的な想像力によって可能であった．」などと、賞賛の辞を惜しまない（Taborin et al., éd. Leroi-Gourhan 1988；p.904）。頭部は小さく整った楕円体で、頭頂部と顎先がそれぞれ両端をなす。しかし、顔には如何なる目鼻立ち

第2節　西ヨーロッパのヴィーナスの像

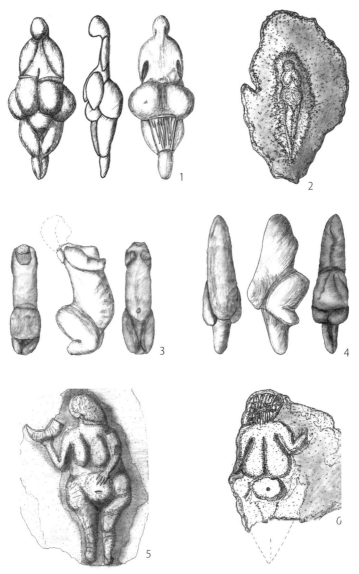

1　レスピューグのヴィーナスの像（出典　Cohen 2003)　2　パトーの「ヴィーナスのレリーフ」（出典　Lumley 1984)　3　シィリューイーユのヴィーナス（出典　Cohen 2003)　4　チュルサックのヴィーナス（出典　Taborin 2004)　5　ローセルのヴィーナス（出典　Lumley 1984)　6　ローセルの「碁盤の目格子の頭のを持つ女」（出典　Lumley 1984)

図 11　グラヴェット文化・ヴィーナスの様式における代表的な創作（1）

第1章　グラヴェット文化のヴィーナスの様式、特に西ヨーロッパ地域の研究

も表現されず、顔部と頭部外郭とを識別することができない。頭髪は 0.2 cm 間隔のほぼ平行な縦の沈線によって表現されるが、髪形としての立体観がない。正面で、毛髪の線刻は頭部の3分の2位まで垂れ下がって、顔にあたる部分を覆っている。後頭部では肩の部分まで達し、横になびいて終える。頭は均整がとれ、胸郭から前へ浮き出た状態で、そのため頭部が大きく項垂れたような重要な姿勢をとっている。胸は華奢で、女性的身体の特徴を良く表している。後頭部には如何なる突出を示すものも表されず、首筋が菱形筋と肩胛筋で連結している様子を描く。肩は撫で肩で、三角筋の隆起が非常に弱い。乳房は肉厚観が急激に増し、立体的に垂れ下がる様子を形作り、胴部全体の均整からすればとても下の位置に付している。現在、滴形を呈したと推測される乳房は双方の外側半分だけが保存され、内側が縦方向にひび割れで失われている。往時は、それが腹部の上に大きな空間を占領していたであろう。このような度を過ぎた巨大な形に強調された身体中央部は、明らかに製作者が意図した注目を引く特徴である。背中はわずかに曲線を描き、表面が滑らかで、脊椎骨の部分ですら凹凸がなく、そのため弓形の湾曲が弱く、凸状で腰部の湾曲が見られない。身体側面には高い技巧性が注がれ、両腕が大きさを表すために胸部側へ伸びやかに曲げられ、その下部3分の1の部分で、身体から二つの貫通した溝によって画され、より明確に胴体と区別されている。腹部は極端に誇張された両乳房から押し下げられ、前方斜め下へ突き出している。これに基因して腹部は相対的に縮小したような、やや狭く膨らんだものに見える。ももの付け根の部分（鼠径部）の襞はしっかり印されている。臍や生殖器官などは、ひび割れのため表現されていたのか残念ながら知りえない。前腕は上腕に対して直角に曲げられ、胸上の乳房付け根の上におかれている。先端の手の平に至るまでに急激に細くなる。手の指は、識別できない。左腕は往時の破損によって喪失している。ただ前腕部の先端は左の胸におかれ、右側と同じように全くの対称形の位置である。下半身はしっかりと保存されている。臀部は巨大で横方向に引き延ばされたようで、ただし後方へもわずかに突出している。臀部間の溝はお尻全体を占め、如何なる三角形の突起のようなものも認められない。お尻の両側が合わさった部分は橋のように、上ではなく下の方に見出される。両股は後方で臀部の膨

らみから深い溝で切り離され、前側でも同様に、横位に強く盛りあがっている。両脚はとても短く、明確な距骨の溝によって内側で画され、わずかに前方へ繰り出している。足部は末端で点状の粗描のみである（Lumley 1984；pp.122-125）。身体以外に関する表現は、下半身の後方に、ある種の衣服のような物が、お尻の直下を奇妙な状態で覆っている。その上端の帯は、水平な1つの縄のようなもので、そこから垂直の小さな条線が描かれている。これらの縦の条線は、狭く縦に一連の間隔を成し簾状のものを構成する。その下端は膝の裏側の位置で、明らかに水平の紐状のものによって横に揃えられている。この特徴から判断すると、腰巻きのようなものを部分的に身に付けている。この彫像は嘗て、フランス国立古文化財博物館学芸主任デルポルト（Delporte H.：1920-2002）によって、帯状の組み紐で構成された縁飾りのある衣装として観察された。デルポルトはナイル川上流のボンゴス（Bongos）やディンカス（Dinkas）などの先住民族の夫人が着用する腰巻きのような伝統衣装と重ね合わせながら、双方の類似性を強調した（Delporte 1979）。

　ノート：この彫像の中央に表された最大幅の径が画く円は、両乳房とお腹、そして横に肥厚した臀部が収まり、そこから頭や足にかけて大きく縮小し、確かにそれぞれ上下に2つの三角形を画き、結果として全体が菱形の枠内に収まる輪郭を描く。これはルロワ・グーランが指摘するグラヴェット文化の女性小像の協約的な様式性がほぼ完璧に盛り込まれた典型的な例である（Leroi-Gourhan 1982；p.252）。また一般的な観察として、我々は、この時期における様式上の表現に協約的な誇張がある程度あったにせよ、このような解剖学的な脂肪体質の超肥満体型が旧石器時代に存在し、主題の美的な動機付けの対象となりえたこと自体が率直な驚きを覚える。

　比較：西ヨーロッパ地域において、いわゆる「"傑作"というべき」のごとく、直ちに対比しうる例を見出すことが出来ない。ただ静止し正面を向いて、項垂れた頭、豊満な乳房に添えられた両腕などの仕草は、グラヴェット文化の東西を貫く典型的な画趣味である。それは南ヨーロッパのグリマルディ洞窟群のいわゆる「菱形」や東ヨーロッパのウクライナ・アヴディエヴォ開地のヴィーナス第5号などに共通する（Delporte 1979；pp.161-173、竹花 2011；p.124）。まさに、これらの共通性は同時代の精神文

化の網目状回路によって共有された当代の美的要素の一つを確認できる。
6　新たに発見されたヴィーナスの像

　その出所地は、フランス南西部ミディ・ピレネー地方タール・エ・ガロンヌ県パンヌ村（Penne）のクールベ洞窟（Courbet）あるいはロック・デゥ・クールベ、時にブリュニケル岩陰（Bruniquel）とも呼ばれ、ガロンヌ川の支流アヴロン渓谷内に見出される。洞窟は 19 世後半以降の発掘でマドレーヌ文化後期の遺跡として、特に動産芸術作品群が数多く出土する遺跡としてよく知られている。ただ、すでに 20 世紀初頭には洞窟内堆積物の主な部分がほとんど掘り尽くされてしまった。1985 と 86 年に、ラディエ（Ladier E.）などは、残りの堆積物の発掘を実施し、その際小型の女性小像を発見した。このいわゆる「クールベのヴィーナスの像」（図 8-3）は、1989 年 7 月 27 〜 12 月 31 日に開催されたパリ市グラン・パレ展示館において「フランス考古学・発見の 30 年展」で公開され、注目を集めた（Ladier, éd. Mohen 1989 ; p.108）。小像は赤褐色の細粒砂岩に彫刻された丸彫りの女性像で、保存状態も好である。高さはわずか 2.5 cm で小型の類型であるが、均整のとれた上半身と下半身を持ち、全体に角張った粗描的な表現である。頭部は小さく控え目で、頸部の存在にも関わらずあまり際立たず、まるで胴体の付随部のようである。ただ顔部の具象性は大まかに表わされ、独自の様式が認められる。特に大きく横に刻まれた両目と角張った口吻は、独特の強い印象を与える。これまで知られている先史時代の「ヴィーナスの像」の一連の女性的特徴というより、明らかに異なり怪異な趣を醸し、ただちに類例を探し得ない。髪型や頭髪を表すものは確認できず、また装身具や衣装の類も認められない。乳房は巨大で、同じく大きく突き出たお腹の上に垂れ下がって、一つの固まりとして表現されている。お腹は盛りあがっているが、他の部位のボリュウムを凌駕するほどの誇張が見られない。腰部はやや括れ曲線的で、大きく前方へ屈められ「く」の字型を描く独特の姿勢である。その結果臀部は後方に突き出て、とても肉厚的な印象を与え、同時に躍動感も感じられる。ただ具体的な臀部肥大症や脂肪体質という印象は受けない。太股や脹ら脛は一体的な表現であり、身体の均整上大きな比率を占め、本論の主題と趣の異なったボリュウム観を抱かせる。膝の存在は大きく屈曲して明らかであるが、足が不明確

で小さな突起のように表されている。この小さな彫像はサイズやボリュウム上の制約にも関わらず、表現された女性的身体の特徴や豊満な容姿あるいは巧みに省略する仕方など、彫像手法の高度な修得を感じさせる。この小像は洞窟の入り口付近の壁面と床面の間で発見された。本資料の包蔵堆積層には14,000yBP のマドレーヌ文化後期（Ⅳ期）のもので、多くの典型的な石器類型や骨角器などを提供した。西ヨーロッパにおいて、マドレーヌ文化の女性小像は稀な創作例である。ただ、その主なものはマドレーヌ文化後期あるいは終末期に見られる。

　　ノート：クールベ洞窟の小像は間違いなく女性を表しているのだが、全体に肉厚で、造形的な変化が乏しく棒状で、長い脚部を有する。また、独特な顔部の表現はグラヴェット文化のいわゆる「ヴィーナスの様式」の諸特徴と明らかに異なる。その帰属は当該制作伝統の断絶を経た遥か後代のマドレーヌ文化後期であることをよく物語っている。

　　比較：この小像の特徴は上半身と下半身が対称型を成し、その中央の腰部を「く」字に屈めた姿の側面観にある。このような類例はペリゴール地方のマドレーヌ文化後期ラ・ロッシュ・ドゥ・ラランドゥ遺跡やロージュリ・バッス岩陰のヴィーナスの像（図8-2）、あるいは中部ヨーロッパのマドレーヌ文化後期から終末期のゲネスドルフ開地やペータースフェルス洞窟（Petersfels）などで見られる線刻画や動産彫刻に共通する創作上の題材である（Marshack 1972；pp.313-315, Bosinski 1990；pp.229-237）。

7　マドレーヌ文化のヴィーナス

フランス中部に占める中央高地はオーヴェルニュ地方と呼ばれるが、ここにはピュイ・ドゥ・ドーム県ヴィック・ル・コント村（Vic-le-Comte）のアンヴァル集落（Enval）にデュリフ岩陰（Durif）あるいはアンヴァル岩陰とも呼ばれる遺跡が存在する。河川水系上はロワール川上流の大きな支流アリエ川の中程に注ぐ小さな小谷内に位置する。遺跡は 1928 年に発見され、1969年からブールデル（Bourdelle Y.）によって発掘調査が 2 つの地点でおこなわれた。1 つは「岩陰の奥」(fond de l'abri) で、もう 1 つは「作業場の床」(sol de la Grange) と呼ばれる地点である。前者はマドレーヌ文化最終末期に由来する考古学上の 17 の堆積層が確認された。後者は前者よりやや古い様

相で、いずれも同文化終末期である。「岩陰の奥」では、上部の第Ⅰ～Ⅳ文化層に地元の降下火山灰（Chaine des Puys）が堆積し、年代を再確認しうる指標となっている。また第Ⅻ文化層は女性小像をはじめ15点の線刻画が描かれた板状岩片が出土した。これは炭素^{14}C年代法によって13,700±380と13,000±300yBPの2つの年代が測定された。いわゆる「デュリフのヴィーナスの像」（図8-1）は肩口から脇腹にかけて斜めに断口が見られ、頭部などの上端を欠いている。現状の高さは3.1cmにすぎない小型の類型である。彫像の材料は在地の砂岩が用いられている。小像の正面には乳房もなく、性差や身体の解剖学的な特徴があまり表されていない。一方、背面は肉厚感のある臀部を中心として、とても見事に表現されている。側面観には、明らかに突出した臀部の表現が認められ、これを基点として体躯の全体が屈曲し、その結果顕著な「く」の字形の側面姿勢を呈する。

　　ノート：デュリフ岩陰の小像は岩塊状の素材に肉厚的な裸婦を表されているのだが、全体に造形的な減り張りが乏しく、多くの部分が省略されている。この表現はグラヴェット文化のいわゆる「ヴィーナスの像」の諸特徴と明らかに異なる趣と創作の動機となった思想が異なる重要な題材である。それは文化編年上の帰属が大きく異なり、遥か後代のマドレーヌ文化終末期の所産であることが雄弁に物語る。

　　比較：この小像の特徴は相対的にのびやかな肢体の上半身と下半身が対称形をなし、中央の腰部から「く」字型に屈めた側面観を呈する。これはミディ・ピレネー地方のクールベ洞窟（図8-3）、ペリゴール地方のマドレーヌ文化後期ラ・ロッシュ・ドゥ・ラランドゥ遺跡（La Roche de Lalinde）やロージュリ・バッス岩陰（図8-2）あるいは遥か中部ヨーロッパのマドレーヌ文化後期や同終末期のゲネスドルフ開地やペータースフェルス洞窟などの線刻画や動産彫刻などに共通する（Marshack 1972；pp.313-315, Bosinski 1990；pp.229-237）。

8　人像様の最も古い動産芸術

　フランス南西部ペリゴール地方のドルドーニュ県セルジュラック村ブランシャール岩陰は先史学の研究史に度々登場する著名な遺跡である。ここはいわゆる旧石器文化の「標準地帯」（zone classique）と呼ばれる遺跡密集地で

第 2 節　西ヨーロッパのヴィーナスの像

ある。この遺跡は 1882 年にルヴェルディ（Reverdit M.）によって発見され、1911 年にディドン（Didon L.）が発掘調査を実施した。そのため洞窟はしばしばディドン岩陰とも呼ばれる。最下部の A 層は典型的なオーリニャック文化（Ⅰ期）、続く B 層も同文化Ⅰ期、C 層が天井崩落した全くの無遺物層である。続く D 層も同文化Ⅰ期、そして E 層がやはり天井の崩落による無遺物層で、最上部である F 層が腐植土を含む層である。如上の 3 つの文化層は全て典型的な骨角器類型である下部開口尖頭器（pointe à base fendue）などを豊富に伴い、典型的オーリニャック文化の様相を呈する。この文化様相の放射性炭素 ^{14}C 法による実年代は、たとえば同地方のパトー岩陰第 12 層における典型的同文化の場合 33,000±500yBP や同地方のフェラシィー大岩陰の K6 層の同文化Ⅰ期の 35,000yBP と同 K5 層の同文化Ⅰ期終末の 31,250yBP の範囲であったと理解できる（Lumley 1984；pp.61-71)。ブランシャール岩陰では芸術表現の萌芽的作品が数多く確認できる。たとえば 28 個に及ぶ動物の絵はルロワ・グーランによる第Ⅰ様式（Style Ⅰ）の線刻手法によって表された創作群である。また 1970 年代に米国ハーヴァード大学のマーシャック（Marshack A.）は出土した骨製の装飾板が最古の「月齢による暦」の可能性を指摘したが、あまりにも奇抜な解釈として有名である（Marshack 1979)。ここでは、本主題に関連する可能性の資料として、ウシ科動物の角で作られた丸彫りの動産芸術（図 7-4）が注目される。これは本主題の原型を成す創作の可能性を持つものとして重要である。西ヨーロッパにはオーリニャック文化の遺跡が数多く存在するが、この人間自体を題材とする丸彫りの像は、最も古い希有の例である。この丸彫り像は A 層の典型的同文化に伴う生活遺構の直中から、多量の灰と焼けた獣骨が充満した掘り抜き式の炉址の傍らで発見された。作り方はウシ科動物の角の先端を切り落し、その部分にやや扁平な球体を際立たせ、その頂きにわずかに凹んだ部分を作り、さらにその中央に明らかな刻み目が 1 つ刻されている。我々のア・プリオリな印象は男性外部生殖器の端部を想起し得るが、それを傍証するように、研究者間の呼称として「ブランシャールの男根彫像」（phallus sculpté）とも呼ばれる。

　ノート：オーリニャック文化期に初めて登場した芸術的具象表現はすでに最初の様式を獲得している。その題材はほとんどが人間の女性生殖器と

51

第1章　グラヴェット文化のヴィーナスの様式、特に西ヨーロッパ地域の研究

草食動物の姿に関心が傾けられた。つまり最古の芸術的表現の動機は生命の根元的使命である「種の維持」に象徴される生殖器官と「生命の維持」に象徴される主要な食物が主題であったと推測し得る。

　比較：我々はこの素朴な原初的彫像を見る時、西ヨーロッパ・グラヴェット文化初頭のトゥルー・マグリット洞窟の小像（図8-6）や中部ヨーロッパのプレドゥモスト開地の小像群（図22-3～6）を想起し得るが、両者の間には少なくとも数千年の時間差があり、直ちに系統的な前後関係を類推することは相応の注意が払われなければならない。ただ、それはオーリニャック文化終末の中部ヨーロッパにおけるドイツ南部のフォゲルヘルト洞窟の小像（図7-5）等を媒介とすれば一連の系譜が存在し得たことも、あながち荒唐無稽な推論ともいえないであろう。

9　パトー岩陰の浅浮き彫り

この岩陰（Pataud）はフランス・ペリゴール地方ドルドーニュ県レ・ゼジィー・ドゥ・タヤック村に所在する。遺跡はクロマニョン岩陰から南側へ数百mにあり、またさらに数百m先にレ・ゼジィー洞窟が控えている。後者は遺跡自体にフランス国立先史学博物館が設置されている。本遺跡は文字通り旧石器文化「標準地帯」の核心部に位置する。1958～64年まで、アメリカ・ハーヴァード大学ピーボディー博物館所属のモヴィウスによって精緻な発掘がおこなわれた。その成果は同一遺跡の堆積層においてオーリニャック文化初頭から後期ペリゴール文化最終段階に至る文化編年上の連続的な諸階梯の層序が検出できたことにある。つまり彼は20世紀前半にブリューイやペイロニーが複数の遺跡資料を基に提唱した後期旧石器文化前半の編年を、放射性年代学や統計学などの最新の学術手法で再確認したことにある。下部から第14～6層はオーリニャック文化Ⅰ～Ⅳ期に至るまで連続する考古学的堆積群である。つづく第5層は直下の第6層におけるオーリニャック文化最終末（Ⅳ期）に後続するもので、後期ペリゴール文化の最も古い様相（Ⅳ期）に相当する。それはグラヴェット型尖頭器をはじめ多数の典型的な石器と骨角器が出土したことに裏付けられる。第4層は下位水準で同文化Va期、中位水準で同文化Vb期、そして上位水準で同文化Vc期のノアイユ型彫器と多様な類型の石器組成が特徴で、多量の考古学上の遺物と共に複数の炉跡が発見

第2節　西ヨーロッパのヴィーナスの像

られた。第3層は同文化Ⅵ期に対応し、放射性炭素^{14}C法で23,010±170yBPの年代が測定され、若干の石器や複数のマンモスの牙などを伴う。さらに重要なことはルロワ・グーランによる洞窟壁画における第Ⅱ段階の様式（style Ⅱ）に相当する人物像が、浮き彫り手法で描かれた石灰岩片が発見された。第2層は後期ペリゴール文化最終末に位置づけられる同文化Ⅶ期に相当し、いわゆる「原マドレーヌ文化」とも呼ばれる特異な様相である。モヴィウスはこの岩陰で消費された狩猟対象動物の90％以上がトナカイであったと報告した。同時に、これら考古学上の堆積層からは埋葬あるいは非埋葬を問わず多くの人類化石が、なかでも第4層上部からは1個体分の人骨が、そして第2層からは6個体分が出土した。詳細は成人男性1体、成人女性1体、0～7歳の子供4体である（Movius 1975, Lumley 1984；pp.150-154）。

　第3層の浅浮き彫りの人物描写はいわゆる「アブリ・パトーのヴィーナスの像」（Vénus de l'Abri-Pataud；図11-2）と呼ばれ、縦19cm、横14cmの石灰岩塊に彫刻された裸婦像である。この資料と遺構との関係は確認できなかったといわれる。この女性小像は一般的なグラヴェット文化の女性像の特徴である「誇張された豊満さ」は窺えず、きわめて控え目な表現である。ただ大きく垂れ下がった両乳房、膨らんだ腹部が認められることはとても重要である。また、ほとんど省略された両腕、下半身が漸次萎み、末端が点状で終える。顔の具象性は表されないが、頭部の大きさだけが自然で均整が取れている。また描かれた身体各部は簡素であるが比較的よく観察されており、極端な象徴化や誇張が見られない。これら後者の表現上の独自性はグラヴェット文化あるいは後期ペリゴール文化の終末期に見られる特徴を示している（Lumley 1984；pp.150-154）。

　ノート：この遺跡の知見は最も新しい年代の堆積層（23,010±170yBP）において確認された後期ペリゴール文化Ⅵ期に「ヴィーナスの様式」に基づく充分に典型的な特徴を備えた創作が継続していたことにある。

　比較：この資料の比較対象は、まず直ち西ヨーロッパのみで知られる浅浮き彫りという固有な手法であるため、描かれた例として「ローセルのヴィーナスの像」が挙げられる。ただ表現の趣は必ずしも一致していない。痩身な輪郭や身体のプロポーションは東ヨーロッパ大平原のウクライナ・

53

第 1 章　グラヴェット文化のヴィーナスの様式、特に西ヨーロッパ地域の研究

アヴディエヴォ開地やロシアのガガリノ開地の一部のヴィーナスの像を想起させ得るが、さらにはウラル山脈の遥か東方のシベリア・マリタ開地やブレチ開地のヴィーナスにより類似する特徴であることが重要である。

10　シィリューイーユのヴィーナスの像

この資料の発見は 1900 年に、フランス・ペリゴール地方ドルドーニュ県レ・ゼジィー・ド・タヤック村シィリューイーユ地区（Sireuil）の通称「羚羊の峡部」（Goulet de Gazelle）と呼ばれる所で、路上の轍のなかから偶然に発見された。発見の経緯に纏わる挿話は、「四輪荷車の下の小さな物語」と称し、語り継がれているという。残念ながら発見の際に、考古学的な証拠となり得る典型的石器類型やその他の年代を指し示し得る遺物などは一切伴わなかった。けれども、150m 程離れた採石場からはオーリニャック文化の石器が出土していた。このことをもって、ブリューイとペイロニーは小像の報告論文のなかでオーリニャック文化に相当し得ると述べた。ただ、この推論は学史上の早い時期という背景から多くの点で考察が不十分で、今日的な文化編年上の視点で考える上で受け入れ難いものである。その後、この小像は 20 世紀前半に、ペイロニーからパリ自然史博物館解剖学教室教授のカピタン（Capitan L.）に引き渡され、彼自身によってサン・ジェルマン・アン・レイ国立古文化財博物館に寄贈された。

「シィリューイーユのヴィーナスの像」（図 11-3）は高さ 9cm、琥珀色の方解石製（calcite）で、やや扁平な自然礫を彫刻したものである。頭部は往時の破損によって失われた。ただ、その痕跡は背中まで垂れた頭髪の末端に確り留めており、立体的な浅い浮き彫り手法によって、小さな舌状の形が認められる。胴体は横方向に引き伸ばされような扁平で、やや脆そうである。両乳房は小さく円錐形で、弛緩なく前方へ突き出ている。従って、一般的な大きく発達し垂れ下がっているものと明らかに異なる。この特徴は妊娠初期の若い女性の乳房と見られる。両腕は乳房の下に萎縮しているが、比較的忠実に表され、さらにその先端に握り拳のような手まで表現されている。腕はやや折り曲げられ、片方の手に破損があり、もう一方がほぼ真っ直ぐに伸びている。そして骨盤に相当する部分は最も肉厚である。腰は弓なりに大きく折曲し、腹部が前方へやや突き出ている。臀部は筋肉質な印象を与え、後方へ

力強く盛りあがっている。ブリューイとペイロニーは、「全く疑う余地なく、臀部肥大症が相当に進行している」と述べた（Breuil et Peyrony 1930；pp.1-4）。下半身の姿勢とその躍動感はこれまで観察してきたものと全く異る。両脚は折り曲げられ、ほとんど屈んだ姿勢に近い。ただ下半身末端に向かい、実際より急激に萎縮する特徴は認められる。両股は太く力強が、一方両脛の部分があまり表されず、足部にいたっては半円形の小さな突起に過ぎない。この小像の側面姿態は激しく前後に屈曲を繰り返す仕草を想起させる。反面、垂直方向の軸は下半身の末端部にいたるまで、体全体の姿勢を縦に貫くほとんど垂直である。その特徴は素晴らしい躍動感を表している。彫像の材料は方解石で、その特性が象牙とは異り、多様な姿勢を表し得る優れた軟質素材である。このタイプの石材はこの地域の河川で採取出来る。この特徴は他の小像と比べて、表現上の趣に微妙な相違を与えている（Lumley 1984；pp.139-141）。

　ノート：発見当初は最初の報告者によってオーリニャック文化の所産とされたが、いわゆる「先史学の典型地帯」の真っ直中の遺跡の高密度地帯で、如上の説があまり説得力をもたない。むしろ後出のチュルサック村ファクター岩陰の後期ペリゴール文化Vc期の資料と表現上の共通性と石材の活用の在り方を評価すべきである。

　比較：象牙以外で在地の石材を活用したという特徴は隣村チュルサックのファクター岩陰から出土したヴィーナスの像（図11-4）と比較し得る特徴である。これらには互いに創作上の密接な類縁関係が認められる。それは単に全体の印象だけではなく、西ヨーロッパにおける他の表現との相違を明らかに示す独自性が共有されている。このヴィーナスの像は表現された細部の状態、筋骨の描き方や関節の動き方などが、最もチュルサックの彫像に共通する。それはこの像に表現された姿勢や視線が、他のグラヴェット文化の女性小像、たとえば項垂れた静的ポーズや凝視する視線を特徴とするブラッサンプーイ（図9-1～6）あるいはレスピューグなどのヴィーナスの像（図11-1）に対し、明らかに異なる。このヴィーナスの像とチュルサックの小像の間には表現された趣に関しても同一の意匠を共有するある種の地域的制作共同体の内にあったことが考えられる（Lumley

1984；p.141）。

11　チュルサックのヴィーナスの像

この場合チュルサックとはフランス・ペリゴール地方ドルドーニュ県チュルサック村（Tursac）のとである。実際の遺跡はファクター岩陰あるいはフォレ岩陰（Forêt）と呼ばれる。遺跡周辺にはマドレーヌ岩陰やムスティエ岩陰があり、文字通り旧石器文化の「典型地帯」の一角に位置する。この遺跡が認識されだしたのは20世紀初頭のことで、地元の郵便配達（facteur）が旧石器時代の遺物を偶然発見し、自らその地点を掘り起こし遺物を探していた、といわれる。1933年に、ペイロニー夫人（Peyrony E.）は試掘溝による発掘をおこない、後期ペリゴール文化Vc期における典型的石器群の包蔵堆積層を確認した。次いで1954～60年にサン・ジェルマン・アン・レイ国立古文化財博物館のデルポルト（Delporte H.）は学術的調査を実施し、異なる7つの文化層を確認した。上層からガリア・ローマ時代（第1～3層）、ソリュートレ文化（第5層）、後期ペリゴール文化後半の様相（第10～11層）、グラヴェット文化と典型的オーリニャック文化（第15層）、オーリニャック文化（第17層）、同文化II期（第19層）、同文化I期（第21層）であった（Delporte 1968；pp.1-145）。この小像は1959年に実施された学術発掘の最中に、文化編年上に明確に位置づけ得る堆積層から出土した。出土状態は岩陰の壁際で、後期ペリゴール文化Vc期に特有のノアイユ型彫器を伴う第10～11層（23,180±1,500yBP）へ直に重複する無遺物層から発見された。このヴィーナスの像は大きな岩塊によって画され、炉を中心とした居住域の中央部から出土した。如上のような出土状態はグラヴェット文化のヴィーナスの像の発見として多く観察される。デルポルトは小像の近くの同じ堆積層から、ウシ科動物の前腕部の橈骨（*radius*）と前者に沿う尺骨（*cubitus*）を重ね合わせた状態で発見し、これを重要な意味をもつものと理解した（Delporte 1968）。つまり、これは大型草食動物の骨を目印にした隠し場所だ、というのである。さらに、そのウシ科の動物とは恐らく若齢のビゾン（*Bison priscus*）の可能性があり、かつてルロワ・グーランとラミング・アンプレール（Laming-Emperaire A.）が観察した洞窟壁画の特徴に「女性とビゾン」の組み合せ、という古民族学誌的解釈を援用したものであった（Lumley 1984；p.158）。

いわゆる「ファクター岩陰のヴィーナスの像」(図11-4) は大きさが約8cmである。彫像の材料はやや平らな方解石の自然礫で、琥珀のような半透明の褐色を帯びる。製作工程はまず敲打によって摩滅と剥離で大まかな整形がおこなわれ、さらに砂をつけた繊維による溝切りのような手法が加えられた、という。その為、身体各部の表現はとても大まかである。頭部と両腕は最初から表現されず、同様に肩や乳房も全く省略されている。一方、腰は弓なりに大きく反り返り、活発な身体の動きによる躍動感が強調されている。腹部は妊娠後期の様子で、とても前方へ突き出て垂れ下がっている。お尻はいきおいよく後方に盛り上がっており、いわゆる「臀部肥大症」の特徴である。左股は臀部の下に折り曲げられている。その反対側の股は垂直に伸ばされ、この彫像を垂直方向に支える1本の軸である。両脚の先端は点状で終わり、足などが省略されている。両脚の間の突起のようなものは一種の柄茎のようなものを形づくり、そこには上へ向かって引き刻まれた点刻で構成される細かな刻み目が体毛のような状態を表している。この身体の付属器官の解釈はとても注目を集め多くの議論がおこなわれた。これは男性の外部生殖器を表している可能性がある。けれども、全体に曲線的な輪郭を備え、女性的な印象を醸し、これら二つの特徴が対照を成す。この男女両性の特徴は想像上の人間の像を表現した可能性も考えられる。あるいは前者の突起は、誕生しつつある子供を表現した可能性も考えられる (Lumley 1984；p.158)。デルポルトは地表に突き立てるために小像の輪郭に均衡を与える目的で表現されたと考えた。そのことは多くのヴィーナスの像が下半身末端において点状に収斂した角状の状態に関連する (Delporte 1968)。

　ノート：この小彫像は後期ペリゴール文化Vc期 (23,180±1,500yBP) に作られ、岩陰の居住域におけるある種の重要な空間に納め埋められた。さらに特定の動物の種が、供物あるいは目印として添えられた可能性が見られる。そして、ヴィーナスの像自身の表現においては、男女両性的あるいは出産中の様子を表現した可能性も窺い得る。この資料からは多くの特徴や製作後の活用の仕方に関する古民族学的な解釈が深められた。

　比較：フランス・ペリゴール地方において、製作時に象牙を用いず、在地の大理石に近似する石材が活用された特徴は、隣村のシィリューイの小

第1章　グラヴェット文化のヴィーナスの様式、特に西ヨーロッパ地域の研究

像ときわめて密接な共通性で、のみならず本彫像の姿や表現の独自性などにおいても、これら2遺跡が共時的関係を示す。

12　ローセルの浅浮き彫り像

ローセル大岩陰（Grand Abri Laussel）はフランス・ペリゴール地方ドルドーニュ県レ・ゼジィー・ドゥ・タヤック村から西へ約10kmの隣村マルケー村に所在する。1894年に、リヴィエール（Rivière E.）はここで最初の発掘を実施した。次いで1911年に、ラランヌ（Lalanne G.）は多くの浮き彫り手法による芸術的作品群を発見した。これらの資料の研究はブーイッソニー（Bouyssonie J.）が引継ぎ、さらに研究を押し進め1946年の『人類学報』（L'Anthropologie）第50巻に発表した。遺跡における考古学上の堆積は合計9つの文化層が識別された。下部から4つのムスティエ文化様相、次いで後期旧石器文化初頭のシャテルペロン文化が1つ、オーリニャック文化が1つ、後期ペリゴール文化が1つ、同後半のソリュートレ文化が2つである。ヴィーナスの像に関する創作群は第7番目の文化層である後期ペリゴール文化が出所である。この堆積物は層厚80cmにも達する豊かなもので、ブーイッソニーによると出土した遺物が一万点を超えたとう。それらのなかで注目される石器類型はグラヴェット型尖頭器をはじめフォン・ロベール型尖頭器やノアイユ型彫器も多く含まれていた。従って文化編年の指標は、まず後期ペリゴール文化V期の範疇を確かに示すものである。ただ、より詳しく同Va期に遡るのか、あるいは同Vc期まで下るのか、残念ながら文化編年に関わる機微に触れる観察が欠落していた。前述の論文でブーイッソニーは4個の線刻画の描かれた岩塊の研究を発表した。それらの大きさは17～50cmである。就中いわゆる「ローセルのヴィーナス」（Vénus de Laussel）あるいは「角笛を持ったヴィーナス」（Vénus à la corne）と呼ばれる彫刻はとても有名である。これは1908年に、岩陰の壁に面した巨大な岩塊の上で発見され、ラランヌが彫刻された部分を切り離したという（Lumley 1984；pp.141-142）。

第1浮彫り像（図11-5）は、前述の如くいわゆる「ローセルのヴィーナス」と呼ばれる。描かれた人物の高さは約42cmにも達する。身体は正面を向いているが、頭部だけが右手に掲げた角笛の方を向いた横顔である。ただ顔の細部は備わっていない。頭髪は左肩まで垂れ下がるという重要な特徴が

観察できる。両乳房は発達しているが誇張された大きさというわけではない。腹部と腰は非常に肉厚的で、最大の幅が表現されている。両脚は先端に向かうに従い縮約され、曖昧な描き方で終える。一方、両腕は自然な均整を得て、充分に細やかに描かれている。左手は腹部の上に添えられ、4本の指が明確に開き伸ばされた状態である。右腕は顔の高さまで掲げられ、獣角の縞模様が刻み目で描かれている。これは疑いなくビゾン（bison）の角が握られている。下半身には協約的な縮約性が認められる。けれども、上半身は比較的忠実で自然な均整で表現されている。この浅浮き彫り画の表面は、赤色顔料の痕跡が腹部や乳房の上、そして胴体上部と頭の回りなどに観察される（Lumley 1984；pp.143-144）。

2つ目の女性描写（図11-6）はいわゆる「碁盤の目格子の頭を持つ女」（Femme à la tête quadrillée）とでも呼ばれるもので、前者の近くで同じ年に発見された。このレリーフ画はやはり石灰岩片に浅浮き彫り手法で描かれている。保存状態は下半身の先端などを欠かく状態である。前者同様に、体は正面を向いているが、頭部が左を向いた横顔である。両肩の均整は自然な観察で、両腕も実際の大きさでしっかりと表現されていた可能性が窺える。両乳房は巨大で腹部まで垂れ下がっている。お腹の表現は浅浮き彫り手法にも関わらず、強調するためより立体的な状態を表そうとした。腹部の外側は腰部や臀部の輪郭において、非常に肉厚的である。下半身の部分は失われて不明である。この資料は前者と同様、腹部と両乳房に赤色顔料が残存している。左手は顔の高さまで掲げられ、なにか判別不能であるが、ある物を握っていたようである。右腕は身体に沿って垂れ下り、こちらもなにかを握っていた様子がある（Lumley 1984；pp.145-146）。頭部の状態は中部ヨーロッパのオーストリア・ヴィレンドルフⅡ開地の「ヴィーナス第1号」やグリマルディ洞窟群におけるいわゆる「黒人の頭部」、ブラッサンプーイ洞窟群のいわゆる「外套頭巾の夫人」を彷彿とさせる網状の整髪頭巾のような被りもので覆われている（Lumley 1984；pp.145-146）。

3つ目のレリーフ画（図12-1）は前述の二者と明らかに異なり、より平面的で小さな板状石灰岩片を用いている。制作手法は細かい敲打による線刻で、表現の質があまり良くない。描かれた内容は骨盤の辺りを境にして二人

の人物が対置している。ラランヌはこれを出産の場面であると解釈した。他の研究者はどちらかというと性行為を表現したとみる。ルロワ・グーランの観察はより客観的で、これら二人の登場人物の関係は不明確で、最初の粗描を再利用した可能性がある（Lumley 1984；p.146）、というのである。

　4つ目の女性を表現したレリーフ画（図12-2）はいわゆる「ベルリンのヴィーナス」（Vénus de Berlin）と呼ばれ、前二者の近くで発見された。ただ、この浮き彫りの像は発見後数奇な運命を辿り、まずラランヌによって遺跡で剥がし取られ、ベルリン民族学博物館に収められたが、第二次世界大戦中に行方不明となった。さいわいにも幾つかの型取りの複製（moulage）がフランス国内に保存されていた。これは前述に比べれば、通常の線刻手法を多用して描かれていた。右手はフランス・スペイン国境のバスク地方における球技に使われるシステラ（chistera）と呼ばれる柳編みの樋状の手袋のようなものを握っている。他の研究者の解釈では反芻動物の胃袋を革袋として使った、とぃう推測も述べられた（Lumley 1984；p.146）。

　その他のレリーフ画は40cm以上の岩塊に、男性の像を浮き彫り手法で大まかに彫刻したいわゆる「ローセルの狩人」（Chasseur de Laussel）と呼ばれるもので、頭部、両腕、男性生殖器などが識別可能である。さらに同様の3点の破片が含まれる（Lumley 1984；pp.146-147）。

　ノート：女性を主題としたレリーフ画および同男性像など複数が発見されたが、他の一連の遺跡のような彫刻された女性小像は異例にも皆無であった。これらは、後期ペリゴール文化Ⅴ期の時間幅のなかで制作されたが、同Ⅴa期まで遡るのか、あるいは同Ⅴc期に展開したのかは解明されなかった。ただ、これら女性の像は充分に典型的な「ヴィーナスの様式」における諸特徴が認められ、後者の盛期に帰する可能性が窺える。けれども身体に対して頭部が完全に横向の姿態、あるいは実際的な均整で描かれた腕や手など上半身の観察の仕方が、さらに携帯された角笛などの調度物の表現がおこなわれ、他には無い特徴も観察できる。

　比較：レリーフ画の浮き彫り手法は西ヨーロッパのグラヴェット文化期に出現するが、人物および女性そのものを表現したものが殆どない。前述のパトー岩陰や後述のテルム・ピアラ岩陰などでわずかな例が見られるだ

第2節　西ヨーロッパのヴィーナスの像

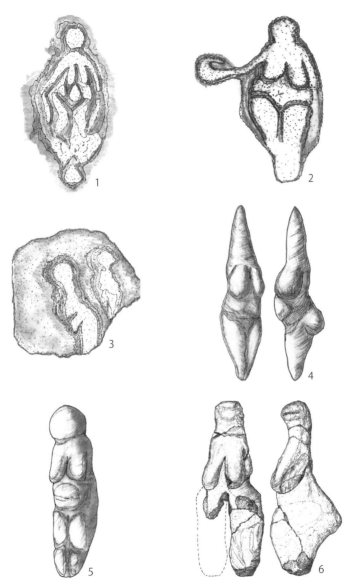

1　ローセルの「第3のレリーフ」（出典　Lumley 1984)　2　ローセルの「ベルリンのヴィーナス」（出典　Lumley 1984)　3　テルム・ピアラのレリーフ（出典　Lumley 1984)　4　サヴィニャーノのヴィーナス（出典　Taborin 2004)　5　キオッツアのヴィーナス（出典　Bridow 1972)　6　ルナンクールのヴィーナス（出典　INRAP 2014)

図12　グラヴェット文化・ヴィーナスの様式における代表的な創作（2）

第1章 グラヴェット文化のヴィーナスの様式、特に西ヨーロッパ地域の研究

1 ローセル大岩陰の「角笛の女」(グラヴェット文化)　2 ローセル大岩陰の「ベルリンのヴィーナス」(グラヴェット文化)　3 ローセル大岩陰の「碁盤の目格子の頭を持つ女」(グラヴェット文化)　4 ローセル大岩陰の「狩人」(グラヴェット文化)　5 ローセル大岩陰の「第3のレリーフ」(グラヴェット文化)　6 テルム・ピアラ発見の「レリーフ」(グラヴェット文化)

図13　レリーフに描かれたヴィーナスの像

第2節　西ヨーロッパのヴィーナスの像

けである（Lumley 1984 ; pp.135-136）。

13　テルム・ピアラの浅浮き彫り画

　本遺跡はフランス・ペリゴール地方ドルドーニュ県レ・ゼジィー・ドゥ・タヤック村から南西へ約25km、サン・タヴィ・セニュール村に所在する。まず、土地所有者（Délugin）は1912年にテルム・ピアラ岩陰（Terme-Pialat）で動物の線刻画が描かれた石灰岩片を見つけ、翌1913年に女性の姿が描かれたものを相次いで発見した。1954年に、ボルドゥ（Bordes F.）は遺跡を訪れた際、グラヴェット型尖頭器やノアイユ型彫器などを採取し、後期ペリゴール文化Vc期の石器群の存在を確認した（Lumley 1984 ; p.135）。如上の2つの線刻画の内、動物の絵は長さ25cmの岩片の平らな面に、草食動物の頭部から背部にいたる特徴的な表現、がいわゆる「セルヴィコ・ドルサル技法」（cervico-dorsale）なるグラヴェット文化に展開した洞窟壁画における第Ⅱ様式の協約的な特徴が見られる。その動物の頭部は明らかにウマであることが判別し得るが、ただ多くの部分が損傷で失われていた。

　2つ目の線刻画（図12-3）は大きさが22cmもあり、女性2人の輪郭が描かれていた。デルポルトの観察によれば、主題の人物の1人はやや太り気味の女性で、乳房、腹部共に豊満な姿が表現されている。もう一方の人物はより曖昧で謎めいている、という（Delporte 1979）。前者の女性像は大きな円い頭を持った横顔の姿で、各部の均整が比較的自然で、この時期の表現としてやや異例な観察の仕方である。下半身の膝から下は残念ながら失われて不明である（Lumley 1984 ; p.136）。

　　ノート：この浅浮き彫りレリーフ画はルロワ・グーランの洞窟壁画第Ⅱ様式に平行したヴィーナスの様式に相当する。そして、この創作に伴う石器群の文化編年上の位置はノアイユ型彫器を擁する後期ペリゴール文化Vc期に相当する。

　　比較：これはフランス・ペリゴール地方のいわゆる「典型地帯」における後期ペリゴール文化V〜Ⅵ期のパトー岩陰やローセル大岩陰などと密接な共時的関係において生み出されたものと考えられる。

14　畑の中で発見されたヴィーナスの像

遺跡はフランス・ペリゴール地方ドルドーニュ県レ・ゼジィー・ドゥ・タ

ヤック村から南南西へ約 26 km のモンパジィエール村（Clotte et Delporte éd. Monpazier）に所在する。1970 年に、女性の小像が全くの開地地形の畑で、耕作中に偶然発見された。この地点はムスティエ様相の石器群や新石器文化などをはじめ、多くの多様な遺物が表面採取されていた。ただ、主体は後期ペリゴール文化に特有の石器類型などである（Mohen 1989；p.107)。小像は褐鉄鉱の塊を主体とする黄褐色の複合的な岩石に彫像されている。これはおそらく自然の岩塊がすでに備なえていた女性特有の曲線的な形状が、創作の動機付けの一部分を与えた可能性が窺える。このいわゆる「モンパジィエールのヴィーナス」（図 10-6）は西ヨーロッパにおけるグラヴェット文化の女性小像群の中でも比較的小型である。高さは 5.5 cm、最大幅 1.4 cm、最大厚が 2.2 cm である。頭部は不整な球体であるが、明確に表されている。両目は大きな刻み目で存在感を感じさせるが、その他の顔の具象や頭髪などを示すものは見られない。両乳房は大きく垂れ下がっているが、あくまで胸部の範囲に収まり均衡がとれている。お腹は風船のように膨らみ、その重みを支える為に、前方へ極端に突き出て、明らかに出産期の最終段階を表したものとおもわれる。お腹の下には、巨大な生殖器が身体の均衡に比して誇張されている。腰は非常に強く湾曲し、突き出たお腹とバランスを得る為に取られた実際的な姿勢である。さらに、臀部は極端に後方へ突出て、異様な印象を与える。この小像の制作の動機は、出産直前の状態を主題として、身体の生理的な大きな変化を捉えたものである。短い真っ直ぐな両脚は、しっかり双方に分かれ、それぞれ足が明確に表わされている。像表面の凹んだ部分には、赤色顔料の痕跡が認められる。また同じく、埋没していた堆積物の一部が膠着していた、という。この堆積物は顕微鏡観察によって、後期ペリゴール文化の石器に付着していたものと同一であることが確認された（Lumley 1984；pp.136-137, Mohen 1989；p.107）。

　ノート：この資料は、偶然に地表で発見されたが、その地点で採取された石器などの特徴や堆積土の膠着物などから、後期ペリゴール文化 Vc 期の所産である可能性が高い。全体の表現の仕方はより生態的観察に基づき、その意味において写実的で実態に沿った観察である。その他多くの特徴はフランス国内の後期ペリゴール文化後葉の女性彫像と共通する。

第 2 節　西ヨーロッパのヴィーナスの像

比較：この彫像の姿はグリマルディ洞窟群のいわゆる「ポリシネル」（図10-5）を想起させ得る表現上の諸特徴が観察できる（Lumley 1984；p.179）。

15　サヴィニャーノのヴィーナス

遺跡はイタリア北部モデナ市とボローニャ市に隣接するサヴィニャーノ村（Savignano）に位置する。1925年に、1体の女性の小彫像が農業用の建造物を工事する際に発見された。遺跡の立地環境はポー川の支流パナロ川の河岸段丘上に在り、河川性堆積物中の大きな岩塊の下1m位の深さであった。堆積学上の状態やこのヴィーナスの像と関連した石器群などは不明で相対的な年代すら特定できない（Mussi, éd. Leroi-Gourhan 1988；p.954）。

いわゆる「サヴィニャーノのヴィーナス」（図12-4）は高さ22.5cmもあり、掌におさまりきれない。西ヨーロッパのグラヴェット文化のヴィーナスの像の中で最大の彫像である。材料は黄褐色の岩石で作られている。制作手法は部分的に敲打によって潰れた痕が見られるものの、そのほか全体に研磨で整形されている。頭部は細部が省略され、角状あるいは引き伸ばした円錐形とでも形容し得る。はたまた基督教旧教派の贖罪会派僧侶の尖り頭巾（cagoule de pénitent）とも形容される。顔は垂直の稜によって表現されるが、頭は形作られなかった。胸部から上は、頭部に直接連なりる状態である。両腕は明らかに当初粗描程度に表現され、豊満な両乳房に添えられていたようであるが、現状では喪失している。腹部は前方に突き出ているが、相対的に幅が狭く、肉厚観の誇張が認められない。腰回りは環状の脂肪質な状態に表されている。腰部は弓なりに反って、臀部が非常に後方へ突き出ている。両乳房から両股にかけては、とても良く表現され、豊満な女性の曲線的な造形が見事に観察される。背中は平らで、特有の曲線的な造形があまり認められない。下半身は点状の末端に向かって、鉛直に沈み込む溝状の割れ目によって、左右双方に引き離されている。両脛は粗描程度の域を出ない。足などは表現されていない。下部末端の保存状態は、上部のそれに比べ、顕著な傷みが観察される。これは下半身末端が先細りの形状であることに基因している。デルポルトはこの小像の扱われ方が土中に突き立てられ、あるいは埋め込まれたものと説明する（Delporte 1979, Lumley 1984；p.180）。

第1章　グラヴェット文化のヴィーナスの様式、特に西ヨーロッパ地域の研究

　　ノート：この彫像の重要な情報である埋蔵されていた堆積物の知見や関連の石器群などは依然として不明である。発見後に追認調査も実施された経緯も知られていない。けれども、この女性小彫像はルロワ・グーランが指摘するグラヴェット文化のヴィーナスの像の特徴を見事に体現している。その特徴は身体中央部の豊かな表現に見られるボリュウム観の誇張、そして上下両端が点状に収斂する縮約的表現であり、その定義に則して最も典型的な例の一つである（Leroi-Gourhan 1982；p.252）。

　　比較：この女性小像の比較例はフランス・ペリゴール地方チュルサック村のファクター岩陰の小像（図11-4）の趣に最も近い（Delporte 1968）。

16　キオッツアの小像

　この資料はイタリア北東部のエミリア・ロマーニャ地方のキオッツア・ディ・スカンディアーノ（Chiozza di Scandiano）で偶然発見された。この女性彫像は他のイタリアで発見されたヴィーナスの像同様に、学術的な情報がほとんどないため、散発的に引用されるにすぎない（Abramova 1967, Time Life 1973；図12-5）。像の材料は砂岩の自然礫を用い、その形状をとどめながら、豊満な裸婦像を表現している。頭は頭頂部がやや尖った球体で、頸部で充分に胴体から際立っている。両乳房はやや発達しているが、特に肉厚観の誇張が認められない。腹部は充分に盛りあがるが、控え目な幅である。お臍の位置には、水平方向に脂肪太りの皺が認められる。下腹部には、女性生殖器が描かれている。臀部や腰部のボリュウムは相対的に控え目で、横方向に全く誇張が認められない。両股は肉厚的であるが、膝から下が漸次縮約する。足は右側だけにそのようなものが申し訳程度に表されており、他のヴィーナスの像において末端が点状に終えるものと大差がない（Bridow, éd. Time Life 1973；p.99）。

　　ノート：遺跡の状態や関連の遺物などは不明である。ただ、主題の様式の女性小像としては、充分に典型的な諸特徴を備えている。

　　比較：ロシアのアブラモヴァ（Abramova Z.A.）はこの小彫像がブラッサンプーイ洞窟群のいわゆる「少女」（図9-5）や西シベリアのマリタ開地などにおける小型で管状のミニチュアの像に類する、と指摘する（Abramova 1967；p.112）。

第2節　西ヨーロッパのヴィーナスの像

17　ルナンクールI開地のヴィーナスの像

　この資料は名称を直訳すればフランス国立予防考古学調査研究所（INRAP：Institut nationale de recherches archéologiques préventives）が2014年7月に緊急発掘調査中に発見し、同年11月に報道機関むけのコミュニケとして発表された情報である。この機関はいわばフランス版の「全国規模の埋蔵文化財センター」で、近年同国内各地で大規模な調査を実施し、画期的な成果を次々とあげている。遺跡はフランス北部ソンム県アミアン市ルナンクール地区（Renancourt）に在り、その都市再開発計画に伴う調査で発見された。フランス国内で、明確な考古学上の堆積層から発見されたグラヴェット文化のヴィーナスの像としては、1959年のチュルサックのファクター岩陰（図11-4）以来55年ぶりの発見というセンセーショナリズムで報道された。また、発見地は北フランスという、グラヴェット文化分布の空白地帯のただ中であったことも注目をあつめる。このヴィーナスの像は地表下4mの上部レス土壌層内から遺構に伴わず、孤立した状態で出土した。発見された堆積層からは、フリント製のポイント、ナイフ、掻器、ロンデル（rondelle）と呼ばれる石灰岩製有孔円盤など共に発見された。なお、共伴の動物化石では寒冷乾燥気候帯のウマが主であった、という。

　ルナンクールのヴィーナス（図12-6）はこの地の基盤岩である白亜紀のチョーク層（Chalk）の石灰岩製で、高さが12cm、最大幅4cm、最大厚4.5cmである。当初、この像は19個の破片状態で発見された。大部分の破片は一括の塊状で発見されたが、凍結破砕作用の結果とされる。ただ、頭部だけは孤立状態で見出された。破片復元の結果、大部分が互いに接合したが、右脚などは発見されず欠いた状態である。頭部は丸みを帯びた不整立方体で、比較的小さく、8等身の均整をもつが、粗略な仕上げである。顔、顎、頭髪などの表現は観察できない。顔に相当する部分は前方へやや突き出て、俯き加減の仕草をおもわせる。頸と肩は一体で、括れや肩の張りがみられない。両腕は脇をしめ、それらの先端が乳房に添えられていたようである。乳房はとても大きく発達し、臍の位置までも垂れ下がっており、そのためお腹の膨らみは特に表現されていない。骨盤部分および臀部に最大の幅と厚みが表現されている。特に臀部は正面の横幅を上回るボリューム観が厚みとして表現さ

れ、のみならず小山の様に後方へ突き出ている。これは臀部肥大症の形質とも理解される。下半身の脚部などは、ボリュウムこそあるものの各部の観察と表現が大幅に省略されている。

　ノート：このフランス北部唯一のヴィーナスの像は、石灰岩という軟らかく脆い素材の性質を考慮にいれれば、グラヴェット文化の女性像の典型的な姿が十分に窺われる。それは両腕を添えたとても発達した乳房を擁し、静止した俯き加減の頭、ボリュウム観を操作した臀部肥大症の特徴的な骨盤部分、漸次省略された下半身末端などがそれである。

　比較：この像の比較対象を求めれば枚挙に遑がないであろう。フランスのリドー洞窟の「レスピューグのヴィーナス」(図11-1)、イタリアのグリマルディ洞窟群の「ロザンジュ」(図10-4)、オーストリアのヴィレンドルフⅡ開地の「ヴィーナス第1号」(図18-6)、ロシアのコスティエンキⅠ開地の「ヴィーナス第7号」(図26-1)、ロシアのガガリノ開地の「ヴィーナス第1号」(図28-6)、ウクライナのアヴディエヴォ開地の「ヴィーナス第6号」(図28-4)、シベリアのマリタ開地の「ヴィーナス第21号」(図36-3)などである。つまり、この創作はグラヴェット文化盛期の成熟した様式によるものの可能性が高いとおもわれる。

第3節　西ヨーロッパのヴィーナスの像群の特徴

はじめに

前章で検証した当該地域と隣接地域の旧石器時代のいわゆる「ヴィーナスの像」および小型人像は35点であるが、このなかでグラヴェット文化に属すもので、同地域内おいて発見されたものはわずかに26点に過ぎない。これらは全て後期ペリゴール文化Ⅴa期から同Ⅵ期までの約5,000年間に制作された。その大凡9割強は同文化Ⅴc期の約1,500年間に帰属すると考えられる。従って本章ではこの限られた時間幅における一般的な諸特徴の把握を試み、以下でその議論をさらに進める。

1　材　料

まず26点の「ヴィーナスの像」の内6点は岩片上の浅浮き彫りで、これは全て洞窟や岩陰などの壁面を形成する石灰岩が用いられた。石灰岩を用いた

第 3 節　西ヨーロッパのヴィーナスの像群の特徴

場合は、本来の「ヴィーナスの像」のような彫刻的な効果が求められない。詰まり、石灰岩を除いた 20 点の半数は象牙が用いられ、最も重要な創作の基礎をなす材料であった。次いで、グリマルディ洞窟群などの南ヨーロッパでは、大理石やペリゴール地方の方解石が 7 点である。これは両者共に粒状結晶質の石灰岩の別称や鉱物名で、軟らかく彫像に適しており、非常に美しい独特の仕上がりをもつ。いうまでもないが、大理石は現在でも彫刻の素材として頗る珍重されている。褐鉄鉱と砂岩が各 1 体ずつあり、これらも中部や東ヨーロッパで時々わずかに用いられた。他に膠着物に覆われて不明なものが 1 点である。なお、中部や東ヨーロッパで数多く発見されている焼成粘土製のものは全く含まれないし、その痕跡も報告されていない。

2　像のサイズ

残念ながらこれまで観察したグラヴェット文化の「ヴィーナスの像」に関する体高は、保存状態や所在の問題などから全て知ることが困難である。従って、学術的な対象として観察され、公表されているものに限定される。対象は 14 点であり、その平均が 12.7cm で、最大がレリーフ画の「ローセルのヴィーナス」で 42cm、さらに最小の「黒人の頭部」はわずか 2.4cm である。最大値を示すグループは本来が岩塊あるいは壁面に表現されたもので、動産芸術という「ヴィーナスの像」の性格から厳密には齟齬をきたし、別の範疇のものと考えられる。彫刻された小像は 11 点であるが、このなかで本来の体高を知ることが出来る最大のものがサヴィニャーノの小像で 22.5cm である。後者の平均は 8.6cm を示す。また、部分的に計測し得るもので、類例をもとに図上復元を試みると、ほぼ同様の変異に収まる。従って、「サヴィニャーノ」と「レスピューグ」を除けば、これらは掌に収まる大きさという重要な特徴が理解できる。

3　頭部の形

この観察で、最も優勢な特徴は「球体」に象徴化されたもの（全体の 35％）、次いで頭髪の輪郭を表現した髪型（同 15％）と上端の尖った砲弾型（同 12％）、頭部自体を単純化した円錐形の角型（同 8％）などやや多様である。なお髪型の類型内には、整髪用覆い（ネット）とおもわれるものが 4 例とお下げ髪 1 例が含まれる。損傷によって頭部を欠き、この特徴を知り得

ないものは同 30% である。全体的な表現の傾向は象徴的、写実的、主観的、省略的で、つまり十分に多様である。

4　顔の表現

この特徴の主流は具象性を廃したいわゆる「ノッペラボウ」が全体の 50% もある。部分的な具象の「曖昧型」は同 8% であるが、一方ある程度詳しく表現された「具象型」がわずかに同 4% である。顔自体の部位が確保されていないもの（同 4%）、またこの特徴が不明のものも多くみられる（同 34%）。

5　胸部の表現

皮膚の隆起した生殖上の特徴である乳房は、ヴィーナスの像の 50% がとても豊満で垂れさがった「水滴型」の乳房が観察出来る。やや垂れ下がった「砲弾型」（同 8%）やお椀を伏したような「円錐型」（同 4%）は、発達の程度の弱まりと共に減少する。これに対し乳房自体が省略され、表現されなかった「欠如型」は、わずか 12% である。以上の傾向は妊娠に伴う乳腺の発達という女性の不定期で一時的な特徴が重要な表現上の要素であることを示している。

6　上半身の均整

ここでは腹部から上部末端にいたるまでの各部表現上の忠実性と縮約性を観察する。全体の半数（50%）は腹部あるいは臀部付近から上端にかて「漸次的縮約」、あるいは同 23% により緩やかな同様の特徴が認められる。これに対し、前述の特徴が全く確認できないものはやや稀（同 4%）である。損傷などでこの特徴が不明のものは同 23% である。以上のように明らかな上半身の縮約的表現は一般的な特徴である。

7　腹部の表現

これは「ヴィーナスの像」の中央部の特徴で、どの様に表現されているか観察する。全体の 58% が際立った腹部の突出を伴い、同 15% にも明らかな突出が表現されている。一方、曖昧なもの（同 4%）や突出がないもの（同 4%）は明らかに少数である。この特徴が破損などで知り得ぬ状態のものは同 19% である。このように大部分のものは、顕著な腹部の突出を伴う傾向が見られる。

第3節 西ヨーロッパのヴィーナスの像群の特徴

8 臀部の表現

臀部の誇張的な表現あるいは臀部肥大症の形質は、従来から盛んに議論されてきた本主題の研究における大きな特徴の一つである。全体の58％に臀部のボリュウムに関する誇張的な表現が認められる。これに対し、そのような特徴が伴わないものはわずかである（同15％）。ただ、前者の範疇に分類されたものには、多様な程度の変異が見られる。以下に、より詳しく分類したものは、臀部肥大症が特に典型的（同4％）、同典型的（同23％）、若干その特徴が認められる（同12％）、可能性がある（同19％）などからなる。また、損傷によってこの部分を欠き、不明のものも見られる（同26％）。以上の様に、大きな臀部をもつものがほとんどを占めているが、必ずしも従来から指摘されてきた典型的な臀部肥大症に相当する「ヴィーナスの像」は優勢である、とはまでは断言出来ない。

9 最大幅の位置

ここでは「ヴィーナスの像」を正面から観察する時、横方向へ最大の幅が表現されている身体上の位置を観察する。全体の73％は腹部に最もボリュウム観の操作がおこなわれる。次いで臀部付近にその特徴を持つものも若干見られる（同8％）。その他は損傷のため正確に把握し得ない（同19％）。以上のように身体中央部、特に腹部の表現に最も関心が注がれており、そのことで協約的な姿が強く保持されている。

10 下半身末端の特徴

下半身の末端の表現に関する観察である。大幅に縮約され点状に収斂（全体の31％）、大幅に縮約されるが足が小突起状（同12％）、足形の形が表現されるが縮小（同4％）、その他（同12％）、不明（同41％）である。下半身末端が保存されているものは点状に収縮しているものに代表されるように明らかに実際より縮約的な表現が一般的規制として働いている。

11 下半身の均整

この特徴は腹部および臀部から下半身下端にいたるまでの表現上の忠実性を観察する。全体の過半数（73％）には、腹部あるいは臀部付近から下端にかけて漸次的縮約が認められる。あるいは、同4％は下半身自体が省略されている。これに対し前二者のような縮約あるいは省略の特徴が認められない

ものはやや稀（同4％）である。なお、損傷によってこの特徴が確認し得ないものは同23％ある。以上のように、明らかに下半身の縮約的表現は一般的特徴である。

12　妊娠の特徴

この特徴は、腹部、臀部、女性生殖器、乳房、妊娠に伴う姿態などを総合的に判断して観察する特徴である。全体の過半数に当たる73％は明らかに妊娠、特に同後期の顕著な状態のものが同63％を占める。反対に、全くその特徴が見られないものも同4％、あるいは曖昧なものも同4％が認められる。ただ大勢は明らかに妊娠と明確に関連した表現である。

13　表現上のタイプ

この特徴は表現の仕方や技術的な類型に基づいて3つの範疇に分類することが出来る。1つは本格的な彫刻による「ヴィーナスの像」（全体の54％）、そして小さくて簡略的なミニチュア型（同12％）である。そして技術的に異なる表現手法である浅浮き彫りのレリーフ画（同23％）である。前二者の範疇で、いずれにも判別できないものは同11％である。

14　人物描写の特徴

ここでは表現の特徴を以下のような類型に分類する。妊娠した豊満な没個性的な「ヴィーナスの像」は顔や髪型などの個性的な特徴が無視される一方で、生殖器や第二次性徴が類型的に誇張されたもので、最も多く全体の62％に相当する。次いで写実的で個性的なものは顔や髪型などの個性的な特徴が表されたもので、同15％である。第三の類型は前二者とも異なる非常に象徴化された創作で、若干の例が見られる（同20％）。以上に分類出来ないものは同3％である。

15　身体以外の表現

この特徴は7例で観察され、衣類と装身具の類が主である。頭髪被りが2例、腰巻きの様な衣類1例、帯状の腰紐1例、胸のリボン1例である。注目すべき特徴は防寒着や狩猟具などではなく、実際的な効能や機能があまり期待出来ない物ばかりが描かれている。たとえば、衣類は身体の突出部や保護が必要な器官などには装着されず、非常に部分的である。これらの特徴は中部ヨーロッパや東ヨーロッパ大平原の遺跡群と非常に共通する。携行物で

は、角のようなものが 2 例である。1 つは「ビゾンの角笛」と呼ばれるが、そもそも角の基部に相当する「拡声」部分が、主題の人物の口の方を向いており、「笛」としての用途は蓋然性が感じられない。もう 1 つは「システラ」と呼ばれる球技のラケットのようなものであるが、そもそも当代の器具としての存在が疑わしい。少なくとも同時代に使われた骨角器や石器などの生業活動と直接関連する道具でもなさそうである。後者の二例は他の地域で類例が見られない。

結　論

　19 世紀のフランスにおいて、最初に発見された旧石器時代の女性小像は「ヴィーナス」と命名さられたが、くしくも今日「ヴィーナスの様式」とする範疇のものではなかった。同世紀後半には、西ヨーロッパの各地で複数の女性の小像が発見され、20 世紀初頭には、当該主題に関する重要な一群が後期旧石器時代前半の堆積層から発見された。続いて、中部ヨーロッパでは同様に典型的な創作がやはり発見されだした。さらにこの主題に関する考古学的な発見は東ヨーロッパ大平原でも典型的なものが見出された。そして、同世紀中頃には、遂に西シベリアにもその文化上の普遍的な網目状回路の広がりが確認された。これは後期旧石器文化の洞窟壁画第 II 様式に並行するグラヴェット文化の所産である。

　「ヴィーナスの様式」の揺籃と展開は更新世後期ヴュルム第 III 亜氷期に相当したが、現在よりも遥かに寒冷で乾燥した気候であった。少なくとも 3 つの温暖期が介在しながら、振幅を繰り返し、その度ごとに自然環境は明確に変容し続けた。中部や東ヨーロッパでは常に現在より寒冷で乾燥し、絶滅種を含む寒帯の大型動物が豊富に生息していた。

　グラヴェット文化の編年体系と放射性年代は時間の尺度として非常に有効である。ただ全体をグラヴェット文化と総称しながらも、本文化領域の西端における一地方文化である後期ペリゴール文化の編年細分が用いられ、総論を展開する上で未整備な面も存在する。後期ペリゴール文化は西ヨーロッパのオーリニャック文化から発展的に発生し、最終段階まで文化編年上の 7 階梯があり、ほぼ 7,000 年間にわたり西ヨーロッパのほとんどの地域に展開し

た。同時期の中部や東ヨーロッパにも東方グラヴェット文化なる地方的様相が認められ、濃密な文化的類縁関係が指摘される。

　芸術的創作が初めてこの地域に登場するのは、後期旧石器文化黎明のシャテルペロン文化からである。それはとても簡素で、表現意図が曖昧なものであった。続くオーリニャック文化期には表現の内容が明確化し、主題の特定は可能となり、最初の様式化された創作に発達した。ここに表現された主題は生殖願望を象徴化したものと生命維持の象徴である草食動物に表された根元的な動機から発していた。ただ、これらはほとんどが線刻手法の表現で、本主題の女性彫像に直ちに結びつかない。一方、中部ヨーロッパ南西端の先行文化には注目すべき独自の芸術表現の伝統が、マンモス動物相を背景として展開していた。それは象牙を素材に大型動物の彫像が盛んに制作されていた。時には男性の全身を浅浮き彫りや擬人化した大型肉食獣などが創作された。同じく西ヨーロッパの先行文化盛時にも非常にわずかではあるが、すでに特定の岩陰や洞窟遺跡などにおいて、前述の創作がおこなわれ、特に本主題の原形に相当する彫刻なども僅に存在した。中部ヨーロッパにおける先行文化の最終段階に、特定の洞窟には極めてわずかながら女性的様相を帯びた小彫像も見出せる。この両地域の伝統が昇華し、後続のグラヴェット文化のヴィーナスの様式を生み出した可能性が大きい。

　西ヨーロッパのグラヴェット文化おける古い様相には「ヴィーナスの様式」が誕生する前段における未分化な創作が、ベルギーの岩陰遺跡や中部ヨーロッパのモラヴィア地方の開地遺跡などに一連の系譜の原類型が存在したようである。けれども、後期ペリゴール文化前半の第Ⅳと Va 期に属す本主題資料の発見例は非常に少なく、そのⅣ期で皆無、Va 期にただ一例が見出される。これらを含めグラヴェット文化の同地域内で発見された資料はわずか 30 点にも満たないが、全て同 Va から Ⅵ期までの約 5,000 年間に、特にそれらの 9 割強が同文化 Vc 期の約 1,500 年間に制作されたと考えられる。最古の「ヴィーナスの像」であるトゥルー・マグリット岩陰の小像は典型的なグラヴェット文化の女性小像に比べれば、非常に素朴な造形で表現意図が未分化で曖昧、さらに解剖学的に女性を表す特徴すら見出すことが難しい。後期ペリゴール文化後半にいたると「ヴィーナスの様式」は百花斉放の様相を

結 論

呈し、わずか 1,500 年あまりの時間幅のなかで完成されたが、取り分けノアイユ文化とも独立して呼ばれる時期である。ブラッサンプーイ洞窟の小像群、レスピューグ洞窟、シィリューイ地区、ファクター岩陰、テルム・ピアラ岩陰、モンパジィエール開地などの女性小像は、明らかにこの時期の所産である。ローセル大岩陰のレリーフ画のヴィーナス群の場合は正確に編年上の位置を特定することが難しいが、充分に典型的な表現であることや浅浮き彫りの手法で描かれたことなど、この時期に深く結び付くものである。終末の様相は後期ペリゴール文化第Ⅵ・Ⅶ期に展開したが、その数が非常に少なく、確実なところでは、パトー岩陰の浅浮き彫りとルナンクールⅠ開地が僅な例である。その後、後続のヴュルム氷期後半における最寒冷期のソリュートレ文化期には全く制作されず、この自然環境の悪化により大きな文化上の痛手を被り、この表現様式が姿を消した。

　ブラッサンプーイの小彫像群は後期ペリゴール文化の最盛期 Vc 期に属し、妊娠期の兆候を強調した豊満な裸婦という最も重要な特徴を備えていた。ただ、非常に克明で写実的なもの、両性的な特徴、管状の小模型像などを含み、全て象牙で制作された最も多様な一群である。けれども、これらは広くそして多くの遺跡に典型的な類例を見ることが出来る。代表的な「外套頭巾の夫人」は東ヨーロッパ大平原の小像群や西シベリアの小像にも趣が通じる。レスピューグ洞窟の小像は西ヨーロッパのグラヴェット文化における協約的な様式がほぼ典型的に表現され、明確に最盛期である同文化 Vc 期の堆積層から発見され、グリマルディ洞窟群の小像や東ヨーロッパ大平原の例に共通する。シィリューイの小像は「ヴィーナスの様式」中で、最も躍動感を表した彫像で、最盛期・同文化 Vc 期のファクター岩陰の小像と互いにきわめて密接な制作上の共時的関係が認められる。ローセル大岩陰の浅浮彫りのレリーフ画は同文化 Va 期〜同 Vc 期間のいずれかに展開した様であるが、充分に典型的な特徴が表現され、盛期・同 Vc 期に制作された可能性が高い。浮き彫り手法はグラヴェット文化において西ヨーロッパのみに出現し、パトー岩陰やテルム・ピアラ岩陰などの女性像にわずかに見られる。モンパジィエールの小像は時期不詳だが、全体の表現の仕方が生態観察に基づいており、ある意味で写実的である。各部の特徴はこの地域の盛期・同文化 Vc 期

の女性小像と共通しており、同時期の可能性が高い。グリマルディ洞窟群に由来する女性小像は後期旧石器文化前半に属すが、残念ながら堆積学上の出所が不明確である。主だったものは身体表現の均整がとれ、優れた造形が見られ、この時期の最も典型的な例である。材料は象牙が使われず、在地の大理石が使用され、より肉厚的な造形を与えた可能性が高い。これらは西ヨーロッパや中部ヨーロッパのものに共通するが、寧ろより東ヨーロッパ大平原の女性小像に濃厚な繋がりが見出せる。サヴィニャーノの彫像は考古学上帰属不明だが、グラヴェット文化の「ヴィーナスの様式」の特徴をよく表した最も典型的な一つで、西ヨーロッパのファクター岩陰に共通する特徴を見出すことができる。一方、キオッツアの女性像は編年上の位置づけが困難で、西ヨーロッパ内の若干の小像や西シベリアにおける管状のミニチュア像などに類似する。グラヴェット文化の終末期を代表する女性小像はパトー岩陰の浅浮き彫りのレリーフ画の女性像とルナンクール開地のものが挙げられる。これらは控え目な表現であるが、充分に典型的な特徴も確認できる。

　ロージュリ・バッス岩陰をはじめクールベ洞窟やデュリフ岩陰などでも女性小像が発見されたが、これらは長い脚、屈曲した姿態などを持つ独特な美術的趣が見られ、本主題の創作群に対し表現の様式に明らかに相違が認められる。それは何よりも創作の動機となった主要な思想や題材である新たな生命を懐妊し、それを育む豊かな肉体を謳歌したグラヴェット文化と大きな相違を示す。中部ヨーロッパや東ヨーロッパの東方グラヴェット文化の創作群とも連動していない。いずれも遥かに後代の後期旧石器文化終末のマドレーヌ文化後期や同終末期の所産である。

　西ヨーロッパにおける女性小像の材料は中部ヨーロッパや東ヨーロッパ同様に象牙が最も重要であった。ただ、この地域に特有の素材も屢々活用され、大理石などの軟らかく彫像に適したもの、岩陰や洞窟壁面の石灰岩も浅浮き彫りのレリーフの画材となり、この地域特有の伝統として特色を発揮した。反面、他地域で頻繁に制作された焼成粘土製の人物像などは全く見られず、この手法自体が共有されなかった様である。

　本主題は大きく分けて2つの異なった類型に分類できる。第一は在地の岩片に彫刻された浮き彫り手法のレリーフ画で本来携行性がなく、動産芸術の

範疇と異なる。第二は彫刻された小像であるが、ほぼ掌に収まるサイズが中心で、携行性も十分に備えているが、なかには数例の比較的大きなものも制作され、変異が認められる。大部分は本格的な彫刻による「ヴィーナスの像」であった。一方、小さくて簡略的な小型模型の範疇も明確に存在する。頭部表現の趣は象徴的、写実的、主観的、省略的など多様である。顔部表現の主流は明らかに具象性を排した没個性的あるいは幾つかの類型性がある。なかには十分に具象的に表された例もあるが、やや稀である。胸部は一般に豊満で垂れ下がった乳房で、明らかに妊娠に伴う乳腺の発達を表現し、乳房が省略あるいは表現されなかったものは僅かである。上半身の表現は漸次縮約する特徴が一般的である。大部分のものは顕著な腹部の突出を伴い、そして大きな臀部を有するが、ことごとく典型的な「臀部肥大症」が優勢だとまでは言い難い。像の最大幅は腹部にあり最も関心が注がれたことが理解できる。下半身末端は点状に収縮し、誇張された腹部から明らかに漸次縮約的傾向が一般化し、制作上の強い協約性が認められている。複合的に判断して、大多数は明らかに妊娠と関連している。最も多い類型は妊娠し豊満な姿の没個性的な存在である。ただ、写実的で個性的な類型も少数ながら含まれるし、そして非常に様式化された独創的な類型も若干存在する。他面、とても小さく簡略的なミニチュア類型も同時に制作された。ヴィーナス像の4分の1には身体以外の人工物が表現され、衣類や装身具など、当時の先史民族学上の重要な情報が含まれている。注目すべき点は直接生業に関わるものや富や権威を表すものはない。むしろ、あまり実用的な効果が期待できないもの、例えば身体以外の携行物でいわゆる「角笛」や「システラ」などであるが、実際の機能が不明の器物である。

　かつて指摘された旧石器時代のいわゆる「臀部肥大症」の存在は確かに通常の肥満体型を超える外形上の特徴として頻繁に観察できる。ただ病理学的あるいは遺伝学的な本来の形質なのかは判断が困難である。また、従来指摘された乳房、腹部、そして生殖器が1つの環のなかに収まる重点的表現は大多数の「ヴィーナスの像」において観察される。それは制作された当時において、相対的に象徴上の重要性が劣ると想定される頭や脚部側は大多数において省略や縮小されて表現された。

第1章　グラヴェット文化のヴィーナスの様式、特に西ヨーロッパ地域の研究

　妊娠に伴う豊満なモティーフは中部ヨーロッパより明らかに優勢で、典型的ないわゆる「臀部肥大症」のような類型も頻繁に認められる。また、中部ヨーロッパに比べて、特定部位のボリュウム観の操作は主題のより重点的な関心事として示されたようであるが、反面身体末端の縮約的な表現が同様に尊重されている。主題の諸所の協約性は相対的に強く、ただ地域の制作者集団の独自性も要素として充分に介在していた。

　以上最も注目すべきはグラヴェット文化盛期におけるわずか1,500年の時間の幅の内で、ユーラシア大陸の東西に最大7,000kmにわたり張り巡らされた人類諸集団間の網目状回路に、芸術上の知性が閃光のような発信と反響を繰り返し駆け巡った、とも理解される点である。それは西ヨーロッパの大西洋岸のイベリア半島から中部ヨーロッパのライン川やドナウ川など、そして東ヨーロッパ大平原の二大大河流域、さらに西シベリアのバイカル湖西岸にいたるまで、文字通り最大の大陸を貫く規模であった。そのことは西ヨーロッパの「ヴィーナスの像」は文字通り中部ヨーロッパの要素と密接であり、また東ヨーロッパおよび西シベリアの伝統からも濃密な関係が認められる。ただ、当然であるが西ヨーロッパ独自の地域的な特色を有していたことは小論のなかで繰り返し指摘した。典型的な「ヴィーナスの様式」の展開した年代と文化編年上の位置は明確であるが、比較的狭い時間幅のなかで全盛期が百花斉放の如く展開し、そしてグラヴェット文化の終焉と共にこの芸術活動と精神文化は一旦姿を消した。あるいは全く別のものに変化し、そして受け継がれた可能性も考えられる。

第 2 章　中部ヨーロッパにおける後期旧石器文化のヴィーナスの様式

はじめに

　小論の主題は中部ヨーロッパ（Europe centrale）における後期旧石器文化前半の芸術表現が対象である。この地理学上の空間はわが国では余りなじみのない呼び名である。おもにドイツ、オーストリア、ハンガリー、チェコ、スロヴァキア等をさし、中世以来の歴史的、そして地政学的意味あいが強い。ただ、この研究では、この地勢上の特徴がもたらす先史学的意味に注目し、考察をおこなう。すなわち、ヨーロッパ・アルプス北麓に源を発するラインとドナウの両大河の流域に、先史人類がはぐくんだ後期旧石器文化前半における精神文化の特徴について議論をすすめる。この地域は文字通り西ヨーロッパと東ヨーロッパの間に介在する中間地帯で、如上の主題において、その重要性が両者に比較して優るとも劣らない。ただ、わが国においては断片的に紹介されているものの、本格的な研究は殆ど着手された経過がないようにおもわれる（図14参照）。

　主題の「ヴィーナス」とは、いうまでもないが羅語のウェヌス(*Venus*)の英語式の発音である。古代ギリシアにおける美の女神・アフロディーテに相当する古典古代の同様の女神に対する呼び名であり、また絶世の美女を形容する言葉でもある。この呼び名の誕生の経緯は、19世紀後半に西ヨーロッパのある岩陰遺跡（Laugerie-Basse：図14-1）から最初の後期旧石器文化に由来する女性小像（satatuette）が発見されたことに起因する。はじまりは、「みだらなヴィーナス」(Vénus impudique；図16-3)とア・プリオリに形容したことにある。同世紀終末には南ヨーロッパの洞窟群（Grimaldi；図14-2）から前者と異なった類型の小型裸婦像（図16-4）が複数の個体で発見された。まもなく、西一ロッパの洞窟（Brassempouy；図14-3）の学術調査においても、後者と共通する様式の多数の女性小像（図16-5等）が得られた。20世紀初頭に、これらは後期旧石器文化最初頭の小像と認識された。ただ、今日の文化

第2章　中部ヨーロッパにおける後期旧石器文化のヴィーナスの様式

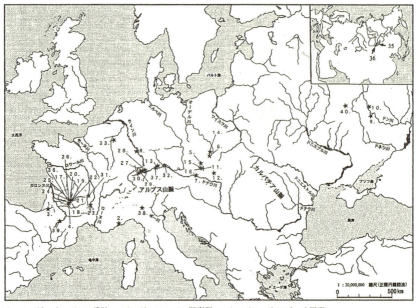

1　ロージュリ・バッス遺跡　　2　グルマルディ洞窟群　　3　ブラッサンプーイ洞窟
4　ラ・グラヴェット洞窟　　5　ブルノⅡ開地　　6　プレドゥモスト開地　　7　ヴィレンドルフⅡ開地
8　マインツ・リンゼンベルグ開地　　9　コスティエンキⅠ開地　　10　ガガリノ開地
11　ドルニ・ヴェストニツェ開地　　12　モラヴァニー開地　　13　ワインベルグ洞窟
14　ペテルコヴィーツェ開地　　15　パヴロフⅠ開地　　16　パヴロフⅡ開地　　17　フェラシー大岩陰
18　ブランシャール岩陰　　19　ノアイユ洞窟　　20　パトー岩陰　　21　ロージュリ・オートゥ岩陰
22　ファクター岩陰　　23　プロ岩陰　　24　カスタネ洞窟　　25　ベルケール岩陰　　26　セルリエ岩陰
27　フォゲルヘルド洞窟　　28　ホーレンシュタイン・スタデル開地　　29　ボックシュタイン・テェルレ洞窟
30　ガイセンクラステルレ洞窟　　31　ドュリフ岩陰　　32　ガルゲンベルグ開地
33　トゥルー・マグリット岩陰　　34　マリタ開地　　35　プレチ開地　　36　ローセル岩陰
37　アッグスバッハ開地　　38　サヴィニャーノ開地　　39　レスピューグ洞窟　　40　アヴディエヴォ開地

図14　中部ヨーロッパを中心としたヴィーナスの像に関連する遺跡分布

編年で用いられる同文化期の黎明期や初頭の堆積層（37,000～30,000yBP）からは、女性を創作対象としたものは出土していない。前世紀前半には、フランス南西部ペリゴール地方（図14参照）において、すでに知られていた後期旧石器文化前半の広義の一文化様相と平行して5つの地域的な文化様相の継続的発展関係が証明された。これをペリゴール文化（Périgordien）と呼んだ（Peyrony 1933；pp.543-559）。今日でも、その後半の諸様相である第ⅣとⅤ期は後期ペリゴール文化（Périgordien supérieur）と呼び、非常に重要な石器類型学上の明確で正確な時間幅を識別しうる諸階梯として有効であ

る。また、この地方的な文化細分を指標とし、さらにイベリア半島からロシアのドン川流域に至る全ヨーロッパに展開した文化複合を、フランス西部のラ・グラヴェット崖下（La Gravette：図14-4）に因んでグラヴェット文化（Gravettien）とも総称する。このように本主題を研究する上で、西ヨーロッパのアキテース地方を中心とした研究が如何に大きく寄与しているかが理解できる。如上のグラヴェット文化の汎ヨーロッパ的精神文化の統一性を表す1つの要素として、「ヴィーナスの様式」(style des Vénus) が挙げられる（Leroi-Gourhan 1982；pp.251-252)。この様式はヨーロッパの中央部にも典型的な創作を生み出し、女性をかたどった小さな彫刻が、主にマンモスの牙等の比較的柔らかい素材上に表された。すぐれて研究が押し進められた西ヨーロッパの観察で、その外観はしばしば身体の部分的なボリュウム観を操作することで、実際上の姿とかけ離れた協約的な造形が共有された。「ヴィーナス」の名で定着した具体的な女性らしい特徴とは、腰部、腹部、乳房等の身体中央部が、頭や脚部等の末端に対して実際上の均整を度外視し、極端なまでに曲線的に誇張された。それは近代の西ヨーロパ人旅行者がアフリカ大陸で見聞した所謂「ブッシュマン」(サン族) の臀部肥大症（stéatopygie) や臀部発達体形（callipyge) 等の形質上の特徴に近似したものとして類推された。小論は西ヨーロッパと東ヨーロッパで特によく知られた類例群の研究を援用しつつ、この地域の発掘資料等を具体的に検証しながら、それらがもつ前二者との共通性、あるいは固有な特徴を再評価する。

第1節 「ヴィーナスの様式」の背景と位置づけ

はじめに

旧石器文化研究上の一主題あるいは他の重要な事柄などは、それ自体が展開した文化伝統上の背景と古環境、またより具体的な時間の幅が把握できなければ漠然として、分類はおろか比較ですら、そして個々の資料の位置付などは難しいとおもわれる。以下では主題の背景をなす研究の軌跡、関連分野の諸成果を整理し援用する。

第2章　中部ヨーロッパにおける後期旧石器文化のヴィーナスの様式

(1) 西ヨーロッパの研究史

　前世紀の初頭、ブリューイ神父（Breuil H.）は後期旧石器文化の編年関係を連続した諸階梯からなるものとして把握した（Breuil 1905 et 1912）。これらは現生人類登場以来展開された広義のオーリニャック文化（Aurignacien sens large）から、ソリュートレ文化（Solutréen）、マドレーヌ文化（Magdalènien）に至る約30,000年間におよぶ発展的な諸階梯で、当該期研究の世界的な指標となった。当時、これらの堆積層の中から、多数の象牙製等の女性小像が、概ね中葉のソリュートレ文化以前のものから発見された。それは所謂「オーリニャックの小像」と呼ばれていた。ただ、今日、われわれが援用する文化術語である狭義のオーリニャック文化（Aurignacien *stricto sensu*）の堆積層からはいかなるタイプも出土していなかった。1933年までのペリゴール地方において、ペイロニー（Peyrony D.）は後期旧石器文化の前半に、ブリューイの定義したオーリニャック文化と平行して地域的な同族文化の発展的な5つの段階が存在したことを指摘し、これをペリゴール文化と提唱した。現在に至るまで、その後半の第ⅣとⅤ期、そして後につけ加えられたⅥとⅦ期は現在でも後期ペリゴール文化と呼ばれ、石器類型学上のそれぞれの階梯が明確で、文化の編年区分において全ヨーロッパの中で最も有効な指標として機能する（図15参照）。この研究はフランス南西部のペリグー市（Périgueux）を中心としたペリゴール地方（Périgord）の遺跡を指標として行われた。この地は温暖で、氷河期においても人類の継続的な居住が可能な環境であった。さらに洞窟や岩陰等の天然遮蔽地形が数多くあり、もっぱら当時の居住空間として使われた。この後期ペリゴール文化あるいはグラヴェット文化期の約7,000年間（29,000〜22,000yBP）は、今日では放射性年代測定法の成果と連係し、ほぼ1,000年単位で編年区分することが試みられている。これはこの時期の編年区分としては世界でも類例を見ない連続的精度と規模であろう。

　19世紀半ばの西ヨーロパにおいて、神話的な「人類の起源」に決別し、科学的な「人類の起源」が証明されるようになった。つまり『旧約聖書』の記述をはるかに遡る地質年代（更新世）における人類の存在が具体的に知られるようになったのだ。間もなく、本論の主題にも注目が注がれはじめら

第 1 節　「ヴィーナスの様式」の背景と位置づけ

れた。

　そもそも、これら女性の小像に対する「ヴィーナス」なる呼称は、ヴィブレ侯爵（Vibraye marquis de）という人物が 1864 年に、フランス南西部のロージュリ・バッス岩陰（Laugerie-Basse：図 14 - 1）で発見されたマンモスの牙製（以後：象牙製）の小像に「みだらなヴィーナス」（Vénus impudique；図 16 - 3）という表現を、英国の地質学者ライエル（Lyell Ch.）の著作（<Antiquity of Man>（1863））の仏語翻訳版補記に用いた（Vibraye 1964, pp.108-126）。つづく 1867 年に、デュポン（Dupont E.）はベルギー南部リエージュ市近郊のトゥルー・マグリット岩陰（Trou Magritte）で象牙製の小像（図 17 - 6）を発見し、発掘報告書の中で紹介した（Dupont 1867, pp.129-132）。同じ頃（1867～68 年）、ランデスク神父（Abbe Landesque）はロージュリ・バッス岩陰で、象徴的に描かれた線刻画のある石灰岩片を発見し、「トナカイの女」（femme au renne）と名付けた（Lumley 1984, pp.308-309）。ただ、同岩陰のこれら 2 つの資料は本論の主題であるグラヴェット文化の「ヴィーナスの像」と様式の上で明らかに異なり、数千から一万年も後のマドレーヌ文化中期（第Ⅲ期）以降の所産である。1883～95 年にかけて、フランス・マルセイユ出身の元商人ジュリアン（Julien L.A.）という在野の考古学愛好家はイタリア北西部のグリマルディ洞窟群（Grimaldi：図 14 - 2）バルマ・グランデ洞窟（Barma Grande）等で十数体の女性小像を発見した。1900～02 年にピエット（Piette E.）を擁するパリ市近郊にあるフランス国立サン・ジェルマン・アン・レイ古文化財博物館はこれらの内 7 体（図 16 - 4 等）を購入した（Lumley 1984；pp.177-179）。そのピエットはフランス国内で、特にピレネー地方を中心に発掘調査をおこない、1888 年に、マスダ・ジィール洞窟（Mas d'Azil）でウマの門歯に彫刻されたマドレーヌ文化後期に相当する小さなヒト（男性）の上半身像を発見した。これをかわきりに、1894～97 年には同地方のブラッサンプーイ洞窟（Brassempouy）で発掘を実施し、後期ペリゴール文化Ⅴc 期の堆積層から象牙製の非常に具象的な女性頭部像（図 16 - 5）を発見した。これは「外套頭巾の夫人」（Dame à la capuche）、「ブラッサンプーイの夫人」（Dame de Brassempouy）、はたまた「ブラッサンプーイのヴィーナス」（Vénus de Brassempouy）等と呼ばれる（Delporte, éd.Mohen 1989, pp.18-19）。西ヨーロッパでは

第2章 中部ヨーロッパにおける後期旧石器文化のヴィーナスの様式

現在に至るまでに、フランスのペリゴール地方やピレネー地方、ベルギー、イタリア北部等でこの時期の女性小像が30～40体知られている。もう一方の東ヨーロッパでは、1920年代以降に、ロシア大平原のドン川流域におけるコスティエンキⅠ開地（Kostenki I/Poljakov：図14−9、図18−3・4）やガガリノ開地（Gagarino：図14−10、図18−1・2）等でも東方グラヴェット文化の堆積層から象牙製の女性小像が多数発見されはじめた。現在では、仄聞するところロシアやウクライナの開地遺跡から100体に及ぶ女性小像が発見されたといわれる。更に1940～50年代には、ウラル山脈の遙か東方の西シベリア・バイカル湖西岸域にあたるエニセイ川上流のアンガラ川流域で、東方グラヴェット文化類縁のマリタ開地（Mal'ta：図14−34、図16−2）やブレチ開地（Buret'：図14−35、図18−5）の二遺跡から女性小像が30数体余り発見され、その精神文化上の網目状回路の広がりが如何に大きいかが理解された（Abramova 1967, 99-125；Delporte 1979, pp.159-187）。1965年に、フランスの先史学者ルロワ・グーラン（Leroi-Gourhan A.）は後期旧石器文化における洞窟壁画の編年的分類研究を発表した。その中で、彼はグラヴェット文化期に相当する第2様式（style Ⅱ）に「ヴィーナスの様式」も展開したことにもふれた（Leroi-Gourhan 1965）。後年の著書中で、「所謂"臀部肥大症のヴィーナス"（Vénus stéatopyges）である後期旧石器文化における女性小像は、全く同一の概略的な構図をもっており、両乳房、腹部そして生殖器が1つの環の中に収まるのである．そこからは頭や両脚は象徴化する上で重要性が劣る部位なので、身体中央部に対してそれぞれ対称形をなす三角形の範囲内の輪郭の先端として描く．この協約的な構成は先史時代における女性の実際の身体的な特徴から程遠いものであろう．この"規範"はロシアからイベリア半島いたるまで実例によって証明されうる．」と解釈しうる内容（執筆者拙訳）で、非常に短くそして明解に述べている（Leroi-Gourhan 1982, p.252, fig.7）。このように、旧石器文化における道具以外のことで、造形上の様式によって文化要素の汎用性の一つが証明された、といわれる。これは非常に興味ある情報の1つであり、日本のこの時期の研究において未だに全く証明できていない普遍的な当代の事柄である。

(2) 中部ヨーロッパの研究

　西ヨーロッパにおける研究と東ヨーロッパおよび西シベリアにおける濃密な資料群の発見等の間にあって、中部ヨーロッパは以下のような経過で「ヴィーナスの様式」の知見が得られた。

　19世紀末（1891年）、最初の知見はチェコ南東部モラヴァ地方ブルノ市で運河整備工事中に、後期旧石器時代前半に相当する1基の墓（Brno II）から、3つの破片からなる象牙製のヒトの小像が単独で発見された（Voloch 1989；p.158）。これは、一般によく知られたグラヴェット文化の「ヴィーナスの様式」とはかなり趣が異なっていた（図14-5、図22-1）。

　まもなく、19世紀後半にチェコ東部プレロフ市内（Prerov）におい旧石器時代の良好な遺跡が発見され（図14-6）、1894年に、マスカ（Maska K.J.）は発掘調査をおこない、マンモスの中足骨製の小型擬人像等を発見した。取り分け、注目された資料は未加工の象牙に直接、幾何学的な女性の像を描いた線刻画が発見された（図22-2）。

　20世紀初頭（1908年）には、ソムバティ（Szombathy J.）等はオーストリアのヴィレンドルフⅡ開地（Willendolf：図14-7）において、3体の女性小像をグラヴェット文化の石器群と共に発見した。中でも「ヴィーナス第1号」（Vénus I）は粗粒の石灰岩で見事な造形性と保存状態のよさから、非常に注目された（図18-6）。これは南ヨーロッパの洞窟遺跡（図14-2）や西ヨーロッパの洞窟遺跡（図14-3・4）で発見された「ヴィーナスの様式」の特徴と多くの点で共通していた。20世紀前半（1920年）には、ドイツ中西部ライン川中流のマインツ市リンゼンベルグ開地（Maintz-Linsenberg：図14-8）で、東方グラヴェット文化の石器群と共に2体の女性小像の破片が発見された（図19-2・3）。

　1924～38年に、アブソロン（Absolon K.）はチェコ南東部モラヴァ地方のドルニ・ヴェストニツェ開地（Dolni-Vestonice：図14-11）で学術的発掘を実施した。彼は1925年に、遺跡堆積物の上部における炉跡の中央部で、粘土を焼成した典型的な女性小像を発見した。これは「ヴェストニツェのヴィーナス像」（図19-5）として、1939年には西ヨーロッパへ発掘調査速報というかたちでいち早く紹介され、非常に高い関心がよせられた。以後も1939、

40、42年に、ボーホマース（Bohmers A.）が1947〜52年に、クリマ（Klima B.）が再び1973〜79年に、それぞれ学術的な発掘を継続し、重要な成果を加えた。この遺跡は中部ヨーロッパのグラヴェット文化を代表する。

1930年代当時、スロヴァキア南西部タルナヴァ地方のモラヴァニー開地（Moravany Nad Vahom：図14-12）はすでに東方グラヴェット文化の良好な遺跡として注目されていた。ゾッツ（Zotz L.）は1935〜43年にかけて発掘を実施し、ポドコヴィカ地点（Podkovica）から2体の象牙製女性小像を発見した。その内の大きい方は第2次世界大戦中に残念ながら失われた。もう1体は標準的な大きさの「モラヴァニーの女性小像」（図22-7）と呼ばれる。その後も、プロセック（Prosek F.）は1949〜58年に、またボルタ（Borta J.）は1963年にそれぞれ発掘をおこなった。

1948年に、ドイツ南東部バイエルン地方のワインベルグ洞窟群中（Weinberg：図14-13）の中央岩陰から、ゾッツは硬質石灰岩製の女性小像を発見した。この像は男女両性両立の意匠をもった非常に象徴化された造形を有している（図19-4）。

1952と53年に、チェコ南東部モラヴァ地方のペトルコヴィツェ開地（Petrkovice：図14-14）において、クリマ（Klima B.）は2体の女性小像を発見した（図21-8）。

またモラヴァ地方のパヴロフⅠ開地（PavlovⅠ：図14-15）とパヴロフⅡ開地（PavlovⅡ：図14-16）は、クリマ（Klima B.）によって継続的な発掘調査がおこなわれた。この2遺跡は前述したドルニ・ヴェストニツェ開地に隣接する。発掘は前者が1954〜73年、後者が1952〜73年までそれぞれ調査がおこなわれた。象牙製のライオン像の浮き彫りやマンモスの彫像、焼成粘土製のサイの頭部像等、多くの造形物が発見された。そして、非具象的で複雑な線刻画等も含まれていた。他にも数体が発見された、といわれる。

以上のように西ヨーロッパにおける知見の充実に殆ど連動して、この地域においても同様のものが見出された。発見された「ヴィーナスの様式」の女性小像等は前章の地域に比べて数量、質共に優るとも劣らない。

（3）後期旧石器時代前半の古気候

ここでは、ヨーロッパの西部、中部、東部で展開した「ヴィーナスの様式」が登場した背景となる古環境を、先史学上の諸成果を援用しつつ考察する。

1　前段のオーリニャック文化

まず、グラヴェット文化に先行したオーリニャック文化は更新世後期後半のヴュルム第Ⅲ氷期初頭（34,500〜33,500yBP）、あるいは酸素同位対比第3段階後半に、原始的オーリニャック文化（Aurignacien 0）として広くヨーロッパ各地に登場し、そして普遍的に展開した。

この時期は氷河期の中でも比較的寒冷で湿潤な気候であったようだ（図15参照）。例えば、西ヨーロッパのフェラシィー大岩陰第14層（Ferrassie：図14-17）やブランシャール岩陰（Blanchard-des-Roches：図14-18）等ではトナカイ（*Rangifer tarandus*）が優勢であったが、他にウマ（*Equus caballus gallicus*）や比較的温暖な環境を好むアカシカ（*Cervus elaphus*）、オーロックウシ（*Bos primigenius*）等も多くみられ、更にイノシシ（*Sus scrofa*）やヤマネコ（*Felis sylvestris*）等も生息していた。

植生は温暖な気候に適応したヨーロッパ・アカマツ（*Pinus sylvestris*）、カシワ、ハンノキ、ハシバミ等が遮蔽地形に、またその下生えにシダ類等が繁茂した。

オーリニャック文化Ⅰ期（33,500〜32,000yBP）が登場する頃より、寒冷で乾燥化が進行し、相変わらずトナカイが優勢で、ホラアナグマ（*Ursus spelaeus*）、マンモス（*Elephas primigenius*）、ケサイ（*Coelodonta antiquus*）、ウマ等も多くみられた。そして比較的温暖で湿潤な森林環境の象徴であるアカシカ等は非常に稀となった。植物相はヨーロッパ・アカマツやネズノキ等の若干の樹木だけが僅かにのこり、大半がステップ気候帯の草本植物のみであった。

同文化Ⅱ期（32,000〜30,500yBP）は一転してアカシカが増加し、明確に湿度が回復したようである。夏季の平均気温はやや温暖化したももの引き続き冷涼であった。闊葉落葉樹は稀で、湿気を好む草本類が繁茂した。これはアルシィー亜間氷期（Arcy）と呼ばれる比較的温暖な期間に相当する。

第2章　中部ヨーロッパにおける後期旧石器文化のヴィーナスの様式

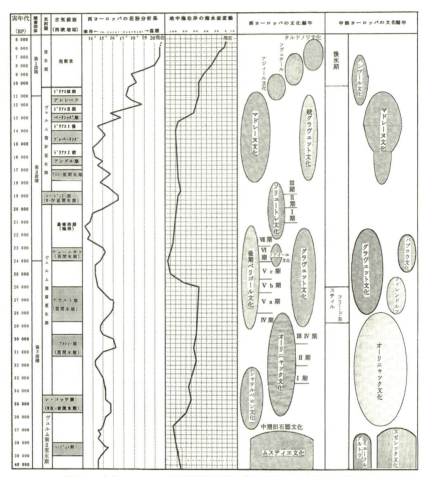

図15　中部ヨーロッパの後期旧石器時代に展開した文化と古気候

　最後の同文化Ⅲ～Ⅳ期あるいは同後期（30,500～29,500yBP）が展開する頃は、再び寒冷な気候が回帰し、森林環境が減少した。樹木は更に稀薄となり、もっぱらステップ気候帯の草本植物が非常に発達した（Lumley 1984; pp.56-58）。

2　グラヴェット文化期

　全体として非常に寒冷で、特にヨーロッパ中部や東部ではトナカイ、マンモス、ケサイ、ウマ、ビゾン、そしてツンドラ気候帯の齧歯類であるレミン

グ (*Dictostonyx torquatus*) 等が生息していた。フランス南西部等においても厳しい気候であったが、ただ他の地方よりは湿度があり、幾つかの小亜間氷期、例えばセルト期やチュルサック期に温暖な環境を好むアカシカも普通にみられた。

グラヴェット文化の最古相・後期ペリゴール文化Ⅳ期（Périgordien supérieur Ⅳ）はアルシィー亜間氷期（31,500～30,500yBP）後の亜氷期に相当し、ステップ気候帯のような寒冷で乾燥した時期の終末（29,500yBP頃）に現れた。

続くケセルト亜間氷期（29,300～26,000yBP）はグラヴェット文化前半の後期ペリゴール文化 Va、Vb 期が展開し、比較的温暖で、湿度もあり安定していた。避寒地から回復した樹木や気温の高い環境を好む植物が展開し、全ヨーロッパ的に植生土壌が発達した。

次の亜氷期（26,000～24,000yBP）はノアイユ洞窟（Noailles：図14-19）に代表されるグラヴェット文化中葉・後期ペリゴール文化Ⅴc期の最盛期が展開した。これはチュルサック亜間氷期（24,000～23,000yBP）まで展開した。カシワ、トネリコ、シナノキ等の闊葉落葉樹が回帰し、シダ類を伴う森が復活した。

23,000yBP 年頃に同文化Ⅵ期があらわれ、これを境に後期旧石器時代の最寒冷期へ突入していった（Lumley 1984；pp.110-111）。

（4）ヴィーナスの様式における文化編年上の位置

グラヴェット文化の編年研究は20世紀初頭に提唱され、その分類を基礎とし、同世紀前半に発展的な諸階梯が提示された（Peyrony 1933）。また、ペリゴール地方のパトー岩陰（Pataud：図14-20）では、米国の先史学者モヴュウス（Movius H.L. jr.）による1958～64年の調査で、如上の文化編年上の分類が再確認された（Movius 1975）。更に、ボルドゥ（Bordes F.）は同地方のロージュリ・オーットゥ岩陰（Laugerie-Haute：図14-21）における1957～59年の発掘で、新たな知見を確認し、編年の細分を追加した。これらペリゴール地方の標準となった岩陰や洞窟内堆積物と照合し、非常によく調った諸階梯が識別された。繰り返しになるが、「ヴィーナスの様式」を語る時、この地方の文化編年は精緻な尺度として有用である。ただ、ヨーロッパ大陸の東

第2章 中部ヨーロッパにおける後期旧石器文化のヴィーナスの様式

西に展開したグラヴェット文化として把握されながらも、その最も西の一地方文化で確立された文化編年が援用されることの不具合も避けられない。

後期ペリゴール文化最古相（Périgordien supérieur. Ⅳ）はパトー岩陰第7層（GrN-3105：29,300±450yBP）等のオーリニャック文化最終段階（Ⅳ期）の直後に位置した。フェラシィー大岩陰Ⅰ層とパトー岩陰第5層（27,900±260yBP）では、グラヴェット型尖頭器（pointe de la Gravette：図22-8）を標準類型とし、グラヴェット型細石刃（fmicrogravette：図22-12）、小矢形尖頭器（fléchette：図22-10）等が伴う（Rigaud 1989 éd.Mohen T.-1, pp.269-273）。

第2の様相は同文化Ⅴa期と呼ばれ、フェラシィー大岩陰J層（最大：OXA-402：27,900±770yBP～最小：OXA-404：26,250±620yBP）を標準とし、パトー岩陰第4層下部（GrN-4280：27,060±370yBP）で再び確認された。これは細部加工よって整形された細長い茎部をもつフォン・ロベール型尖頭器（pointe de Font-Robert：図22-9）を標準類型とし、これにグラヴェット型尖頭器とグラヴェット型細石刃、さらに小矢形尖頭器等が引き続き伴う（Rigaud 1989 éd. Mohen T.-1, pp.269-273）。

第3の様相は同文化Ⅴb期と呼ばれ、フェラシィー大岩陰K層で識別され、パトー岩陰第4層中位で追認された。石刃基部と先端を切り離し、部分的に断ち割り長方形の素材の側縁に細部加工を施した石刃素材切り断り石器（élément tronqué：図22-15）を標準類型とする。これにグラヴェット型尖頭器とグラヴェット型細石刃等が伴う。

第4の様相は同文化Ⅴc期と呼ばれ、フェラシィー大岩陰L層を標準とし、パトー岩陰第4層上部で再認識された。石刃両端の切り面に細部加工（troncature retouchée）を加え、さらに側縁中程の抉入部（notch）に彫刃面剥離で連結した特徴的な彫器の1類型を標準タイプとする。これをノアイユ型彫器（burin de Noailles：図22-11・13）と呼ぶ。さらにグラヴェット型尖頭器とグラヴェット型細石刃等が引き続き伴う。広範に独立性をもって展開し、非常に重要な階梯であることからモヴィウスは、「ノアイユ文化」と呼んだ（Movius 1975）。近隣に位置するファクター岩陰（Facteur：図14-22）の同文化Ⅴc期（第11-12層）の各年代は最小：24,200±600yBP（OXA-585）～最大：25,630±650yBP（OXA-595）の6つの年代値が測定された（Rigaud 1989

第1節 「ヴィーナスの様式」の背景と位置づけ

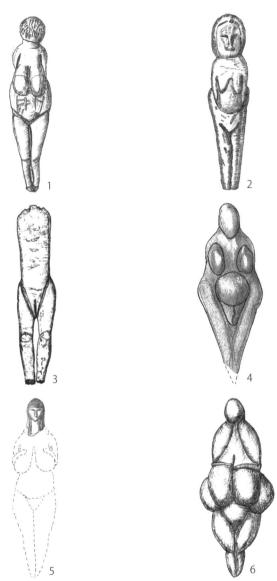

1 アヴディエヴォのヴィーナス7号（出典 木村1995） 2 マリタのヴィーナス1号（出典 Abramova 1967） 3 ロージュリ・バッスのヴィーナス（出典 Cohen 2003） 4 グリマルディのヴィーナス（出典 Lumley 1984） 5 ブラッサンプーイの「外套頭巾の夫人」（出典 Galli 1978） 6 レスピューグのヴィーナス（出典 Joffroy et Thenot 1983）

図16 ユーラシア大陸で発見された代表的なグラヴェット文化のヴィーナスの様式

éd. Mohen T.-1, pp.269-273)。

　第5の様相は同文化Ⅵ期と呼ばれ、ロージュリ・オーットゥ岩陰B層や同岩陰西地点D層の未解明の様相で、所謂「オーリニャック文化Ⅴ期」(Aurignacien Ⅴ) と同時期と考えられたが、パトー岩陰第3層（GrN-4721：23,010±170yBP）で再びその存在が確かめられた。ノアイユ型彫器が僅かに残存し、グラヴェット型尖頭器と同型細石刃の明確な減少から同文化Ⅴ期の最終末に後続するものである（Rigaud 1989 éd.Mohen T.-1, pp.269-273）。

　最後の様相は同文化Ⅶ期と呼ばれ、ロージュリ・オーットゥ岩陰F層（GrN-1876：21,980±250yBP）で識別され、パトー岩陰第2層（GrN-1862：21,940±250yBP）でペリゴール文化Ⅵ期（第4層）の直上で再び確認された。この様相は原マドレーヌ文化（Protomagdalènien）と呼ぶ研究者もいるが（Peyrony, Movius et al.）、本来のマドレーヌ文化とはソリュートレ文化を介し編年上の継承関係が認められず、明らかに孤立した様相である。ただ、マドレーヌ文化との類縁関係を指摘しつつも後期ペリゴール文化最終段階と考える研究者が多い（Bordes, Sonneville-Bordes et al.）。原マドレーヌ文化の様相はペリゴール地方の3つの遺跡（ロージュリ・オーットゥ岩陰、パトー岩陰、ブロ岩陰（Blot）：図14-23）で確認されており、決して特異な様相ではない。

　このように後期ペリゴール文化あるいはグラヴェット文化は石器類型学上の多くの明確な指標の上で変異に富む諸階梯が識別可能であり、29,000～22,000yBPまで西ヨーロッパの殆どの地域に展開した。これらヨーロッパの大西洋側の後期ペリゴール文化の6つの様相と同時期の中部ヨーロッパの石器文化複合を、ギャロド（Garrod D.）は、「東方グラヴェット文化」（Gravettien oriental）として認識することを提唱した（Garrod 1938）。さらに、これらを地方的に細分化したチェコのパヴロフ文化（Pavlovien）、オーストリアのヴィレンドルフ文化（Willendorfien）、そして東ヨーロッパのコスティエンキ文化（Kostienkien）等が地方様相として識別されている。

(5) ヴィーナスの様式が生まれる背景

　旧石器文化の人類が最初にうみだした芸術上の表現はオーリニャック文化期（34,500～29,500yBP）に、すでに表現の動機と主題の特徴が明確化し

第1節 「ヴィーナスの様式」の背景と位置づけ

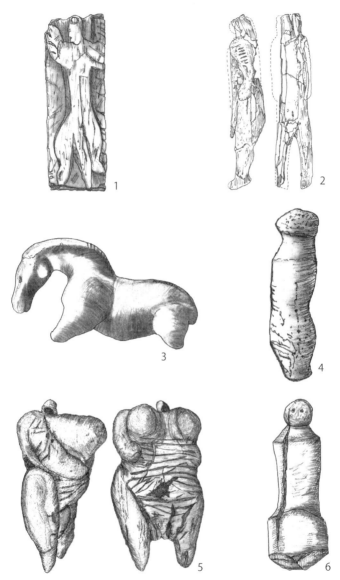

1 ガイセンクラステルレの人物像（出典 Bosinski 1990）　2 ホーレンスタイン・スタデルの獣頭の男性像（出典 Hahn 1971）　3 フォーゲルヘルドのウマの像（出典 Bosinski 1990）　4 フォーゲルヘルドの人物像（出典 Delporte 1979）　5 ホーレ・フェルスのヴィーナス（出典 Conard 2009）　6 トゥルー・マグリットのヴィーナス（出典 Otte 1979）

図17　中部ヨーロッパにおけるグラヴェット文化のヴィーナスの様式に先行した彫像

第2章 中部ヨーロッパにおける後期旧石器文化のヴィーナスの様式

だした。最初の様式化された創作は主に西ヨーロッパのペリゴール地方に展開した。例えば、同文化の典型期であるカスタネ岩陰（Castanet：図14-24）の男、女性の生殖器の線刻画等にみられる。また、ベルケール岩陰（Belcayre：図14-25）における草食動物、同文化Ⅰ～Ⅱ期のセルリエ岩陰（Cellier：図14-26）の女性生殖器の線刻画、フェラシィー大岩陰における同文化Ⅱ期の2つの女性生殖器の線刻画、同文化Ⅳ期の草食動物と女性生殖器の線刻画等があげられる。つまり、西ヨーロッパにおける最初の主題は一貫して男、女性の生殖器と草食四足獣であった。ただ、これらはほとんどが線刻画で、「ヴィーナスの様式」にみられる彫像技法に直ちに結びつかない。

そこで、別な芸術上の伝統が展開した中部ヨーロッパの西南部にあたるドナウ川最上流のロネ川とアッハ川谷遺跡群に注目せねばならないであろう。中部ヨーロッパにおけるトナカイ・マンモス動物群を背景としたオーリニャック文化の展開がみられたことは、前節でも述べたごとくである。同文化Ⅱ期のフォゲルヘルド洞窟（Vogelheld：図14-27）の象牙製動物彫像群（マンモス、ライオン、ビゾン、ウマ：図17-3）、同文化Ⅱ期ホーレンシタイン・スタデル洞窟（Hohlenstein-Stadel：図14-28、図17-3）やボックシタイン・テェルレ洞窟第Ⅶ層（Bockstein-Torle：図14-29）等が注目される。さらに同文化Ⅰ～Ⅱ期のガイセンクラステルレ洞窟（Geissenklosterle：図14-30、図17-1）は象牙の板状素材に、ヒトの全身を浮き彫り手法で表現したものがある。ここでは前述のペリゴール地方とはモティーフが異なり、主に強壮な大型動物の彫像や逞しいヒト（男性）の表現が盛んにおこなわれた。これらの芸術表現伝統はアルシィー亜間氷期に多くがつくられたたようである。

暫定的な推論を述べれば、西ヨーロッパのオーリニャック文化における2つの芸術表現上の主題であった「生殖願望」と「生命維持の願望」の表現が基底にあり、さらに表現上の動機を異にする中部ヨーロッパにおける象牙の彫刻技法との2つの異なった伝統が昇華して、うみだされたものと考え得る。

第2節　中部ヨーロッパで発見されたヴィーナス像

(1) 関連遺跡と「ヴィーナスの様式」

ヨーロッパにおけるグラヴェット文化の女性小像は20世紀初頭に、すでに偶発的な類例の域を超え、この文化複合の重要な一要素として捉えられてきた。中部ヨーロッパの南側一帯、ドイツ、オーストリア、チェコ、スロヴァキアには全て、如上の文化と共に女性の小像が発見されている。これは後期旧石器文化前半において、広く同族的な文化複合が展開し、芸術上の同一様式が共有された拡張域という可能性が考えられる。これらの遺跡の分布は西側の境界がヨーロッパ・アルプスの北麓から北北東に流れるライン川流域、南側は同アルプスとディナ・アルプス等の脊梁山塊以北、東境はワイスワ川とカルパチア山脈の西側までである。以下では関連遺跡の詳細と発見資料について述べる。

1　ヴィレンドルフ開地の「ヴィーナスの像」

この遺跡はオーストリア北東部ウイーン市の西60km付近にあるクレムス市、スピッツ村、ヴィレンドルフ村などの7つの自治体にまたがる。ここはドナウ川左岸に展開する河岸段丘の開地に、旧石器文化の遺跡群（Ⅰ～Ⅶ地点）が見出される。なかでもヴィレンドルフⅡ開地（Willendolf Ⅱ：図14-7）は1880年代に発見されてから、1981年まで何度も発掘がおこなわれてきた。この遺跡の堆積物は9つの後期旧石器時代の文化層が確認された。最下部の第1層は性格を特定できないが、オーリニャック文化類縁の様相とみられる。第2～4層はオーリニャック文化、第5～9層がグラヴェット文化（32,050～23,050yBP）に相当する。第9層はこれまでに2体の女性小像と1体の小型の粗像を出土した。最初は1908年に、ソムバティによって第1号女性小像（図18-6）が発見された。次いで1926年に、バイヤー（Bayer J.）は第2号（図19-1）と小型の粗像を見出した。

ヴィレンドルフⅡ開地のグラヴェット文化はオットゥ（Otte M.）によって再調査され、分析結果が発表された。以下の3つの様相からなる階梯に分類した。

最も古い第5層はグラヴェット型細石刃（図22-12）、細石刃製の幾つかの

第2章 中部ヨーロッパにおける後期旧石器文化のヴィーナスの様式

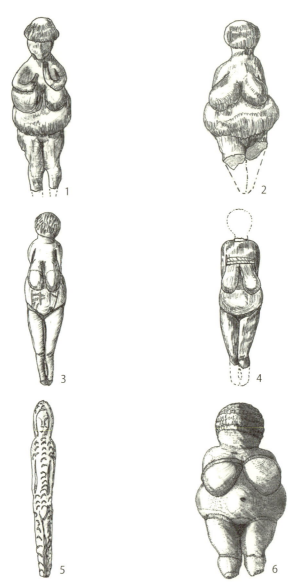

1　ガガリノのヴィーナス2号（出典　Abramova 1967）　2　ガガリノのヴィーナス1号（出典　Abramova 1967）　3　コスティエンキ I のヴィーナス6号（出典　Cohen 2006）　4　コスティエンキ I のヴィーナス1号（出典　Abramova 1967）　5　ブレチのヴィーナス1号（出典　Abramova 1967）　6　ヴィレンドルフ II のヴィーナス1号（出典　Joffroy et Thenot 1983）

図17　中部ヨーロッパのグラヴェット文化のヴィーナスの様式に関連する芸術

第2節　中部ヨーロッパで発見されたヴィーナス像

石器のタイプ、小矢形尖頭器（図 22‐10）等のから構成され、グラヴェット文化古相の後期ペリゴール文化Ⅳ期に対比される。

　2つ目の様相は第6・7層に相当し、両端を尖頭形に細部加工した石刃（lames appointées：図 22‐14）と片面加工尖頭器や単縁削器等のムスティエ型グループの石器（outils moustériens）等を特徴とする。ただ、この特徴は中期旧石器文化と関連するもではないが、原石材環境による剝片剝離技術における石刃が少ないことに基因するものであろう。

　3つ目の様相は第8・9層に当り、3体の女性の小像を包蔵した最も重要な堆積層である。切り面加工上彫器（burins sur troncature retouchée）と石刃素材切り断り石器、片肩尖頭器（pointe à cran：図 22‐17）、グラヴェット型尖頭器（図 22‐8）や同型細石刃等の各類型を指標とするグラヴェット文化前葉である後期ペリゴール文化Ⅴb期）に相当するものと考えられる（Otte 1981）。

　第1号女性小像（図 18‐6）はヴィレンドルフⅡ開地を代表する非常に特徴的で重要な女性の小像である。これはほぼ完全な形で保存され、高さが11cmである。素材のきめは魚卵様の粒状を呈す石灰岩で、表面に赤い色素材の痕跡がのこっている。全体的な趣はどっしりとした裸婦像で、脂肪質の肥満体形である。旧石器時代の彫像の中で、最も肥満した体形の表現である、といわれる。頭はやや平らな球形で、多数の小球状と螺旋状に絡まった髪の束で覆われた髪型である。頭部を支える頸部は殆どない状態である。ただ、頭は左側にやや俯きかげんに傾けた「ヴィーナスの様式」における非常に特徴的な静的姿勢をとっている。胸部は短く分厚いが、両乳房はボリュウム観があり滴状をなし、重々しく腹部の上に垂れ下がっている。両腕は表されているが、他の多くの例と同様に明らかに縮小した表現で、折り曲げられ、前腕や手、指が破損しているが、乳房の上に添えられている。左の前腕部はのこっており、胸の上に多数の小さな刻み目が印され、この小像が腕輪を身につけていたことを表現していた可能性をうかがわせる。腹部は身体の中で幅と厚みにおいて最大で、その中央にヘソがしっかりと印されている。腰部は極端に太く、最大の肉厚部を形成するが、ただ背面で腰部における弓状の反りが表現されている。下腹部には女性生殖器が写実的に描かれている。臀部は非常に肉厚的で、ある程度の脂肪腫症（stéatomerie）の特徴がみられる

第2章　中部ヨーロッパにおける後期旧石器文化のヴィーナスの様式

が、ブッシュマンのような所謂「臀部肥大症」に類するとまでは至ってはおらず、割れ目により双方に分かれ具象的である。太股は双方にしっかり分離して、太く短い。両膝は膝蓋を伴い、関節の細部まで例外的といっていい程はっきりと描かれている。脛は非常に短いが、はっきりと双方に分かれ、ふくらはぎの中程から折れて損なわれ、両足を欠く。

　第2号女性小像（図19-1）は象牙製で、この範疇では最も大きく、23cmもある。これは細部の具象性が表現されていない粗造で、損毛が激しい。保存状態は上端と足先を往時の損傷で欠く。彫像としての造形と身体の細部は曖昧である。臀部の肥大表現や各部の縮約的な表現がみられず、それぞれの均整は自然であるようにみられる。

　第3号小像は象牙製の破片で、現状の高さ約8cm、完成途上の粗造で、女性像のようにみられる。この小像は全く非典型的な資料で、頭のまわりと臀部の突出を肯定的に解釈するかぎりにおいて、この範疇に入れうる。

　ノート：第1号女性小像は最も肉厚的な姿の表現と大きな頭部をもつにもかかわらず、一方で上半身と頭部の部分的な省略、他方で下半身の明確な縮約性をもつ等、実に身体中央部に対する重要性を演出し、腹部と骨盤部分の相当な増幅表現に見られる特徴がグラヴェット文化の「ヴィーナスの様式」における典型的な特徴を再確認させる。これは躊躇なく旧石器芸術の傑作を代表するものの1つであるとおもわれる。

　比較：第1号女性小像の頭部は、あたかも網状の頭髪被りをまとった南ヨーロッパのグリマルディ洞窟群の「黒人の頭部」と呼ばれるものや、西ヨーロッパのブラッサンプーイ洞窟群の「外套頭巾の夫人」（図16-5）のようには整えられていない。ただ、これを多数の髪飾りの列によって整えられた髪型であったと解釈すれば、西シベリアのマリタ開地（Mal'ta：図14-33）等の幾つかの例、あるいは東ヨーロッパのガガリノ開地やコスティエンキⅠ開地の幾つかの所謂「オカッパ頭」（図18-1）の小像や「お下げ髪」の小像と近似するもの、と理解できる。頭を左側にやや俯きかげんに傾けた静的な仕草はグラヴェット文化のヴィーナスの様式における非常に特徴的な姿勢で、アヴディエヴォ開地（図16-1）やガガリノ開地（図18-2）、コスティエンキⅠ開地（図18-3）等の幾つかの小像に共通す

第2節　中部ヨーロッパで発見されたヴィーナス像

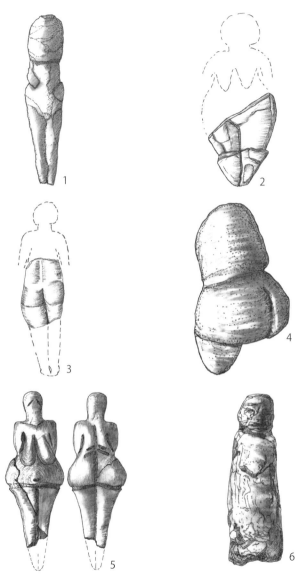

1　ヴィレンドルフⅡのヴィーナスⅡ号（出典　Joffroy et Thenot 1983）　2　リンゼンベルグの
ヴィーナス1号（出典　Delporte 1979）　3　リンゼンベルグのヴィーナス1号（出典　Delporte 1979）
4　ワインベルグのヴィーナス（出典　Delporte 1979）　5　ドルニ・ヴェストニツェのヴィーナス
Ⅰ号（出典　Leroi-gourhan 1988）　6　ドルニ・ヴェストニツェのヴィーナスⅡ号（出典　Delporte 1979）

図19　中部ヨーロッパにおけるグラヴェット文化・ヴィーナスの様式（1）

99

るし、西ヨーロッパの複数のヴィーナスの像（図16－6）にもみられる。

　このような同一遺跡内の同じ層位から出土した小像群の中で、1体は極端に誇張された肥満体形であるのに対して、もう1体が自然な均整ですらりとしたものが共存することはブラッサンプーイ洞窟群の一連の小像群の変異性にもみられる傾向である。

2　ワインベルグのヴィーナスの像

　ドイツ南部バイエルン地方のマウエルン村にあるワインベルグ洞窟群（Weinberg：図14－5）は3つの洞窟と2つの岩陰からなる。ドナウ川上流部のグラヴェット文化の遺跡として、特に重要である。遺跡の発掘調査は1938年にボーメルス（Bohmers A.）、1947-49年にツォツ（Zotz L.）、1967～1974年にミュラー・ベック（Muller Beck）によって、それぞれ実施された。遺跡の堆積物はグラヴェット文化を中心に、前期旧石器文化終末から後期旧石器文化終末に至る考古学上の層序が確認された。ツォツの発掘では第5地点のグラヴェット文化層からグラヴェット型尖頭器、同型細石刃、背付き細石刃、小矢形尖頭器、コスティエンキ型尖頭器（pointe de Kostienki：図22－17）等が確認された。これはグラヴェット文化初頭である後期ペリゴール文化Ⅳ期から同Ⅴa期に相当するものと考えられる。ツォツは放射性炭素年代測定法により 28,265年±325yBP を測定した。この時期にはトナカイ、マンモス、ケサイ、ホッキョクギツネ等の寒冷で乾燥した亜氷期の動物相が、また古花粉学や堆積学上からも、同様の特徴が確認された（Lumley 1984；pp.175-177）。1948年に、彼は中央の岩陰から、硬質石灰岩製の女性小像を発見した。この像（図19－4）は全体に女性的な曲線的造形を備えているが、穀斗状の刻み目によって極端に図案化したもので、また一端が男性の生殖器を表現した可能性をもち、男女双性両立の意匠が認められる。高さは7.2cmで、頭部がもともと無く、上半身が円錐あるいは円柱状に表現されている。骨盤の部位は強い臀部肥大症の傾向がみられる。一方、腹部は具象的な表現を欠き平面的である。小像の丈は強い圧力で押し潰したように寸詰まりな印象を受け、それが全体に及んでいる。下半身は1.4cmの厚さと0.7cmの長さの平らな筋肉質な感じの突起を伴い、全体に萎縮したような表現である。両腕、両乳房、生殖器等ははっきり表現されていない。

第2節 中部ヨーロッパで発見されたヴィーナス像

　ノート：この女性小像は全く写実性を廃した造形で、身体細部の表現が大幅に省略され、そして全体が象徴化されて、肥満した女性の体形という表現意図のみが強調されている（Delporte 1979；pp.132-133）。
　比較：頭部を省略する特徴は東方的要素というよりは、西ヨーロッパのファクター岩陰から出土した女性小像を想起させる。また、他にも自然石の本来の形状を活用した造形は、前者の例に共通する特徴である。
3　リンゼンベルグのヴィーナスの像
　本遺跡はドイツ中西部のマインツ市にある。ここはライン川中流で、中部ヨーロッパの最も西の端に位置する。1920年に、ネーブ（Neeb E.）とシュミッドゲン（Schmidtgen O.）はマインツ・リンゼンベルグ開地（Maintz-Linsenberg；図14－8）で、2体の女性小像の破片を発見した。遺跡の堆積状態は上、下2つの厚いレス土がロームの間層によって分離されて折り重なっている。この間層は28,000年BP頃のオーストリアで確認されたスティルフリードB亜間氷期（Stillfried）に形成されたものである（図15参照）。西ヨーロッパのケセルト亜間氷期（29,300～26,000yBP）に相当するものと考えられる（図15参照）。地表下270cm、上部レス土中に考古学上の堆積層が見出された。この堆積層は寒冷で乾燥した気候帯の動物群（トナカイ、マンモス、ウマ、ケサイなど）が検出された。石器文化はグラヴェット型細石刃などを含む小型化した石器の類型が多く、モラヴア地方のパヴロフ文化の影響が強いようである（Neeb 1924）。女性小像の破片は少なくとも2個体分が存在していた。共に軟質の灰緑色砂岩でつくられている（Lumley 1984；p.173）。
　第1号女性小像（図19－2）は下半身の破片で、現状の高さが3.6cmである。点状に収縮した足を伴う脚部と三角形の女性生殖器が表現された骨盤部分からなる。上部（臀部・腹部）は豊満で、下半身末端に向かい急激に縮約化する。これはグラヴェット文化の「ヴィーナスの様式」における典型的なあり方である（Lumley 1984；pp.174-175）。
　第2号女性小像（図19－3）は身体中央部の破片で、現状の高さ3cmである。背面部の損傷がもとで破損し、前者と明らかに異なる別の小像の骨盤部分である。ただ、その損傷の後に再び彫刻が加えられたようである。腰や臀部の肉付けは写実的で正確であり、各部の均整もほぼ的確である。臀部肥

101

大症の特徴は全く見られず、また腰部にもいかなる誇張も表現されていない（Delporte 1979；pp.124-125）。

　ノート：本遺跡の知見はライン川流域がグラヴェット文化の北方への伝搬経路として「ヴィーナスの様式」も展開したという貴重な証しである。ただ、惜しむらくは断片的な資料であるが、少なくとも二つの異なった表現の仕方を含むものである。

　比較：第2号女性小像は中部ヨーロッパのペトルコヴィツエェ開地の例（図21-8）やフランス中央部のマドレーヌ文化後期のドュリフ岩陰（Durif：図14-31）の女性小像に近似する写実的な特徴である（Mohen 1989；p.106）。一方、所謂「ヴィーナスの様式」の誇張したボリュウム観や図案化した身体を部分的に省略する表現（第1号女性小像）、他方に具象的で正確な写実的表現（第2号女性小像）が共存している。この多様性は西ヨーロッパのブラッサンプーイ洞窟（図14-3）群や前述のヴィレンドルフⅡ開地（図18-6）、さらに東ヨーロッパの開地遺跡群（図18-1〜4）にもみられる普遍的な特徴である。

4　ガイセンクラステルレの人物像

　ガイセンクラステルレ洞窟（Geissenklosterle：図14-30）はドイツ南西部ドナウ川最上流域のバデ・ウエルテムベルグ州ブラウ・ベウレン村にある。1957年に発見され、ハーン（Hahan J.）は1974〜83年に発掘調査をおこなった。洞窟は旧ドナウ河床から60mの高さにある。洞窟内堆積物の上部は沖積世の堆積作用によって続旧石器文化（Épipaléolithique）と後期旧石器文化終末のマドレーヌ文化の遺物が混在していた。この下には6つのグラヴェット文化の層がつづき、その更に下位には4つのオーリニャック文化層（Ⅱn・Ⅱa・Ⅱb・Ⅲ層）が確認された。のみならず、彼らは試掘で、中期旧石器文化の存在も確認した。堆積学上の研究と花粉化石の分析結果はオーリニャック文化期からグラヴェット文化期にかけて明確な気候の変化を解析した。オーリニャック文化期の動物群は洞窟内の自然堆積物にホラアナグマ、アカギツネ等が、また、旧石器時代人は狩猟によってマンモス、アイベックス、ウマ、トナカイ、ケサイ、アナウサギ、オオカミ、大型の鳥類、魚類なども捕獲していた。グラヴェット文化期は捕食動物の化石として残

第 2 節　中部ヨーロッパで発見されたヴィーナス像

されたものから魚類、トナカイ、鳥類の卵の殻などが捕食されていたことを示した。洞窟は晩春の頃にのみ使われていた、と推定されている。オーリニャック文化期には2つの異なった時期に利用されたようである。古い方の第Ⅲ層は 36,000〜34,000yBP 頃に船底型掻器 (grattoir carène) や鼻面形掻器 (grattoir à museau)、僅かな骨角器等を特徴とする様相で、同文化前半に相当する。もう一つのより新しい第Ⅱn、Ⅱa、Ⅱb層は石刃製尖頭器、楔形石器 (pièces esquillées)、細部加工石刃、下部開口骨角製尖頭器 (sagaies à base fendue) などを擁し、32,000〜30,000yBP の年代をもつもので同文化中期に相当する。その第Ⅱb層から、象牙に彫刻したヒトの像が発見された (Hahan 1989；p.418 Leroi-Gourhan)。

　発見された小像（図17-1）は象牙を割り剥がし、長方形の板状面に浅浮き彫り手法で大まかに、あるいは図形的にヒトの輪郭が表現されている。ただ、部分的に損耗がみられ、象牙本来の外皮面がのこる側には不整形の短い刻目が縦に4列並んでおり、さらに両端の角には斜めの細い刻み目が印されている。ヒトの像は頭部、両腕、胴体、両脚、両足、尻尾のような突起などが、意識的な誇張や端部の縮約などのない、自然な均整を保って表現されている。ただ、細部の具象性は表現されていない。両脚はやや屈めて開かれ、両足が外側に広げられている。太い両腕は双方とも上方向に掲げられ、いうならば「バンザイ」をしているような姿勢で、画面の空間を対称型に隅々まで占めることに貢献している。胸部、腹部、骨盤部分等における女性的な、あるはその他の解剖学上の特徴が見られない。股間には尻尾のようなものがみられる。頭部や下半身における縮約的な傾向は認められず、例えば足も大まかであるがほぼ自然な均整で表現されている。

　ノート：このヒトの像は、「ヴィーナス像の様式」とは殆ど関連性がみられず、まったく異なった芸術上の表現伝統の産物とおもわれる。

　比較：オーリニャック文化期のヒトの表現に関する類例は後述する同地方のホーレンシュタイン・スタデル洞窟における象牙製の獣頭をもつ逞しい男性像（図17-2）やオーストリアのガルゲンベルグ（Galgenberg：図14-32）の粘板岩製のヒトの浮き彫り像など、いずれも中部ヨーロッパのドナウ川上流にのみ数例が見られるだけである。

5　フォゲルヘルドのヒト形の像

　フォゲルヘルド洞窟（Vogelherd：図14-27）はドイツ南西部ドナウ川最上流域のバデ・ウエルテムベルグ州ネイデルストジンゲン・スッテン村にある。中部ヨーロッパの後期旧石器文化の研究において、非常に重要なドナウ川最上流部のシュワーベン地方に位置する。1931年に、小洞窟の内部で偶然、旧石器時代の堆積物が発見された。同年、リエック（Riek G.）はこの小洞窟の堆積物を全て掘り尽した。彼は最下層（IX層）から、若干のフリント製の遺物を発見した。それらは中期旧石器文化の所産と理解された。ただ、その性格は学術上不詳である。下位から、文化層の詳細は以下のごとく、第VIII層が遅延的な前期旧石器文化終末の一様相、第VII層がムスティエ文化、第VI層が無遺物層、第VとIV層がオーリニャック文化、第IIIとII層がマドレーヌ文化終末、第I層が新石器文化であった、といわれる。この中で注目されるのは第V層から出土した象牙製のマンモスやウマ（図17-3）、そしてネコ科動物等の丸彫り像である。更に、第IV層上面は象牙製のマンモス、ビゾン、ネコ科の大型動物などの像と共に擬人化した小像が出土した。

　この小像（図17-4）は象牙製で6.8cmの高さがあり、片側の面だけが彫刻されている。頭が扁平で、その表現の仕方は非技巧的である。それに対し、胴体は比較的よく表現されている。背部の曲線性、腰部における弓形の反りや臀部の盛り上がりなどは、これもまた比較的よく表現されている。この特徴は明確な解剖学上のものではないが、充分に女性的な印象を与え得る。胴体には、2列の穀斗文と意味不明の謎めいた刻み目がみられる。ルロワ・グーランはフォゲルヘルド洞窟における動物の小像群を第II様式であるオーリニャッコ・ペリゴール文化期（Aurignaco-perigordienne）の終末からソリュートレ文化初頭ものに分類した。物議を醸すもとは、この第4層上面に展開した石器文化の正確な把握が出来ていないことにある。つまり「オーリニャック文化最終段階」と認識されたが、実はすでに片肩尖頭器（図22-17）、グラヴェット型尖頭器（図22-8）やフォン・ロベール型尖頭器（図22-9）を含んでいた（Brézillon 1969；p.231）、という。従って、グラヴェット文化前半、特に第二段階の様相（後期ペリゴール文化Va期）に相当しうる可能性も排除できないのである。

ノート：オーリニャック文化最終段階、あるいは後期ペリゴール文化の古い様相のいずれかに位置づけられ、いわゆる「ヴィーナスの様式」が確立する前段の様相である可能性がうかがわれる。それは控え目ではあるが、表現された女性的な造形的意図の萌芽である可能性も観察される。

　比較：この丸彫り手法の小像はベルギーのグラヴェット文化前葉（後期ペリゴール文化 Va 期）のトゥルー・マグリット洞窟（Trou-Magrite：図 14-33）で発見された性別不明の象牙製小像（図 17-6）に幾つかの共通性が、またモラヴァ地方のプレドゥモスト開地における同様の小像群（図 22-3〜6）とも共通する特徴が見出される。

6　ホーレンシュタインの擬人像

　本資料の出土遺跡はホーレンシュタイン・スタデル洞窟（Hohlenstein-Stadel：図 14-28）である。ここ、ドイツ南西部ドナウ川最上流域のバデ・ウエルテムベルグ州ネイデルストジンゲン・スッテン村は中部ヨーロッパにおける後期旧石器文化前半の主要な遺跡であるホーレンシュタイン・バレンホーレ洞窟、フォゲルヘル洞窟などが集中するロネ峡谷内に位置する。まず、ウェッエル（Wetzel R.）とフォルツィング（Volzing O.）は最初の発掘を 1935 と 39 年に実施した。次いで、別の研究者が 1957〜67 年まで調査を実施した。洞窟内堆積物の上部はマドレーヌ文化、その下がオーリニャック文化（2 層）、更に下層に複数のムスティエ文化層がある。オーリニャック文化期の堆積物からはトナカイ、マンモス、ケサイ、ホラアナグマ、アカギツネ等が出土している。また、洞窟の入り口付近には、より新しい続旧石器時代などの文化層も確認されている。

　第 2 層のオーリニャック文化層からは、獣頭をもつ逞しい男性の小像が発見された。この小像（図 17-2）は 1939 年にフォルツングなどの調査中に発見されたが、非常に保存状態が悪く、すでに 200 点以上のばらばらの破片状態であった、という。後に、ハーン（Hahan J.）はこれを復元し、その研究成果を発表した（Hahan 1971）。これは大きな象牙製の男性像で、後期旧石器文化前半をつうじて、非常に稀な表現である。彫像の素材には、若いマンモスの牙が使われ、高さ 28cm、幅 6.5cm、厚さが 6cm で、グラヴェット文化の女性小像に比べれば、二倍以上の大きさがある。前者のサイズは掌に収ま

る携行性という一般的な特徴が認められる。この像は明らかな異相を示す。上半身は意図的に引き伸ばされたような均整で、胴長である。両脚は逆に極端に短い。残された左腕は実際よりやや短いが、非常に幅があり力強い印象を与える。もう一方の右腕は往時に既に失われたようである。頭部は前側を欠くが、実際の均整からすればやや小振りであった可能性が推定できる。太くて力強い両脚は二俣にはっきり分離し、股間に男性生殖器が表現されている。左側の二の腕には、6つの刻み目が印されている。ハーンは復元作業中に、頭部が「クマあるいはネコ科の大型動物」を模したものではなかったかとの仮説を得た、という。それは腕や両脚が均整上明らかに短く太いこと、胴部が明らかに長いことがそのような解釈をうみだし得たものとおもわれる。ただ、最終的な結論は下さなかったようである。そうでもなければ、この時代の創作の動機となった題材としては人獣混交の非常に例外的な創作になってしまう。「ヒト」を題材としたオーリニャック文化の最も古い彫刻像である。これは西ヨーロッパにおけオーリニャック文化第Ⅰ～Ⅱ期に相当する比較的早い段階の創作である。

　　ノート：オーリニャック文化古層の段階に、この地域には、すでに象牙を用いた動物の写実的な彫像表現が盛んにおこなわれていた。これらはグラヴェット文化の一連の「ヴィーナスの様式」の下地となった可能性があるが、様式上は直接的な関係が証明できないし、表現上の動因も明らかに異なる。

　　比較：オーリニャック文化期は具象的な動物像を制作する様式が、フォゲルヘルド洞窟などで開花したが、それれらが本洞窟の僅か1.5km上流に位置し、そこでは若干であるがヒトの丸彫り彫像を共有する伝統も存在した。

7　ホーレ・フェルス洞窟の最古のヴィーナスの像

　ホーレ・フェルス洞窟はドイツ南西部バデ・ウュルテンベルグ州南部のシュワーベン地方ウルム市の西20kmにあるシェルクリンゲンの近郊に位置する。ここはドナウ川源流に近く、後期旧石器時代初頭における独特の芸術表現が展開された地帯である。いわゆる「ヴィーナスの像」の発見は2008年9月にチュービンゲン大学のコナード（Conard N.J.）らによって発掘がおこなわ

第2節　中部ヨーロッパで発見されたヴィーナス像

れた。洞窟内には地表下約3mに5つのオーリニャック文化層が確認されたが、最も下層からこの女性彫像が発見された。これらオーリニャック文化の堆積層は層厚が70〜120cmもあり、放射性年代測定で31,000〜40,000yBPの年代値が測定された（Conard 2009；Conard 2010）。

　このヴィーナスの像（図17-5）は洞窟の入り口から20m奥の発掘区における第Vb層の中で、特別な遺構と関連してはいなかったが、長さ22cmのワシ・タカ類の管骨製のいわゆる「フルート」の傍ら70cm程の場所からみつかった。この層からはウマ、トナカイ、ホラアナグマなどの化石もみいだされた。さらに像の素材はマンモスの牙が使われている。大きさは高さ5.9cm、幅3.5cm、厚さ3cmで、左肩と左腕を欠く状態である。像の表面には、長く明確な沈線が印されているが、これはこの地方のオーリニャック文化の動物像の特徴と一致する。身体各部の観察と造形は非常に主観的で、主観的なボリュウム観の操作が窺われる。頭は非常に小さく表現というより小さな突起のようで、むしろ吊り紐を受けとめる役目を担わせるものに置き換えられている。特徴的な表現は何といっても胸の乳房で、単にボリュウム観の操作というより、とてもユニークである。それは殆ど肩の高さからはじまり、如何なる弛緩も帯びず前方へ突出しており、グラヴェット文化のヴィーナスの特徴とは明らかに異なる。お腹は空間的に十分に確保されているが、やや膨らんでいるもののそれほどボリュウム観が強調されていない。下腹部には、大きな女性生殖器が描かれている。下半身は膝から下の部分が特に縮小され、足などがない。腕は全体の均衡からみれば、より実際的で、手や指まで表現されている。この彫像の最大幅は骨盤部分にあるが、一方、臀部が平面的で造形上の重点的関心が向けられていない。

　ノート：この女性彫像の発見は非常に重要な知見をもたらした。少なくとも35,000yBPの後期旧石器時代の初頭に、オーリニャック文化を担った現代人型の人類が豊満な裸婦というモティーフに既に重大な関心をもち、後に確りとした様式化された創作群の先駆的な像を制作していたことになる。ただ、提示された考古学的な諸要素は相互にあまりにも時間的に乖離し、現時点で不明な部分が多すぎる。

　比較：ごく最近、突如として全く前例のない創作として発見された観の

第2章　中部ヨーロッパにおける後期旧石器文化のヴィーナスの様式

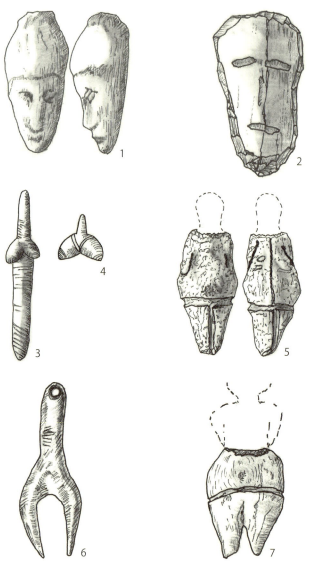

1　ドルニ・ヴェストニツェのヴィーナスXV号（出典　Leroi-gourhan 1988）　2　ドルニ・ヴェストニツェのマスク（出典　Leroi-gourhan 1988）　3　ドルニ・ヴェストニツェのヴィーナスXIV号（出典　Delporte 1979）　4　ドルニ・ヴェストニツェのヴィーナスVII号（出典　Leroi-gourhan 1988）　5　ドルニ・ヴェストニツェのヴィーナスVI号（出典　Delporte 1979）　6　ドルニ・ヴェストニツェのヴィーナスVIII号（出典　Delporte 1979）　7　ドルニ・ヴェストニツェのヴィーナスV号（出典　Delporte 1979）

図20　中部ヨーロッパにおけるグラヴェット文化・ヴィーナスの様式（2）

第 2 節　中部ヨーロッパで発見されたヴィーナス像

あるこの非常に重厚な象牙製の裸婦像は、グラヴェット文化の「ヴィーナスの像」であるイタリア・グリマルディ洞窟の「ロザンジュ」、オーストリア・ヴィレンドルフⅡ開地のヴィーナス第1号、そしてロシア・ガガリノ開地のヴィーナス第1号などの代表的な典型例と、ア・プリオリ (a priori) な類推を誘発する。けれども、これらの間には、大きな趣の相違が存在するような印象をうける。それはグラヴェット文化の「ヴィーナスの像」とマドレーヌ文化のそれが明らかに異なるように、前者とこのオーリニャック文化の裸婦像がやはり異なり、似て非なるものといわざるを得ない。

8　ドルニ・ヴェストニツェ開地における一群の「ヴィーナス」

本遺跡はチェコ南東部モラヴァ地方のレス土壌地帯を潤すディジェ川の右岸にある。ここは石灰岩地帯のパヴロフ丘陵 (Pavlovske vrchy) の南麓に位置する（図 14-11）。遺跡の調査は 1924~38 年にアブソロン (Absollon K.)、1939、40、42 年にボーメルス (Bohmers A.)、1947~52 年と 1973~79 年にクリマ (Klima B.) などが、それぞれ学術上の体系的な発掘を実施した。遺跡は広大な開地空間に展開し、少なくとも独立した5つの地点かなる野営跡である、という。それぞれの形成時期は余り時間差を経ずに遺されたようである (Valoch K. 1989 éd. Leroi-G.；pp.311-312)。文化層は地形によって厚さが異なっていたようだが、常にスティルフリードB亜間氷期の化石包蔵層 (PKI) の近くで発見される。放射線年代測定では 26,000±350yBP、25,820±170yBP、22,250±570yBP が「採石場」地点で、更に 29,000±200yBP、28,300±300yBP が測定された (Valoch K. 1989 éd. Leroi-G.；pp.311-312)。出土した動物化石は寒冷で乾燥したステップ気候帯に適応した動物群である。石器文化関連の遺物は数千点にも達し、彫器が掻器を凌駕している。背付き細石刃、グラヴェット型尖頭器などが彫器の数とほぼ均衡をもっている。ただ、片肩尖頭器類は稀である。骨角器類はパヴロフ文化のものに対比できる。装飾品は非常に多様で豊富である。穿孔獣歯、人間の門歯、中新世の化石、粘板岩製首飾り等が含まれる。更に、多量の褐鉄を精製したオーカーなどの顔料も検出されている。動産芸術 (art mobilier) は線刻の施されたものと小像からなる。それらの装飾は短い条痕が印されたものが多い。動物の小像はクマ、マンモス、ライオン、ケサイ、ウマ、トナカイ、アカギツネ、

第2章　中部ヨーロッパにおける後期旧石器文化のヴィーナスの様式

オオカミ、クズリ、フクロウなどが粘土でつくられ、しっかりと焼き固められたものが多い。これは主題と素材の特徴において、また製法上西ヨーロッパには全く見られない、この地域の独自な伝統である。そのほか脚部の誇張した像の壊れたものが多かったし、指の押し型が印されたものも発見されている。完全な姿の女性小像1体、男性の胸像が1体、そしてかなりの数の不完全、あるいは誇張した女性小像が発見されている。また、同一地点から一括で8個の乳房形の首飾りを構成するもの（図20-4）。両乳房がついた棒状の小像（図20-3）、これは「フォーク」と呼ばれる棒状で下部が二俣に分かれた首飾り（図20-6）である。「仮面」と呼ばれる象牙製の特徴的な女性の顔を描いたもの（図20-1）などがある。さらに、子供を火葬で葬り、赤色顔料を多量に塗布した埋葬人骨も発見された（1927年）。成人の埋葬人骨も相次いで出土した（1930年）。残念ながら、これら人類学上の資料は第二次世界大戦中に喪失してしまった。さらに1949年に、多量の赤色顔料が塗布された女性の横位屈葬状態の埋葬人骨が発見された。以上の知見はアブソロンの発掘のことである（Absolon 1945）。粘土でつくられた小像は熱処理によって焼き固める技術が見られる。これらは発見個体数の多さから既に製作技術において偶然の域を脱していた。これは例外的な早咲きの土器作りを想起させる得る。おそらくは後期旧石器文化の黎明期以来おこなわれてきた褐鉄鉱などの天然鉱物を大量に焼成還元し、オーカーなどの色素材の精製をおこなう中で体得したものと考えられる。放射性年代に関してはグラヴェット型尖頭器を伴う住居遺構内から採取した炭化物に対する放射性炭素年代法によって、25,600±170yBPが測定された（Klima 1983）。これはグラヴェット文化前葉から同中葉である後期ペリゴール文化Vb期〜同Vc期に相当する。

「ヴィーナスI号」（図19-5）は1925年に、炉跡の灰の中から発見された。これは粘土で整形し、その後焼き固めた豊満な裸婦像である。下半身の末端を欠くが、その他は大きな損傷がみられない。高さは11.5cmである。デルポルト（Delporte H.）の観察によれば、粘土像に胎土として骨粉が混入され、焼き固められ、その際にひび割れを起こすことを防ぐ工夫が認められた、という（Delporte 1979；p.141）。一方で、造形上の特徴は西ヨーロッパのグラヴェット文化の女性小像（図16-4〜6）に共通する多くの要素が認め

られる。つまり腹部に最大のボリュウム観の操作が表現され、両乳房と臀部もこれに付随して大きな誇張が認められる。反面、下半身の明らかな縮約的な表現、足部表現の欠如、腕部の粗造的表現なども共通である。これらの傾向は「ヴィーナスの様式」として非常に典型的であるが、ただ独自性も観察できる。前述のごとく熱処理で仕上げられたため、像全体が光沢のある黒色を帯び、強い独特の印象を醸し出している。顔には、鼻や口などが具象的に表されず、斜めに深い切れ長の溝が通常の目の位置よりやや下位に印され、非現実的な、あるいは強い呪術や巫術的な霊力の印象を与えている。頭は非球体で、やや上下の方向に長く伸びているのだが、相対的に小さい。頸の括れは僅かである。頭髪を表す特徴は殆どみられず。その頂部には4個の刻み目が印されるが、デルポルトはこれを羽根飾りなどの装飾的なもの、あるいは頭髪を整える網状の被りものを固定するのに役立つものを想定した（Delporte 1979；p.141）。頸部や両肩は他にはみられないほど調和のある優美な表現である。胸部はやや狭く、肉厚的な両乳房を擁し、腹部の上まで垂れ下がっている。腹部は最も幅が広く最大のボリュウムがあるが、迫り出るほどではなく、その中央にヘソが大きく深々と印されている。女性生殖器は表されていない。臀部は脂肪腫症のように、後方というより、横方向へ肥大している。背部には、脊椎骨の曲線が表され、腰部の緩やかな湾曲もみられる。そこには2本対の斜め方向の刻み目が印されている（Delporte 1979；p.142）。そして何といっても下半身に向けて、臀部や腹部と両股を分ける深い溝が一周していることで、その部分が非常に無機質で、女性的な曲線美が排除されている。ただ、同時にそのことで上半身に対する印象は一層強調されている。この部分の表現手法は本遺跡の「ヴィーナスⅤ」（図20-7）と「同Ⅵ」（図20-5）にもはっきりと確認できる。全体の表現は均整がとれていて、各部の均衡が比較的実際の状態に近いように感じられる（Delporte 1979；pp.142-143）。下半身の末端はおそらく点状に収斂した形状とおもわれるが、破損している。おそらくは前二者の女性小像もそうであるように、足自体の表現を欠いていたようである。股や脹ら脛等の特徴もなく、ましてや膝すら表されず、下半身に対する関心は非常に淡泊である。

「ヴィーナスⅡ号」（図19-6）は1923～26年の間に遺跡の開削工事中に、

第2章　中部ヨーロッパにおける後期旧石器文化のヴィーナスの様式

ドイツ人の製粉業者が発見し、1927年に報告された。素材は象牙を用いた粗造である。大きさは13.5cmで、掌にぎりぎり収まる。ただ、その後はドイツ側とチェコスロヴァキア側の専門家によって、その真贋をめぐって物議が醸し出された（Delporte 1979；pp.144-145）。今日ではこの小像の多くの特徴が極めて異質なことから、完全に学術上の価値が否定されている。非常に有名な「偽物」である、とされる。

「ヴィーナスⅤ」（図20-7）は1931年に発見された。素材は象牙で、高さが4.2cmである。頭部や胸部、更に乳房がなく、腹部、骨盤部分、太股などを縮約化した女性像である。

「ヴィーナスⅥ」（図20-5）は1934年に発見された。焼成粘土製で、現状の高さが8cmである。頭部、胸部、乳房などの上半身を破損がもとで失っている。製作手法を含めて「ヴィーナスⅠ」に造形上の特徴が非常に共通する。

「同Ⅶ」（図20-4）は乳房と頚を象ったものであるが、東ヨーロッパ大平原などでみられる細いリボン状の飾りを身につけた乳房が表現されている。これと関連したもので、乳房を表現した首飾りの一部をなす小さな飾り（0.7～2cm）が全体で15点出土しており、遺跡内の2つの地点で7個と8個にそれぞれ集中していた。

「同Ⅸ」（図21-1）は焼成粘土製で、現状の高さが3cmである。ミニチュアの女性像である。頭部と右側の脚部を破損している。「同Ⅶ」（図20-4）と「同ⅩⅣ」（図20-3）に造形上の共通性がみられる。また、「肌着」のような上着が認められる。

「同Ⅷ」（図20-6）は1935年に発見された。象牙の芯の部分でつくられ、8cmの長さがあり、極めて図案化された女性の小像とおもわれる。その形状から通称"フォーク"とも呼ばれる。全体に円柱形の棒状で、上端はやや扁平化され孔が穿たれている。下部は二俣に分かれ馬蹄形を呈し、所々に刻み目が印されている。

「ヴィーナスⅩⅣ」（図20-3）は1937年発見された。象牙製で8.5cmの高さがあり、非常に単純化された独自な造形の小像である。いわゆる「乳房をもつ棒」（baton à seins）と呼ばれるが、その名が示す通りよく形を表している。

例えるならば、直径約1cmの棒状の「バゲット」(baguette) という意味のいわゆる「フランスパン」のような形状で、基部から3分の2の所に明らかに1対の乳房が表されている。頭部にあたる部分はやや扁平化し、先端に向けて僅かに細くなっている。両乳房は砲弾形にとても発達しているが、左右の大きさは均衡を欠いている。やはり「ヴィーナスの様式」に典型的に認められる垂れ下がった状態である。「ヴィーナスⅦ」(図20-4) や「同Ⅸ」(図21-1) と造形上の共通性が認められ、特に本遺跡では数多く制作された類型である。小像の表面のほとんどの部分に、平行した刻み目が水平あるいは斜めに印されている。その意味するところは知る由もないが、これを男性の生殖器を表したものである、という指摘も可能であろう。ただ、腹部や骨盤部分の状態から、女性の生殖器を表したものとおもわれる。

　「ヴィーナスⅩⅤ」(図20-1) は1937年に発見された。象牙製で人間の頭部像をあらわし、これ自体4.6cmの大きさがある。一般的なグラヴェット文化の女性小像とは明らかに異なる特徴がみられる。本来は上半身像であった可能性があるが、実際には頭部のみが孤立した状態で保存されていた。女性あるいは男性で、「先史時代のレオナルド・ダビンチ」とも呼ばれる。頭髪は細部まで表していないが、連続した刻み目で顔面と頭髪部を明確に区別している。顔面の形は明らかに逆三角形を呈し、高い部分の額の位置が突き出ていて、眉毛の部分ではっきりと区切られて表現されている。両目の形と状態は細部まで描写が明確で、例外的な表し方である。鼻は結構力強くしっかりと表され、これまたはっきりした下唇の上にのかっている。あごが尖り際立っているので、印象を和らげるためにえくぼがつけられている。両耳はないが、おそらく頭髪が頚の辺りまで達し、それによって覆われいたことになっていたのであろう。本遺跡には、他にも幾つかの頭部だけの小像があるが、全て珍妙で戯画的なものである。それは類型的というより個性的である。

　ノート：本遺跡で発見された典型的な「ヴィーナスの像」は西ヨーロッパのそれらに共通な特徴を見出せる。反面、図案化した円柱形の棒状のものなどは東方的な要素である。一方で、数多く制作された焼成粘土による手法は明らかにこの遺跡を中心とした中部ヨーロッパに優勢な伝統であり、そして東ヨーロッパ大平原にもおよんでいる。

第2章　中部ヨーロッパにおける後期旧石器文化のヴィーナスの様式

　　比較：「ヴィーナスXV」（図20-1）の頭部像は西ヨーロッパのブラッサンプーイ洞窟から出土した「外套頭巾の夫人」（図16-5）の頭部像に対比できるものである（Delporte 1979 ; p.145）。非常に図案化あるいは象徴化した棒状や首飾りの一部を成す用途が認められる。このような特徴は東ヨーロッパのコスティエンキⅠ開地やガガリノ開地等の遺跡、あるいは西シベリアのマリタ開地（Mal'ta：図14-34）やブレチ開地（Bouret'：図14-35）の両遺跡との濃厚な関係が想起される。

9　パヴロフ開地の「ヴィーナスの像」

　本遺跡はチェコ南東部モラヴァ地方のレス土堆積地帯におけるブレクフ市にある（図14-15・16）。ここはドナウ川の支流ディジェ川右岸に位置する。同名のパヴロフ丘陵（Pavlov）の北東斜面にあることから、その名が与えられた。この遺跡はパヴロフⅠ（Pavlov I）と同Ⅱ（Pavlov II）の2つから構成される。前節のドルニ・ヴェストニツェ開地の南東約0.5kmにある。パヴロフⅡ開地（Pavlov II）は1952～73年まで、パヴロフⅠが1954～73年までほぼ平行して、ブルノ市科学アカデミーのクリマ（Klima B.）によって発掘がおこなわれた。堆積層は上、下2つのレス土からなる。下部はヴュルム氷期前半に、上部は同後半に堆積したものである。人類文化の痕跡は上部レス土壌の下位で確認された。クリマによれば、放射性炭素年代法で、複数の研究機関の異なった年代を整理すると24,730±250～26,630±250yBPの変異の幅をもって測定された（Valoch K. 1988 ; pp.814-815）、という。したがって、ヴュルム第Ⅲ亜氷期の中盤に入ってからの人類活動であったと考えられる。動物相は典型的な寒冷で乾燥したステップ気候帯に対応したものである。炭化して発見された植物遺存体は全て松柏類で、特にモミノキである。化石包蔵層（PKI）のスティルフリードB亜間氷期に相当し、西ヨーロッパで確認されたケセルト亜間氷期の終末から、次の亜氷期にかけた古環境に相当したものである（図15参照）。石器文化関連の遺物は10万点以上にも及び、石器だけでも1万点を数える。西ヨーロッパの後期ペリゴール文化の標準類型であるグラヴェット型尖頭器（図22-8）や同型細石刃（図22-12）をはじめ、主に背付き石器（pièce à dos）、特に三角形細石器（triangle scalène）、台形石器（trapèze）、弧状の背面調整石器（segment de cercle）などを擁する細石刃

114

素材を多く用い幾何形石器の様相を帯びた特徴がみられる。ここでも彫器の割合は掻器のそれを凌駕している。これは後期旧石器文化の石器類型学上（typologie）においてより発達した特徴である。コスティエンキ型尖頭器（図 22 - 17）の数も重要な割合を占めている。グラヴェット文化前半のドルニ・ヴェストニツェ開地や同中葉のプレドゥモスト開地の石器文化よりも明らかに発達した様相であり、より小型化した特徴である（Valoch (éd.) Leroi-Gourhan 1989；pp.814-815）。これらはグラヴェット文化前葉末である後期ペリゴール文化Ⅴb期から同Ⅴc期にかけて展開したものと考えられる。動産芸術は非常に豊かで、特に骨製の装飾工芸が多様である。これは象牙製、骨製、あるいは焼成粘土製の小像も含まれている。モティーフは動物や人間の女性が主で、特にライオンの動く姿を表現したレリーフ、象牙製のマンモスの小像、焼成土製のサイの頭部像やクマの像などがある。その他は象牙を丸ごと用いた殆ど具象性のない複雑な図柄の線刻画がある。発見者のクリマによれば、後者は遺跡を挟んだディジィエ川とパヴロフ丘陵が表現されたもので、旧石器時代における周辺の地形を観察した"最古の地図"である、という（Bosinski 1990；pp.148-149）。

　第 1 号小像（図 21 - 2）は象牙製で、高さが 4.5 cm である。表現は非写実的で、やや粗描の彫像である。頭部と下半身は損傷を受けて失われたか、あるいは頭部と胸部が一体となった表現で、上半身の各器官を表現したもののようにも受けとめられる。上半身には、垂れ下がった平らな乳房を含んでいる。両腕は表現されていない。骨盤部分と腹部は肉厚的で殆ど球体に近い。お尻は後方に突出ている、というよりは横方向に発達している。明確な生殖器を表すものはみられない。ただ、おそらく非常に曖昧であるが、女性特有の器官を表現したとおもわれる分部も認められる。臀部及び円柱状を呈した下半身は、後部でのみ真っ直ぐで垂直な溝によって切り離される。これは隣接のドルニ・ヴェストニツェ開地の小像群でもみられた特徴である。この小像は明確ではないが、肉厚的で豊満な女性の肢体を主題としている点で、グラヴェット文化の「ヴィーナスの様式」の範疇にある。

　第 2 号小像（図 21 - 4）は明らかに単純化された表現で、高さが 7 cm である。素材はあまり厚みのない象牙の板状片を用いている。頭部は丸く小さく

第2章 中部ヨーロッパにおける後期旧石器文化のヴィーナスの様式

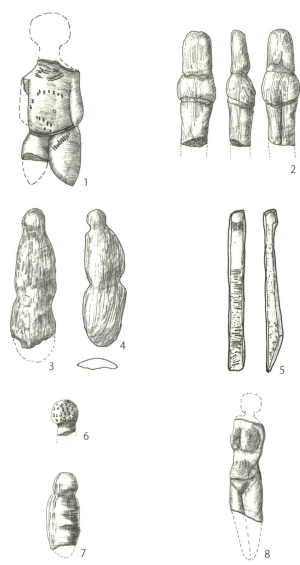

1 ドルニ・ヴェストニツェのヴィーナスⅨ号（出典 Delporte 1979） 2 パヴロフのヴィーナス1号（出典 Delporte 1979） 3 パヴロフのヴィーナス2号（出典 Delporte 1979） 4 パヴロフのヴィーナス3号（出典 Delporte 1979） 5 パヴロフのヴィーナス4号（出典 Delporte 1979） 6 パヴロフのヴィーナス6号（出典 Delporte 1979） 7 パヴロフのヴィーナス5号（出典 Delporte 1979） 8 ペトリコヴィツェのヴィーナス（出典 Leroi-gourhan 1988）

図21 中部ヨーロッパにおけるグラヴェット文化・ヴィーナスの様式（3）

第2節　中部ヨーロッパで発見されたヴィーナス像

かたどり、頸はしっかり括れている。中央よりやや下に両側から2つの抉入によって形づくられる腰の括れがある。そこから再び増幅し最大の量感部を形成し、骨盤部を表すものとおもわれる。全体の輪郭は非常に曲線的で、象徴化している。ただ、少なくとも下半身を表すものは何も見られない。胸部においても、同様に解剖学上の具象性を欠く。この小像の輪郭は曲線的な変化があること以外は性別を決定するいかなる具体的な特徴も見られない。

　第3号小像（図21−3）は1950年代後半に発見されたが、殆ど前者と同じ類型として報告された。

　第4号小像（図21−5）は独特に図案化された外観を呈している。石灰岩製で、高さが6.4cmである。2ヶ所の膨らんだ部分をもち、断面が長方形の棒状である。上部には、1つの小さな膨らんだ部分があり、頭部に相当するものであろう。下部には、もう1つのやや強調された部分があり、お腹とお尻を表現したもののようにもおもわれる。側面の輪郭はデルポルトが指摘するように、後期旧石器時代に広くみられた「く」の字型に象徴化した女性的な側面形をおもわせるものが感じられる。例えば、ドイツ南西部のドナウ川最上流部におけるオーリニャック文化期ホーレンシュタイン洞窟の線刻画を思い起こさせるものがある（Delporte 1979：p.147）。

　注目すべき特徴は粘土で形作られ、焼き固められたものが多数発見されている。これはドルニ・ヴェストニツェ開地のものと同じ手法である。クリマは5点のみに言及し、図示したが、その他にも多数の特筆すべきものがあった、という（Delporte 1979；p.148）。

　第5号小像（図21−7）は細部の具象性が表現されず、胸部から頭部にかけて保存されたものである。現状3cmの大きさがあり、具象的な表現が全く伴わず、第2号小像（図21−4）、第3号小像（図21−3）に類似する（Delporte 1979；p.148）。

　第6号小像（図21−6）は頸部を伴う頭部で、現状の大きさが1.5cmである。ほぼ球体の頭部は全面が毛皮の帽子、あるいは頭髪で覆われ、ヴィレンドルフⅡ開地の第1号女性小像（図18−6）を想起させ得るものがある。この場合の毛髪は半月形の刺突で1つ1つが印される。また、東ヨーロッパのコスティエンキⅠ開地の複数のヴィーナスの像の頭部にも類似する（Delporte

117

第2章　中部ヨーロッパにおける後期旧石器文化のヴィーナスの様式

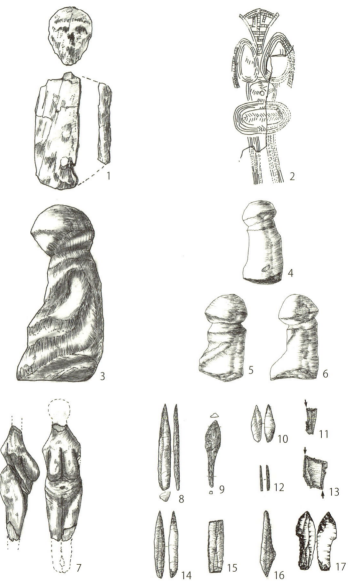

1　ブルノⅡの男性小像（出典　Leroi-gourhan 1988）　2　プレドゥモストの図案化された女（出典 Bosinski 1990）　3〜6　プレドゥモストの小像（出典　Delporte 1979）　7　モラヴァニーの女性小像（出典　Lumley 1984）　8〜17　グラヴェット文化の典型的石器（出典　Takehana 2014）

図22　中部ヨーロッパにおけるグラヴェット文化・ヴィーナスの様式（4）

1979；p.148)。

　ノート：パヴロフ開地の小像群は隣接のドルニ・ヴェストニツェ開地に比べれば、表現の仕方が洗練されていないが、両者には制作伝統の上で真の同族関係があった。それは何よりも地理的空間の一致、そして同じ石器文化伝統によていたということで説明される。また、両者の間には同一様式によると同時に、動物像の表現の手法においても類似性が認められる。この部分のみから導き得る結論として、文化編年上の時間差を考慮にいれるとドルニ・ヴェストニツェ開地からパヴロフ開地への表現の進展は、単純化あるいは簡素化という仮説が引き出される。

　比較：パヴロフ開地の表現はドルニ・ヴェストニツェ開地の「ヴィーナスの像」群に直接対比すべきものというよりは、あるいは西ヨーロッパというよりは明らかに東ヨーロッパのロシア大平原の開地遺跡の伝統に通じる要素を多く見出せる。

10　ペトルコヴィツェの「ヴィーナスの像」

ペトルコヴィツェ開地（Petrkovice：図14-14）はチェコ北東部のモラヴァ地方オストラヴァ市管区ペトルコヴィツェ村にある。この周辺はレス土壌の堆積地帯で、ランデック丘陵内に位置する。フォルプレヒト（Folprecht J.）は1924年に、この遺跡を発見した。遺跡の調査は1952と53年にクリマ（Klima B.）によっておこなわれた。石器文化の特徴は掻器（20%）を上回る彫器（30%）の優勢な比率があげられる。グラヴェット型細石刃、背面加工尖頭器、そして弧状の背面加工石器（segment de cercle）などは僅かであるが、片肩尖頭器あるいはコスティエンキ型尖頭器（図22-17）が10%も含まれる。細部加工を受けた石刃も多く含まれている（16%）。この石器群の様相はパヴロフ文化、あるいは東方グラヴェット文化のモラヴァ地方型とでも呼びうるものである（Valoch 1988；p.827）。レス土壌の堆積物は脱灰化作用（décalcification）のため、動物化石の保存状態が良くないが、マンモス、トナカイ、ウマなどが確認された。この動物群の適応気候帯は比較的温暖な亜間氷期であったことが想定される。クリマによれば、西ヨーロッパのケセルト亜間氷期（28,000yBP）に相当する（Klima 1955；pp.1-35)、という。遺構関連では、3つの住居跡が確認された。第3号住居跡の炉近くにあったマン

モスの臼歯の下からから、2体の女性小像が出土した。このような出土状態は西ヨーロッパで幾つかの発見例が報告されたいる。例えば、デルポルトが調査したファクター岩陰（図14-22）では、ビゾン（*Bison priscus*）の前腕骨を目印にして、その下に「ヴィーナスの像」が埋め込まれていた（Delporte 1968）、という。このように女性小像に対する古民族学的な共通の儀礼が行われ、それが証明されたことは非常に重要である。

所謂「ペトルコヴィツェのヴィーナス」（図21-8）としてよく知られる資料は褐鉄鉱製で、現状の高さが4.6cmである。両肩から上の頚や頭部を、さらに膝から下の脚部を失っている。更に右乳房と左脇腹に損傷がみられる。ただ、保存されていた身体各部は写実的で、自然な均整が表現されている。乳房はグラヴェット文化期に通例みられる発達し垂れ下がったものではなく、丸みを帯び控え目である。腹部は僅かに突き出ているが、やや目立つ程度で、特に懐妊を強調した状態ではない。臀部と両股は引き締まり、全く病理学的な肥大症のような特徴がみられず、またボリュウム観の操作も認められない。むしろ、これには調和のとれた均整のある美が表現されている。女性を表現するという主題はグラヴェット文化の「ヴィーナスの像」と共有されているが、その趣は受胎以前の若い痩身な姿態を写実的に造形したものである。従って「ヴィーナスの様式」の典型的な女性小像の表現とはやや動因が異なる。

2つ目の小像は破片で、現状の大きさが4.3cmである。全体の特徴は後述する「モラヴァニーの女性小像」（図22-7）を強く想起させる（Lumley 1984；p.202）。ただ、写真や素描図は殆ど発表されていない。

ノート：この遺跡においても、女性を表現するという主題は共有されているが、懐妊や出産直前という主題の動因が明らかに通常の「ヴィーナスの様式」とは異なる。その趣は誇張の廃された写実的な造形という東ヨーロッパ的な特徴である。また、2体とも褐鉄鉱製で、そのこと自体が独特の造形描写を生みだした可能性も考慮にいれる必要がある。

比較：西ヨーロッパの典型的な女性小像とは明らかに異なり、対象の観察がより客観的で写実的である（Lumley 1984；pp.201-202）。前述のリンセンベルグ開地の第2号女性小像（図19-3）にみられる写実的な表現を想起

させ得るが、詳細な比較は不可能である。むしろ、東ヨーロッパの遺跡との強い共通性が多く認められる。

11 ブルノⅡのヒトの像

ブルノⅡ開地（Brno Ⅱ：図14-5）はチェコ東部モラヴァ地方の中心都市ブルノ市にある。ここはヴュルム第Ⅲ亜氷期における寒冷で乾燥した気候の時期に、風性堆積したレス土が5mも形成されている。1891年に大規模な土木工事中に、後期旧石器時代に相当する1基の墓が偶然発見された。マコウスキー（Makowsky A.）はそれを契機として緊急発掘を実施した。墓は単独で、埋葬された1体の男性成人骨を確認した。その他には周辺に遺構などが伴わなかった、ともいう。遺構はスティルフリードB亜間氷期の堆積後、つまり少なくとも26,000yBP以降に構築されていた。墓の副葬品はマンモス、ケサイなどの大型草食動物の遺骸が伴っていた（Voloch 1989；éd. Leroi-Gourhan p.158）。出土した石器などの特徴はパヴロフ文化あるいは東方グラヴェット文化のモラヴァ地方型に相当するようである（Lumley 1984；pp.197-198）。

この発掘の大きな成果は3つの破片からなる象牙製の男性小像が発見されたことである（図22-1）。各部のサイズは頭が6.6㎝、胴体が13.8㎝、左腕が9.6㎝である。全体は約25㎝位もある。そのほかの特徴は頭部から胴体へ縦の貫通孔がある。左腕の末端は胴体と固定するために、細く平にされていた。頭部はホゾで組み立てられた可能性が認められる。胴体には男性生殖器、ヘソ、乳首等がいずれも同様に僅かな突起で表現されている。おそらく、この小像は複数の部位が可動する機能が付与された、たとえば「操り人形」のようなものであった可能性が考えられる。

ノート：注目すべき点はグラヴェット文化の「ヴィーナスの様式」が全盛を迎えた頃、中部ヨーロッパのこの遺跡で、男性の墓に単独で副葬されたヒトの像である。それは比較的大きな組み立て式の像で、操り人形のような男性の像で、この時期の一般的な女性小像と異なり、また幾つもの古民族学的な情報を提供した。

比較：男性を表現したものは西ヨーロッパでも僅かではあるが認められている。例えば、ブラッサンプーイ洞窟（図14-3）の「帯を締めた小

像」(fugrine à la ceinture) やローセル岩陰 (Laussel：図14-36) の「狩人」(Chasseur de Laussel) などが、この後期ペリゴール文化Ⅴc期 (約25,500～24,000yBP) に制作された。ただ、やはり同じ時期の中部ヨーロッパのドルニ・ヴェストニツェ開地における象牙製のおそらく男性の顔面像 (図20-2) に単純化した共通の表現手法が認められる。

12　プレドゥモストのヴィーナスの像

プレドゥモストあるいはプレドモスティ開地 (Predmost/Predmosti：図14-6図/14-6) はチェコ南東部モラヴァ地方プレロフ市にある。ここはドナウ川の支流ベクヴァ川右岸のレス土壌堆積地帯に位置する。この遺跡は中部ヨーロッパにおける最も重要な東方グラヴェット文化の包蔵地である。特に注目に値する発見はこの時期に由来する多数の多重住居跡である。1879年に、ワンケル (Wankel H.) によって発見され、1894年にマスカ (Maska K.J.) によって発掘がおこなわれた。更に1971年に、クリマ (Klima B.) は前述の発掘資料を再検討した。2～3mのレス土の堆積下に、主だった人類文化の痕跡は保存されている。そのほかにも、さらに古い時期の多数の焦土や灰層等が確認された、という。また、クリマとゼブラ (Zebra K.) は堆積物の学術上の再検討作業をおこなった。最も古い文化水準はヴュルム第Ⅰ亜氷期に形成されたレス土壌の中位 (A層) に包蔵されたアシュール文化終末 (Acheuléen récent)、あるいはアシュール文化伝統のムスティエ文化様相 (Moustérien de tradition acheuléene) である。次いでレス土壌の上部 (B層) には、遅延的中期旧石器文化のスゼレッタ文化中期も確認された。そして、ヴュルム第Ⅱ亜氷期のレス土壌 (C層) には、オーリニャック文化の存在が認められた。最後の諸様相はヴュルム第Ⅱ～Ⅲ亜間氷期の堆積 (D層) におけるグラヴェット文化の前葉、そして同第Ⅲ亜氷期のレス土壌 (E層) にグラヴェット文化後葉が認められた。ただ、この堆積層の地質標準地点の区分には、その解釈にやや無理がある。中部ヨーロッパ西部端で確立されたアルプス氷河の地史を、同地域の東端のレス土壌地帯に直接置き換えたものである。この亜間氷期はスティルフリードB亜間氷期に相当し、出土した動物化石の放射性炭素代法で 26,870±250yBP と 26,320±240yBP が測定された (Klima 1977)。動物相はマンモスが圧倒的に卓越し、その化石が8,000～

9,000頭分も確認された、という。その他にオオカミ、クズリ、ケサイなども含まれていた。人類学上の化石に関しては集団墓地が検出され、20数体の人類化石が得られた。石器文化の特徴はパヴロフ文化、あるいは東方グラヴェット文化のモラヴァ地方型の典型な特徴に一致する。石器の構成は彫器（50％）、次いで掻器（20％）が大半を占める。一方、背面加工細石刃、弧状の背面加工石器、グラヴェット型尖頭器（図22-8）、ヴァション型尖頭器（pointe de Vachon：図22-14）、そしてフォン・ロベール型尖頭器（図22-9）等から構成されるが、片肩尖頭器と小矢形尖頭器（図22-10）は稀で、以上全体の2％にすぎない。コスティエンキ型尖頭器（4％：図22-17）、両面加工尖頭器（1％）、鱗状細部加工の石刃（7％）、そして削器（7％）が含まれていた。骨角器類はパヴロフ文化の各類型が確認できた。これは掻器に対する彫器の際立った優位性、フォン・ロベール型尖頭器、小矢形尖頭器、ヴァション型尖頭器、グラヴェット型尖頭器の存在、片肩尖頭器やコスティエンキ型尖頭器が稀なことにより、後期ペリゴール文化Va期に相当するグラヴェット文化前半の段階である（Valoch K. éd. Leroi-Gourhan 1989；pp.861-862）。プレドゥモスト開地のグラヴェット文化はドルニ・ヴェストニツェ開地より、さらに発達していたが、パヴロフ開地の前段階に相当し、ペトルコヴィス開地やオーストリアのアグスバッハ開地（Aggsbach：図14-37）に相当する（Delporte 1979；pp.149-150）。動産芸術に関しては象牙製マンモス像と焼成粘土製のクズリの像が僅か2例だけ発見された。ヒトを題材として表わしたものは数多くあり、マンモスの中足骨で作られた8体の小像が含まれる。

　なかでも未加工の象牙に、幾何学文様で特殊な図案化したヒトの像を描いたものがよく知られている。これは"図案化された女"（femme schématique：図22-2）と呼ばれ、1895から同96年にクリッツ（Kriz M.）によって発見された。1925年に、オベルマイヤー（Obermaier H.）は女性を表現したものであると理解した。当初はソリュートレ文化の所産と発表された。しかし、その解釈は否定され、ゼブラによってグラヴェット文化のものであることが主張された。この線刻画は独自の図案化がはかられ、グラヴェット文化の「ヴィーナスの様式」の表現とは根本的に異なる。この絵画は基本的に、

アミダ状や梯子状の文様を含む2本、あるいは数本の平行した条線の束によって構成され、身体の各部が描かれている。頭部は逆三角形を呈し、尖った部分が顎の先端にあたり、どこか面長で同様な形をしたドルニ・ヴェストニツェのヴィーナス第XV号（図20-1）を連想させるものがある（Delporte 1979；p.150）。口、鼻、両目、そして頭髪などは、非常に象徴化され、非具象的に表されている。両乳房は屹立した2つの環状の卵形円弧の中に納められ、それらの内側に二枚貝の鱗状の襞をおもわせる同心円状の3本と4本の線でそれぞれ楕円が描かれている。その内部は若干の刻み目を除くと空白で、これらがお腹の上まで垂れ下がった乳房をおもわせる。両腕は4本ないし5本の湾曲した平行な条線によって示され、交差する刻み目が無数に装填され、格子目、あるいは梯子状に飾られている。腹部は大腿部と両乳房をつなぐ不完全な同心円である。脇腹の輪郭には刻み目が印され、中心にはヘソに当たる突起のような小さな円がある。大腿部は陸上競技場をおもわせ、径の異なる横位の楕円が6ないし7個連続し、内側に円弧が描かれず、替わって左側を向く横倒しの「ハ」字の連続、あるいは弓矢の風切り羽のようなものが充填されている。下腹部にあたる部分には、やはり矢羽根状の刻み目が印され、生殖器を表したものとみられる。大きな楕円あるいは横方向に発達した臀部は両乳房と両腕に相当する部分と共に、最大幅を持っていたと推定される。下半身の表現はやはり関心が余り払われていない。両股や脚部は同じ幅で真っ直ぐな垂直に平行する7本の線で表されている。

　マンモスの掌部骨でつくられた小像は19世紀末（1894年頃）にマスカ（Maska K.）によって発見された。総数は7点あるいは8点であったようだが、5点のみが現在保管されている（図22-3〜6）。これら小像の制作者はすでに頭部を連想させうる大型の獣骨の関節部に注目し、その球体の形を基礎に、環状に溝を穿つことで造形的な満足を得たようである。骨の表層は大部分が剥がされ、ザラザラした状態である。デルポルトはおそらく獣皮が被せられた「てるてる坊主」のような使われ方がより可能性があるものとして、さらに粘土で覆われ、その上で具象的な造形に加工した可能性も考えられる（Delporte 1979；p.151）、と豊な推測を加えた。

　ノート：図案化した女性像の線刻画や性別の曖昧な小像等は同時代の所

産でありながら、何故にこのように異なる作風を持ち得たか知る由もないのだが、これらの創作の中で、ただ前者が他と異なり明らかに女性を表したものであり、この時代の一連の主要な諸特徴をも組み込んでいるが、反面その手法と様式が全く独自なものでもある。

　比較：いわゆる"図案化された女"に対比しうるものは直ちに見出し得ないが、多数の沈線を併走や充填したりする手法が同地方の同じ時期のパヴロフ開地の未加工の象牙に印されたいわゆる「最古の地図」などにもみられるものである。マンモスの掌骨製の小像群は同時期の後期ペリゴール文化Ⅴa期における西ヨーロッパのトゥルー・マグリット岩陰（図14-33）の象牙製小像（図17-6）に類することが、非常に興味深い。

13　モラヴァニーの「ヴィーナス」

　モラヴァニー開地（Moravany Nad Vahom：図14-38）はスロヴァキア南西部タルナヴァ地方のヴァハー川谷内にあるモラヴァニー村に所在する。遺跡は少なくとも5つの地点（Moravany-Dalha, M.-Podkovica, M.Noviny. M.-Lopata, M.-Zakovska）を含む総称である。モラヴァニー・ダルハ地点（Moravany-Dalha）をのぞく、他の4地点は東方グラヴェット文化の良好な遺跡である。1930年代に、中部ヨーロッパにおけるグラヴェット文化の遺跡としてはじめて認識された。1935～43年にかけてツォッツ（Zotz L.）、1949～58年にプロセック（Prosek F.）、1963年にボルタ（Borta J.）等によって発掘がそれぞれ行われた。グラヴェット文化の石器群の年代は隣接する遺跡の同様の堆積物に対して実施された放射性炭素代法で 22,860±400yBP が測定された（Borta 1965）。石器文化は背付細石刃、グラヴェット型尖頭器、コスティエンキ型尖頭器などを伴った（Barta et Banesz 1982；pp.23-26）。グラヴェット文化後葉、あるいは同終末期（後期ペリゴール文化Ⅵ期）に相当する。特に、この遺跡群の中で、モラヴァニー・ポドコヴィカ地点（Moravany-Podkovica）は2体の象牙製女性小像を出土した。1体は非常に大きくて、40cmもあったといわれるが、残念なことに第二次世界大戦中に失われた。2体目の女性小像（図22-7）は標準的な大きさで、7.6cmの高さがある。「モラヴァニーの女性小像」と呼ばれている。発掘時の出土状態は詳細に記録されていない（Valoch 1989 éd. Leroi-Gourhan；p.713）。惜しことに、完全な姿ではなく、頚から頭部にかけ

て欠損し、下半身も膝から下が失われている。頸部から両肩にかけては極端ななで肩で、女性的な曲線の美しさが見事に表現されている。乳房は肉厚的で垂れ下がり、腹部の上に豊かに鎮座している。背面には、腰部から腹部にかけて脂肪襞がはっきりと印され、腹部自体が前方へ明確に迫り出ている。下腹部には生殖器が具象的に表現されている。臀部は腰の強い弓状の反りを伴って、後方に非常に盛りあがっている。両股は豊満な胴部や上半身と調和のとれたボリュウム感があり、深い立体的な溝によって写実的に表現されている。膝より下は不明であるが、下半身の縮約性が特にうかがわれず、残存部分をみるかぎり全体の均整が調和を保って、より自然な姿である。

　　ノート：モラヴァニーの「ヴィーナスの像」は東方グラヴェット文化の発達した典型的な様相に伴うものである。これと一体となったヨーロッパ内、特にロシア大平原から中部ヨーロッパの東側にかけて、東方の人類グループの生活様式のより近似するあり方が、「ヴィーナスの様式」に関する濃密な精神文化の上で網の目状回路のように機能していたことを証明する好資料である（Lumley 1984：pp.202-203）。

　　比較：この女性小像の写実的な諸特徴は西ヨーロッパには殆どみられず、特に東ヨーロッパの開地遺跡との強い共通性が観察できる。例えば、コスティエンキⅠ開地（図14-9）の「ヴィーナスの像」第1～4号を直ちに想起させ得るし、就中「同」第2号（図18-4）と共に、損傷の状態まで含めて極めて類似している。ステレオタイプ（stéréotype）ともいいう得るような相似性が認められる。

第3節　中部ヨーロッパにおける「ヴィーナスの様式」の分析

　前章で、各遺跡と所謂「ヴィーナスの様式」と関連する資料としては、ヒトの像が34点ある。この地域内で確かに発見され、考古学的に検証可能なグラヴェット文化に属すものは、その内31点である。これらは全てグラヴェット文化前葉から同後葉までの約5,000年間に制作されたものである。その一般的な諸特徴の把握を試み、以下に示す。

第3節　中部ヨーロッパにおける「ヴィーナスの様式」の分析

(1) 中部ヨーロッパのヴィーナスの像群の特徴
1　材　料
　まず、観察した31点の「ヴィーナス像」の内で、最も重要な素材は象牙（全体の42％）である。次いで粘土を焼き固めた焼成土製が同23％もあり、非常に特徴的な製作伝統を表わしている。その他には獣骨（同13％）、砂岩（同10％）、石灰岩（同6％）、褐鉄鉱（同6％）の順である。第1位の素材である象牙に関しては、この地域のグラヴェット文化期において狩猟対象動物の中心がマンモスであったことに裏付けられる。例えば、プレドゥモスト開地では狩猟によって数千頭の遺骸が遺跡に保存されていた。西ヨーロッパの同時期より象牙が素材として明らかにふんだんに存在していた。ただ、素材の活用頻度からみれば、象牙は、「ヴィーナスの像」の場合、西ヨーロッパで全体の50％であるのに対して、この地域では僅かながらやや重要度が減じる。また、西ヨーロッパには、石灰岩に浅浮き彫り手法で表現された「ヴィーナスの像」が全体の23％もあったが、この手法自体がこの地域に全く展開されなかった。その結果、石灰岩自体の活用は非常に低いのである。褐鉄鉱、砂岩、そして石灰岩は特定の遺跡で僅かに用いられている。一方、南ヨーロッパで使われた大理石や西ヨーロッパのペリゴール地方における方解石等のような粒状結晶質石灰岩などは、軟らかく彫像に最も適した天然素材であるが、使われなかった。

2　サイズ
　この地域の「ヴィーナスの像」の全ての体高は、保存状態や所在の問題などから全てを把握しうるものではい。観察した6割（20体分）から往時の大きさを知り得た。最大23cm、最小3cmの範囲内に変異する。平均値は7.7cmである。これは西ヨーロッパの女性小像（8.6cm）より相対的に小さい傾向であるが、大きさに関して、ほぼ同じ範疇の特徴であることを示している。一般的な感慨を述べれば、この大きさは掌の中に収まる、あるいは移動に際して身体に携行し得る大きさであろう。例えば、大きな拠点的野営住居の壁面や床面に設置し、注目を喚起するような大きさではない。西ヨーロッパのローセル岩陰における岩塊、あるいは壁面に表現された浅浮き彫りや南ヨーロッパのサヴィニャーノ開地（Savignano：図14-38）やレスピューグ洞窟

(Lespugue：図14-39、図16-6）の「ヴィーナス像」のような大型で基部が円錐形のものよりは明らかに小型である。

3　頭部の形

この観察で最も障壁となったのは、欠損あるいは損耗によって失われた頭部で、不明のものがかなり多く全体の40％にも達している。更に、この部分が保存されていても雑多な特徴（11類型）に分けられることである。より率直で実際的な表現である球形に象徴化したもであっても、全体の19％に過ぎない。次いで胴体と頭部が一体となった表現が同16％である。全体的な表現の傾向は象徴的、写実的、主観的、省略的で、つまり充分に多様である。

4　頭髪の表現

頭髪自体というよりは、髪型を表現したものが全体の15％（5例）に認められる。内訳は球体の縮毛で、いわゆる「大仏様」のような髪型（同6％）、髪上げ型（同3％）、お下げ髪（同3％）、不明確（同3％）である。頭髪の表現自体がないものは実に同45％、また失われて不明のもの同40％である。

5　顔部の表現

顔に関して、あまり重要視した表現は認められず、全体の13％にしか観察できない。ノッペラボウ、具象性をおびた戯画的なもの、非常に図案的なもの、非具象的な謎めいた表現などがそれぞれ1例ずつみられる。顔自体の表現がないものは半数（同49％）を占めていることも重要な特徴である。また欠損などにより、この特徴が不明のものも多くみられる（同39％）。西ヨーロッパにおける「ヴィーナスの像」の顔は半数（全体の50％）が具象性を廃した所謂「ノッペラボウ」であるのに比較すれば、明らかに雑多であり、顔部の省略化傾向がより認められる。

6　頭と顔の有無

頭部は全体の3分の2（同74％）の小像につくられたと推測される。ただ、同26％は欠損のため保存されていない。頭部の表現が極端に象徴化あるいは省略されたものは同19％でがある。更に、顔が表現されているものは全体の10％にすぎず、同52％に顔が表現されていない。なお、同38％は欠損等のため不明である。

第3節　中部ヨーロッパにおける「ヴィーナスの様式」の分析

7　身体に対する頭部の均整

この特徴は体高に対する頭部の長さの割合であらわされ、よく「○○頭身」ともいわれる。17点から算出あるいは合理的に推測しうる数値を得られた。最大は7頭身で、最小3頭身の幅の中に変異する。平均は4.76頭身である。近、現代における女性美の理想を、よく八頭身に例えるが、この時代・この地域では、全体から見れば大きな頭をもった寸詰まりな姿が表現された。

8　胸部の表現

この部分には、皮膚の隆起した生殖上の特徴である乳房がある。乳房の表現が確認されるものは、全体の29％である。非常に豊満な垂れ下がった「水滴型」の乳房が最も多い（同19％）。次いで、発達はしているが弛緩のない「砲弾型」のもの（同6％）、低い円錐形で未発達の乳房（同3％）である。胸部における乳房の表現のないものは同32％と重要な比率である。ただ、欠損等により、この特徴が不明のものも多くみられる（同40％）。以上の特徴に対して、西ヨーロッパの「ヴィーナスの像」は過半数に明確な乳房の表現があり、その半数に非常に豊満な垂れ下がった「水滴型」の乳房が表現されている。これは妊娠に伴う乳腺の発達が現れ、この妊娠期の女性特有の重要な特徴が強調されれている。これに対し中部ヨーロッパの場合は乳房が省略され、表現されなかったものの割合が多いことが注目される。

9　上半身の均整

この特徴は腹部から上半身上端にいたるまでの各部表現上の忠実性と縮約性を観察するものである。全体の26％には、明確なあるいは同10％に緩やかな腹部あるいは臀部付近から上端にかけて漸次的な縮約化した表現が認められる。これに対し、この特徴がないものは非常に多く（同42％）にみられる。尚、損傷によって、この特徴が不明のものもは同22％である。以上のように上半身の縮約的表現は存在するが、あまり強い協約性を帯びていない。これに対して、西ヨーロッパにおける「ヴィーナスの像」の場合は過半数（全体の73％）に漸次的な縮約性が認められ、この地域よりは創作に強い協約的な規制が働いていた。

第2章　中部ヨーロッパにおける後期旧石器文化のヴィーナスの様式

10　腹部の表現

この観察は、「ヴィーナスの像」の中心部において、ボリュウム観が如何に表現されたかにある。僅かに、全体の3％のみに際立った腹部の突出が伴う、同38％がやや明らかな盛り上がりが確認できる。また、曖昧なもの同3％である。一方で、突出がまったく伴わないものは同31％もある。また、損傷等でこの特徴が知りえない状態のものは同23％である。このように多くのものは顕著な腹部の突出を伴うが、同時に全くないものも無視できない比率である。これに対して、西ヨーロッパにおける「ヴィーナスの像」の場合は過半数（全体の73％）に腹部の突出が認められ、本地域よりは「懐妊」という主題に強い協約的な表現上の動因が働いていた。

11　臀部の表現

この部分の誇張的な表現は、所謂「臀部肥大症」の形質であると従来から指摘されてきた特徴である。全体の39％にその様な特徴が認められる。これに対して、「臀部肥大症」の特徴がないものは、前者を明らかに上回る（同42％）。ただ、前者の範疇に分類されたものには、多様な程度の変異が認めれれる。典型的な「臀部肥大症」（同23％）、やや典型的なもの（同10％）、可能性があるもの（同6％）である。また損傷によってこの部分を欠き、不明のものも充分に見られる（同19％）。以上のように、一般論として大きな臀部をもつ「ヴィーナスの像」が優勢だとはいえない。この傾向は西ヨーロッパのそれと比較した時より一層明らかで、後者では、実に全体の72％にその様な特徴が認められ、「非臀部肥大症」のものは僅か同15％に過ぎないのである。従って、中部ヨーロッパにおいては、いわゆる「臀部肥大症」の「ヴィーナスの像」が優勢ではない。

12　最大幅の位置

「ヴィーナスの像」を正面かみた時、横方向に最大の幅が表現された身体上の部位を観察する。全体の59％は下腹部と腰部、あるいは臀部に最もボリュウム観の表現がみられる。ただ、その他に、乳房および胸部（同10％）、太股（同6％）、頭部（同3％）、特になし（同3％）等、雑多な部位にあるものも幾つか含まれている。そのほかは損傷のため正確に把握し得ない（同19％）。以上のように腹部の表現に最も関心が注がれたことが理解できるが、

第3節　中部ヨーロッパにおける「ヴィーナスの様式」の分析

そのほかにも最大幅が設定されていることは重要である。西ヨーロッパの「ヴィーナスの像」の場合は全体の81％が腹部に最大幅が表現されており、その他は損傷により不明のものあである。従って、全体の形状を知りうる全てがそのような特徴を持っている。中部ヨーロッパでは、腹部の表現に絶対的な主題の重点が置かれていた訳わけではない。

13　下半身末端の特徴

下半身が円錐状で末端が点状に収縮しているものは、全体の29％である。座像あるいは下半身を省略したものは同16％である。大きな縮約のない自然な状態に近いもの同6％、下半身の表現が欠如しているもの同19％、不明同30％である。下半身末端が保存されているものは、点状に収縮しているものに代表されるように明らかに縮約的である。西ヨーロッパの「ヴィーナスの像」に比べれば、点状に収斂するものの割合はほぼ同様であるが、下半身の表現が欠如しているものが多い。

14　下半身の均整

腹部および臀部から下半身下端にいたるまでの各部の表現のされ方と縮約性を観察するものである。全体の三分の一（32％）には、腹部あるいは臀部付近の最大幅から下端にかて漸次的な縮約性が認められ、下半身の輪郭がいわゆる「逆三角形」を描く。ただ、明確で典型的なものは、その半数（同16％）である。この特徴が認められない、あるいは欠如するものは、これまたほぼ半数（同42％）である。損傷等によって、この特徴が確認し得ないものは同26％である。以上のように明確な「逆三角形」の輪郭を描く表現は、協約的な特徴と認められるが、必ずしも多くはない。西ヨーロッパの「ヴィーナスの像」の場合は、全体の過半数（73％）が腹部・臀部付近から下端にかて「逆三角形」をえがく漸次的な縮約性が認められ、明らかな縮約した表現に強い協約的な規制が認められる。中部ヨーロッパのそれには、相対的によわいようである。

15　妊娠の特徴

この特徴は腹部、臀部、女性生殖器、乳房、妊娠に伴う姿態などを総合的に判断して観察する。全体の半数（52％）は程度の差はあるが妊娠、特に同後期の顕著な状態を表現している（同26％）。全く妊娠と関連づけられない

もの（同26％）も認められる。損傷等によってこの特徴が確認し得ないものは同23％である。ただ、妊娠と関連した表現が主題の第一位にあることは明らかである。西ヨーロッパにおける「ヴィーナスの像」の場合は、実に全体の過半数（73％）が明らかに妊娠の諸特徴が表現され、特に妊娠後期の顕著な状態を表現している（同63％）。これに比較すると中部ヨーロッパのそれは、この主題の協約性が相対的に弱く、やや雑多な要素が介在しているようである。

16　表現の特徴

ここでは、表現の特徴から以下のような類型分類を試みる。最も多いものは写実的で類型的な「ヴィーナスの像」で全体の38％である。これは顔や髪型等の個性的な特徴が無視される一方で、生殖器や第二次性徴が類型的に誇張されるものである。次いで写実性を廃し、図案化したものは全体の32％である。写実的で個性的なものは同3％で僅かである。制作途上、あるいは非技巧的な粗造のものも若干含まれる（同10％）。そして小型模型のような、小さくて簡略的で、象徴化したものも若干含まれる（同10％）。不明なものも（同7％）含まれる。

17　身体以外で表現されているもの

この特徴を観察できるものは4例ある。胸のリボン状の飾り2例、いわゆる「肌着」のような着衣1例、連続した条線で表されるもの1例である。後者の2例は不明確で、装身具あるいは刺青や顔料の化粧と解釈し得るももである。前者は防寒や身体保護などの実用性が全く伴わないものであるが、西ヨーロッパや東ヨーロッパでも若干例が確認されており、代表的な後期旧石器時代の女性の装身具である。例えば、妊婦であるならば、下腹部や乳房等を覆う保護衣料が、あるいは日常の最低限の労働にも、はたまた防寒などにおいても不可欠であろうと考えられるが、西シベリアの例を除いて、これらは殆ど確認出来ない。

18　「ヴィーナスの像」の帰属時期

最も古い創作グループはグラヴェット文化の第2様相である後期ペリゴール文化Ⅴa期に伴うものである（全体の16％）。同文化中葉の後期ペリゴール文化Ⅴb～Ⅴc期に相当するものは同78％で、「ヴィーナスの様式」の文字通

り全盛期に相当する。これは後期ペリゴール文化中葉の指標であるノアイユ型彫器をこの地域では一般に欠くため、西ヨーロッパ地域ほど明確に示されないが、大部分はこのいわゆる「ノアイユ文化」の時期に帰属する。一方、同文化後葉に相当する後期ペリゴール文化Ⅵ～Ⅶ期に相当するものは僅かである。この傾向は西ヨーロッパの特徴にほぼ一致する。

結論

19世紀半ばの西ヨーロッパで、最初に発見された旧石器時代の女性小像は「ヴィーナス」という呼称が与えられたが、奇しくも今日「ヴィーナスの様式」とする範疇のものではなかった。同世紀後半には、グラヴェット文化の女性小像が発見されはじめ、20世紀初頭には重要な一群の資料として位置づけられた。

これと期を同じくして中部ヨーロッパにおいても、前者の地域同様に、典型的な女性小像が多数発見されだした。更に、そのような知見は東ヨーロッパや西シベリアにもその精神文化の網目状回路の広がりが確認された。20世紀後半には、体系的な研究が確立され、西ヨーロッパにおける洞窟壁画の第2様式に平行する文化伝統であることがより正確に理解された。

「ヴィーナスの様式」の揺籃と展開期は更新世後期の第Ⅲ亜氷期に相当し、現在より明確に寒冷で乾燥した気候であった。中部ヨーロッパ等では、マンモスが常に豊富に生息し、狩猟対象として特に重要であった。

この時代を論じる時、文化編年の研究と放射性年代学の果たした役割は非常に有効である。それは7つの文化編年上の階梯から構成され、ほぼ七千年間にわたり展開した。

「ヴィーナスの様式」が誕生する前段には異なった地域に2つの文化伝統が存在したが、当初は「種の継承」と「生命の維持」という根元的な動機から発していた。ヨーロッパの西部と同中部の2つの伝統が昇華し、この主題と様式を生みだしたのであるが、この広域間の活発で柔軟性に富んだ人類活動は長く安定した比較的温暖な亜間氷期を中心として生みだされた。

古い様相には、明確な女性小像の発見例は余り多くはないが、既に西ヨーロッパの北部からライン川中流、そして中部ヨーロッパのモラヴァ地方など

に連なる一帯で、一連の系譜のプロト・タイプが創りだされた。同中葉の様相は正に全盛であり、旧石器芸術の傑作の1つであるヴィレンドルフIIの「ヴィーナスの像」や典型性と独自性を兼ね備えたドルニ・ヴェストニツェの「ヴィーナスの像」などが作られ特色ある伝統が展開した。更に、時間的な変遷の過程で、パヴロフ開地などは、表現の単純化あるいは簡素化へ向かう傾向も示した。同後葉の様相はモラヴァニー開地にみられるように、写実的で成熟した裸婦像が創作され、東ヨーロッパの開地遺跡群との共時性と密接な精神文化の上で繋がりが観察できる。中部ヨーロッパにおいては、グラヴェット文化の黎明期と最終末期を除く約5,000年間に「ヴィーナスの様式」が展開したが、実はその9割強が同文化中葉の約1,500年間に開花したのである。

この地域の「ヴィーナスの像」は主に象牙で制作されたが、他にも多様なものが使われた。殆どが掌に収まる大きさで、より小さく携行性に優れていた。その趣は象徴的、写実的、主観的、省略的、そしてより多様である。妊娠に伴う豊満な女性という主題は数の上からは劣性で、また典型的ないわゆる「臀部肥大症」のようなタイプはそれ程多くはなかった。また他の地域で指摘された特定部位における肉厚観の操作は主題の重点的な関心ではなかったようであるが、反面、身体末端の縮約的な表現が尊重されていた。主題の諸所の協約性は相対的に弱く、制作者の雑多な要素や地域性が介在している。

最も注目すべきはグラヴェット文化の盛期における僅か1,500年の時間幅の中においてユーラシア大陸の東西に、最大7,000kmにわたり張り巡らされた人類諸集団間の精神文化上の網目状回路に、芸術上の知性が閃光のような発信と反響を繰り返し、互に受けとめ合い駆けめぐったのである。それは西端の大西洋岸から、東端のシベリア・バイカル湖西岸にいたるまで、文字通り最大の大陸を貫く規模であった。この中にあって中部ヨーロッパの「ヴィーナスの像」は、文字通り西ヨーロッパの要素と東ヨーロッパおよび西シベリアの伝統が行き交う特徴が認められた。同時に、中部ヨーロッパ固有の伝統を有していたことは、小論の中で繰り返し遭遇し、指摘したとおりである。

第3章　東ヨーロッパ大平原に展開した「ヴィーナス像の様式」

はじめに

　前世紀初頭の1905～10年頃に、フランスのブリューイ（Breuil H.）は同国のアキテーヌ地方の後期旧石器文化の連続的な編年体系の把握を試みた。それは初頭のオーリニャック文化、中葉のソリュートレ文化、そして終末のマドレーヌ文化に至る連続的な諸階梯であった。当時、すでに注目されていた女性を象った小像がソリュートレ文化以前の堆積層から、複数発見されていた。このことから「オーリニャックの小像」と呼ばれ、如上に由来するものと考えられていた。けれども、今日の狭義の「オーリニャック文化」に帰着する堆積層からは、いかなる類型のヒトの像も出土していなかった（Breuil 1905, 1906, 1907, 1908, 1909 et 1910）。次いで前述の地方を構成する、特にペリゴール地域において、ペイロニー（Peyrony D.）は後期旧石器文化前半に、広義の「オーリニャック文化」と平行して5つの同地域内で発見された文化様相の継続的な発展関係を指摘した。これをペリゴール文化と提唱した（Peyrony 1933）。その後半の第ⅣとⅤ期は後期ペリゴール文化と呼ばれ、石器類型学上の特徴が明確で、文化様相の時間的細分として頗る有効である。現在でもフランス国内では、汎用的な編年体系として頻繁に援用されている。この地域的文化編年を指標として、イベリア半島からロシアのドン川流域にいたる広大な地理的領域に展開した文化複合を、グラヴェット文化とも呼ぶのである。グラヴェット文化複合における精神文化を象徴する統一的要素として「ヴィーナスの様式」が指摘されている（Leroi-Gourhan 1965）。ヴィーナスの様式に由来する考古学的資料は、彫刻あるいは焼成粘土造りでは女性を主題とし、独特に様式化された小さな像である。中部や東ヨーロッパではマンモスの牙すなわち象牙が主たる材料で、ついで大型草食動物の骨、凍石、石灰岩などの柔らかい素材も使われた。小像の外観は身体の一部のボリューム観を操作することで、実際上の姿とかけ離れた協約的な独特の

第3章 東ヨーロッパ大平原に展開した「ヴィーナス像の様式」

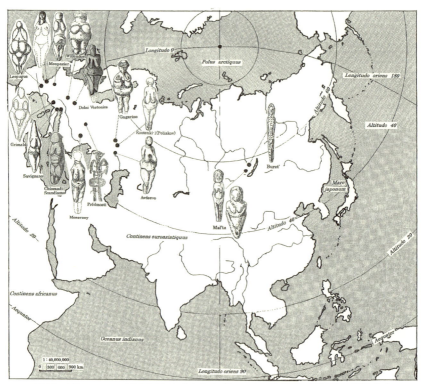

図23　東ヨーロッパ大平原を中心としたヴィーナスの様式に関連する遺跡分布

姿がつくりだされた。例えば、女性的な特徴があらわれる腰、腹、乳房などの身体中央部が特に強調された。一方で、頭や足などの体の末端はそれらの細部の実際上の均整を度外視し、縮小や省略された。したがって全体は極端なまでに主観的に誇張されている。この特徴は19世紀および20世紀初頭のヨーロパ人旅行者がアフリカ大陸で見聞した先住民族（ホッテントット族など）の臀部肥大症や臀部発達体形などの耐乏体質の特徴を表現したものとして理解された。

　以上のように西ヨーロッパでいちはやく発見され、学術的にも注目された。また、中部ヨーロッパにおいても地域性を帯びながらも、統一的な要素に満ちたものが認められた。本項では東ヨーロッパにおける「ヴィーナスの様式」の考古学的資料を、西ヨーロッパや中部ヨーロッパのそれと比較しな

がら、これらの様式の東方における展開の特徴を検証する。

第1節　東ヨーロッパの「ヴィーナス」

(1) 背景をなす地理的空間

　本主題の重要な一端をなす東ヨーロッパ（Europe orientale）はわが国では余りなじみのない地域名である。おもにロシア、ウクライナ、ベラルーシ、モルドヴァ、バルト三国、そしてカザフスタン西部をさす。これはすぐれて歴史的そして地政治学上の意味あいが強いようにおもわれる。ただ、小論では地勢の特徴がもたらす先史学上の意味合いに注目し、考察をおこなう。すなわちカルパチア山脈とウラル山脈の間に広がる東ヨーロッパ大平原、あるいはロシア大平原とも呼ばれるが、そこを北から流下し黒海に至るドニエストル川、ドニエプル川、ドン川、そしてボルガ川の流域が舞台である。ここに展開した後期旧石器文化前半の遺跡から出土した考古学資料の考察である。

(2) 研究の歴史

　主題にかかげた旧石器時代のいわゆる「ヴィーナス」とは、いわずもがなであるがラテン語のウェヌス（Venus）の英語式の発音である。これは、そもそも古代ギリシアの美の女神アフロディーテに相当する。また、我々の諸世紀においては、絶世の美女を形容するものもである。

　冒頭でもふれたが、19世紀後半に、西ヨーロッパのロージュリ・バッス岩陰（abri de Laugerie-Basse）から後期旧石器文化に由来する女性小像が初めて発見された。これを「みだらなヴィーナス」（Vénus impudique）と形容したことから、この地域の女性小像が「ヴィーナス」と呼ばれるようになった。同世紀終末には、イタリアの洞窟群から多数の特徴的な小型の裸婦像が発見された。それを受けて、フランスのピレネー地方の一洞窟では、学術的な発掘によって、考古学上の堆積層から同一時期の女性小像が多数発見された。この結果、20世紀初頭には「オーリニャック文化の小像」と呼ばれていた。ただ、今日的定義に基づく狭義の「オーリニャック文化」の堆積層からは、いかなる類型のヒトの像も出土していなかった。ほどなく石器類型学

第3章　東ヨーロッパ大平原に展開した「ヴィーナス像の様式」

上の文化編年でグラヴェット文化あるいは後期ペリゴール文化に由来すると理解されるようになる。

東ヨーロッパ大平原の研究史　十九世後半には、西ヨーロッパの学術情報がもたらされ、幾つかの遺跡で、後期旧石器時代の遺物やマンモスなどの絶滅化石動物が発見されることが知られていた。例えば、東ヨーロッパ大平原の中央部において、有名なコスティエンキⅠ開地遺跡（Kostienki Ⅰ）はポリヤコフ（Ploiakov I.S.）によって、1879年に発見された。ただ、本論の主題の対象となる女性小像などは、いまだ知られていなかった。二十世紀に入り、とりわけ第一次世界大戦およびロシア革命後には、多くの資料が発見されるようになった。まず前出の遺跡で、エフィメンコ（Efimenko P.P.）は1924年から発掘を実施し、グラヴェット文化期に由来する女性小像などを多数発見した（Lumley 1984：pp.203-208）。1926年に、同じくドン川流域のガガリノ開地（Gagarino）で、ザミジャトニン（Zamijatnin S.N.）は後期旧石器文化の開地遺跡を発見し、1927から1929年に学術調査をおこなった。次いで、ドニエプル川の支流デスナ川流域のエリセエヴィッチ開地（Eliseevici）では、1930年にポリカルヴィック（Polikarvic M.K.M.）が遺跡の性格を把握し、1935、36年そして同46年にそれぞれ調査を実施した。1936年に、ロガチェフはコスティエンキ開地における第Ⅷ地点（Kostienki Ⅷ）で新たな遺跡を発見し、発掘調査を実施した。次いで1937年に、エフィメンコは同遺跡群内のテリシィエフ地点（Tel'siev）で発掘を行い、「ヴィーナスの像」を発見した。ただ、これは東ヨーロッパの一連のいわゆる「ヴィーナスの様式」と異なるものであり、そして焼成粘土で作られていた。

　二十世紀中盤以降、就中第二次世界大戦後には、更に目覚ましい進展が見られる。1946～48年に、ヴォエヴォドスキー（Voevodski M.V.）ほかは、ウクライナのアヴディエヴォ開地（Avdeevo）で発掘を実施し、次いで1949年にロガチェフ（Rogacev A.N.）も調査を行った。これらの発掘（1946～49年）において、象牙製のほぼ完全な女性小像が複数と砂岩製と象牙製の動物の小像が若干発見された（Abramova 1967p.108-109）。同じくウクライナのモロドヴァ遺跡群において、チェルニス（Cernys A.P.）は1948年に同Ⅴ遺跡を発見し、1951～64年の間に発掘を敢行し、中部ヨーロッパに典型的な東方グラ

138

ヴェット文化の石器群と共に、複数のヒトの小像を見い出した（Archéologie et paléogéographie du Paléolithiaue supérieur de la plaine russe, 1981）。1955年から、ロシアのドン川流域のガガリノ開地では、ロガチェフ（Rogacev A.N.）によって発掘が再開された。その中で、タラゾフ（Tarazov L.M.）は考古学上の調査を担当し、グラヴェット文化の半地下式住居を確認し、この中から小型の女性像1体を発見した。最終的には、象牙製のほぼ完全でみごとな女性の像が多数得られた（Abramova 1967：pp.107-108）。1963と同65年に、ブディッコ（Bud'ko V.D.）はエリセエヴィッチ開地の発掘を30年ぶりで再開した。次いで、グレホーヴァ（Grekhva L.V.）はここで1970、72、74、76年にそれぞれ発掘を続けた。後者の発掘で、象牙製の女性彫像1体と象牙製板状片上の線刻画による幾何学模様の女性像が発見された（Abramova A.Z. 1989；éd. Leroi-Gourhan 1989 p.347）。やはり30年ぶりに、1972年以降、アヴディエヴォ開地で、ソ連中央の研究機関が実施した発掘で、少なくとも象牙製の複数の小像が発掘された、といわれる（木村1995：pp.8-9）。

(3) 後期旧石器時代前半の古気候

オーリニャック文化期の古環境　ここでは西、中部、東ヨーロッパで展開したグラヴェット文化の「ヴィーナスの様式」が登場した背景の古環境を、先史学上の近年における諸成果を援用しながら考察を試みる。まず、グラヴェット文化に先行したオーリニャック文化は更新世後期後半のヴュルム第Ⅲ氷期初頭（34,500～33,500yBP）に、あるいは酸素同位対比第3段階後半に、原始的オーリニャック文化（Aurignacien 0）が広くヨーロッパ各地に展開した。この時期は比較的寒冷で、湿潤な気候であった。

　同文化Ⅰ期（33,500～32,000yBP）をむかえる頃には、寒冷気候にともなう乾燥化が進行し、相変わらずトナカイが優勢で、ホラアナグマ（*Ursus spelaeus*）、マンモス（*Mammuthus*）、ケサイ（*Coelodonta antiquus*）、ウマ（*Equus caballus*）等も多くみられた。

　同文化Ⅱ期（32,000～30,500yBP）には、一転して明確に湿度が回復したようであるが、気温はやや温暖化したが、引き続き冷涼であった。これは西ヨーロッパでアルシィー亜間氷期（Arcy）と呼ばれるものに相当する。

第3章 東ヨーロッパ大平原に展開した「ヴィーナス像の様式」

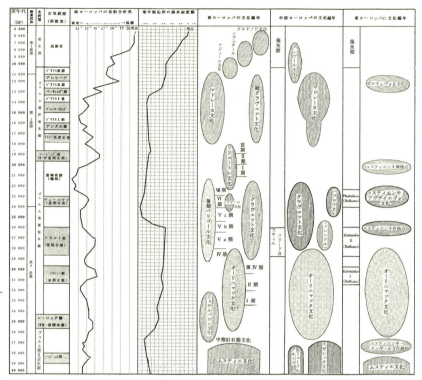

図24 東ヨーロッパ大平原の後期旧石器時代に展開した文化と古気候

　最後の同文化Ⅲ・Ⅳ期（30,500～29,500yBP）が展開する頃は再び寒冷な気候が回帰し、森林が減少した。もっぱら、ステップ気候帯の草本植物が非常に発達した（Lumley 1984：pp.56-58）。

　グラヴェット文化期の古環境　この文化の展開した時期は全体を通じてとても寒冷な気候で、特に中部や東ヨーロッパではトナカイ、マンモス、ケサイ、ツンドラ気候帯における齧歯類のレミング（*Dictostonyx torquatus*）などが主に生息していた。ただ、西ヨーロッパでは、他の地方より湿度があり、ケセルト期やチュルサック期などの小亜間氷期に、温暖な森林環境の動物が回帰した。

　後期ペリゴール文化Ⅳ期の最も古い時期はアルシィー亜間氷期（31,500～30,500yBP）に後続した亜氷期におけるステップ気候帯のような寒冷で乾燥

した時期の終末（29,500yBP頃）に現れた。

　続くケセルト亜間氷期（29,300〜26,000yBP）は比較的温暖で湿潤な時期が長く安定していた。避寒地から回復した樹木や暖気を好む植物が展開し、全ヨーロッパ的に植生土壌が発達した。

　次の亜氷期（26,000〜24,000yBP）は後期ペリゴール文化Ⅴc期が展開しはじめ、2つの温暖期を伴うチュルサック亜間氷期（24,000〜23,000yBP）まで展開し、カシワ、トネリコ、シナノキ、ニレ等の落葉広葉樹が回帰し、そこにシダ類を伴う森林が復活した。

　そして23,000yBP頃に、同文化Ⅵ期が現れ、これを境に後期旧石器時代における最も厳しい気候期へ突入していった（Lumley 1984；pp.110-111）。

(4)「ヴィーナスの像」の編年上の位置

　グラヴェット文化の編年および細分に関する研究は、まずブリューイによって20世紀初頭に提唱されたものを基礎とし、さらにペイロニーによって1933年に発表されたフランス・ペリゴール地方のフェラシィー大岩陰の調査で明らかになった発展的な諸階梯が提示され、それが定着した（Peyrony 1933）。また、同地方のパトー岩陰（Pataud）でおこなわれたモヴュウス（Movius H.L.jr.）による1958〜64年の調査で、後者の編年学上の細分が再確認された（Movius 1975）。更に、ボルドゥ（Bordes F.）による同地方のロージュリ・オーットゥ岩陰の1957〜59年の発掘で新たな知見が追加された。これらペリゴール地方の標準遺跡の考古堆積層序と他のものを照合し、非常によく調った連続的な諸階梯が識別された。したがって、「ヴィーナスの様式」を語る時、これら編年上の細分が、正確な時間の尺度として有用である。ただ、その尺度が、ヨーロッパ大陸の東西に展開したグラヴェット文化と位置づけられながらも、その西の端における一地方文化である後期ペリゴール文化の細分が当てられていることから派生する不具合も避けがたい。

　後期ペリゴール文化の最も古い様相はオーリニャック文化最終段階あるいわゆる「Ⅳ期」にみられる。例えばパトー岩陰第7層（29,300±450yBP）の直後に位置し、フェラシィー大岩陰第Ⅰ層とパトー岩陰第5層（27,900±260yBP）で識別されたグラヴェット型尖頭器を標準的な石器類型とし、グ

第3章　東ヨーロッパ大平原に展開した「ヴィーナス像の様式」

ラヴェット型細石刃、小矢形尖頭器などが伴うものである（Rigaud 1989 éd. Mohen T.-1, pp.269-273）。

　第2の様相は同文化Ｖａ期と呼ばれ、フェラシィー大岩陰Ｊ層（27,900±770yBP〜26,250±620yBP）を標準とし、パトー岩陰第4層下部（27,060±370yBP）で再確認された。この様相には、細部加工よって整形された細長い茎部をもつフォン・ロベール型尖頭器を標準の石器類型とし、これにグラヴェット型尖頭器と同型細石刃、さらに小矢形尖頭器などが引き続き伴うものである（Rigaud 1989 éd. Mohen T.-1, pp.269-273）。

　第3の様相は同文化Ｖｂ期と呼ばれ、フェラシィー大岩陰Ｋ層で識別され、パトー岩陰第4層の中位でその存在が再確認された。この様相は石刃の基部と先端を切り離し、長方形の素材の側縁に細部加工を施した「石刃素材切り断り石器（élément tronqué）を標準類型とし、これにグラヴェット型尖頭器とグラヴェット型細石刃などが伴うものである。

　第4の様相は同文化Ｖｃ期と呼ばれ、フェラシィー大岩陰Ｌ層を標準とし、パトー岩陰第4層上部で再確認された。石刃両端の切り面の細部加工（troncature retouchée）から側縁中程の抉入部に彫刃面剝離で連結した特徴的な彫器の1類型で、ノアイユ型彫器（burin de Noailles）を標準類型とし、これにグラヴェット型尖頭器とグラヴェット型細石刃等が伴うものである。この様相は広範な地理的領域に独立性をもって展開し、非常に重要な階梯であることからモヴィウスは「ノアイユ文化」（Noaillien）と呼んだ（Movius 1975）。如上の両岩陰の近隣に位置するファクター岩陰（Facteur）の同文化Ｖｃ期（第11〜12層）の各年代は最も若い年代が24,200±600yBP（OXA-585）から、最も古いものが25,630±650yBP（OXA-595）が測定された（Rigaud 1989 éd. Mohen T.-1, pp.269-273）。

　第5の様相は同文化Ⅵ期と呼ばれ、ロージュリ・オートゥ岩陰Ｂ層、あるいは同岩陰西側（Ｄ層）の未解明の様相である所謂「オーリニャック文化Ⅴ期」と同時期と考えられた。そして、パトー岩陰第3層（23,010±170年BP）でその存在が再確認された。僅かなノアイユ型彫器の残存、グラヴェット型尖頭器と同型細石刃の明確な減少から、ペリゴール文化Ｖ期の終末に後続すべきものである（Rigaud 1989 éd. Mohen T.-1, pp.269-273）。

最後の様相は同文化Ⅶ期と呼ばれ、ロージュリ・オーットゥ岩陰F層（21,980±250yBP）で認識され、パトー岩陰第2層（21 940±250yBP）でペリゴール文化Ⅵ期（第4層）の直上で、その石器群の様相が再び確認された。これを原マドレーヌ文化（Protomagdalènien）と呼ぶ研究者もいるが（Peyrony, Movius et al.）、本来のマドレーヌ文化とは、ソリュートレ文化を介し編年上で大きく隔たり、孤立した文化様相である。ただ、マドレーヌ文化との石器類型学上の類縁関係を指摘しつつも、後期ペリゴール文化最終段階と考える研究者が多いのである（Bordes, Sonneville-Bordes et al.）。原マドレーヌ文化の様相はペリゴール地方の3遺跡（ロージュリ・オーットゥ岩陰、パトー岩陰、ブロ岩陰）で確認されており、決して特異な様相ではない。

　このように後期ペリゴール文化、あるいはグラヴェット文化は石器類型学上の多くの標準石器の明確な消長が認められ、29,000～22,000yBPの間に特徴的な諸段階が西ヨーロッパの殆どの地域で展開し、分布が確認されている。同様に大西洋側の後期ペリゴール文化の6つの様相と同時期の中部ヨーロッパと東ヨーロッパのレス土堆積地方の多くの石器文化複合をギャロド（Garrod D.）は、「東方グラヴェット文化」（Eastern Gravettian）として認識することを提唱した（Garrod 1938）。さらに、これらを地方的に細分化したチェコのパヴロフ文化（Pavlovien）、オーストリアのヴィレンドルフ文化（Willendorfien）、そして東ヨーロッパのコスティエンキ文化（Kostienkien）などが亜族的な地方様相として識別される。

（5）ヴィーナスの様式が生まれる背景

　人類初の芸術表現に関しては、オーリニャック文化期（34,500～29,500yBP）にすでに表現の動因と主題の特定が明らかとなり、最初の様式化された創作が現れた。主に、西ヨーロッパのペリゴール地方に顕著な類例が展開した。例えば、同文化の典型期におけるカスタネ岩陰（Castanet）の男根や女性生殖器の線刻表現などである。また、ベルケール岩陰（Belcayre）における草食動物、同文化Ⅰ～Ⅱ期のセルリエ岩陰（Cellier）の女性生殖器群の線刻、フェラシィー大岩陰における同文化Ⅱ期の2つの女性生殖器、同文化Ⅳ期の草食動物と女性生殖器などがあげられる。つまり、この地域の最初の芸

第3章　東ヨーロッパ大平原に展開した「ヴィーナス像の様式」

術表現上の主題は一貫して男女の生殖器と草食四足獣であった。ただ、これらは、ほとんどが線刻画であり、表現手法においてグラヴェット文化期の女性の彫像に直ちに結びつかない。そこで、同じ時期に別の芸術伝統が展開したドイツ南西部に目を転じれば、ドナウ川最上流のシュワーベン地方のロネ川谷アッハ川谷における遺跡群に注目せねばならない。前節で述べたが、東および中部ヨーロッパにおけるトナカイ・マンモス動物群を背景としたオーリニャック文化の広範な展開がみられた。例えば、同文化Ⅱ期のフォゲルヘルド洞窟（Vogelherd）のマンモス、ライオン、ビゾンそしてウマ等の写実的な観察に基づく象牙製彫像群があげられる。そして同文化Ⅱ期のホーレンシタイン・スタデル洞窟（Hohlenstein-Stadel）における象牙製の獣頭をもつヒトの像が良く知られる。また、同文化Ⅰ～Ⅱ期のガイセンクラステルレ洞窟（Geissenklösterle）の象牙製の装飾板に均整のとれたヒトの姿のレリーフ画などが特徴的な一群を成している（Bosinski 1990：pp.56-77）。ここでは前に述べた西ヨーロッパのペリゴール地方の創作伝統と明らかに異なる様式であり、主に強壮な大型肉食獣や大型草食動物の彫像、あるいは力強い男性的なヒトの像の表現が盛んにおこなわれた。これらは比較的温暖なアルシィー期亜間氷期に主に展開したことも注目される。

　結論的な推論を述べれば、西ヨーロッパの相対的に温暖な環境のもとでオーリニャック文化期における芸術表現上の主題は、生殖器の表現にみられる生殖願望を背景とした性差を意識させる傾向が稚拙ではあるが萌芽的線刻画の技法として表された。一方、東や中部ヨーロッパにおけるより厳しい環境の下で、力強く写実的な表現であるが、生業に直結した創作を発達させた。

第2節　東ヨーロッパのヴィーナスの像

はじめに

　如上のごとく西ヨーロッパ、更に中部ヨーロッパにやや遅れるものの、1920年代以降には、後期旧石器時代前葉の開地遺跡から豊かな石器文化と共に前二者の地域のヴィーナスの像に相応するものが発見されはじめ、この地域においても非常に重要な展開があったことが理解できる。

第2節　東ヨーロッパのヴィーナスの像

（1）モロドヴァⅤ開地のヴィーナスの像

　本主題に関する当該地域内の最も西に位置する遺跡である。モルドヴァⅤ開地（Molodova V）は、ウクライナ共和国の西部にあるチェルノフツィ市の北に位置する。遺跡はカルパチア山脈の東側におけるヴィルヒニ丘陵の南麓、ドニエストル川の右岸に展開している。この他にも、この流域には非常に多くの旧石器文化遺跡が発見されている（Boriskovski 1953）。就中、モルドヴァⅠ開地におけるムスティエ文化の円形住居はとても有名である。この遺跡の調査はチェルニス（Cernys A.P.）によって1951～64年まで行われた。遺跡における堆積物の厚さは11mにもおよび、ムスティエ文化から続旧石器文化に至るまで、13の考古学上の層序が識別された（Tchernich A.P.）。第12と11層はムステチィエ文化の重要な遺構を伴っていた。後期旧石器文化に関しては第10層がいわゆる「東方グラヴェット文化」の中で、中部ヨーロッパに展開したパヴロフ文化に相当する可能性が指摘された。また、第9層は、「ソリュートレ文化」に相当する、と理解された。ただ、後者は本来の西ヨーロッパにおけるソリュートレ文化とはまったく石器類型学上において整合性が認められない。さらに、第8と7層は、「ソリュートレ文化盛期」に対比されたが、明らかに異相の在地文化である。ただ、第7層は前述の諸層とは異なり、例外的に豊かな考古学資料を提供し、放射性炭素測定法で23,700±320yBP（GIN 10）と23,000±800yBP（MO 10）が得られた。つまり、提示された如上の文化より数千年も古い年代をもつものである。この石器文化の石器類型学上の構成は彫器、掻器、多様なタイプの尖頭器、有孔装飾棒（baton percé）、骨角製尖頭器（sagai）等を擁するが、なかでもコスティエンキⅠ開地上層やヴィレンドルフⅡ開地の片肩尖頭器が含まれており、中部ヨーロッパの東方グラヴェット文化に相応するものである（David et Farizy éd. Leroi-Gourhan 1089 ; p.701）。したがって、チェコのパヴロフ開地をはじめとする中部ヨーロッパのモラヴィア地方における同文化よりも新しい年代を示していることが注目される（Delporte 1979 ; pp.159-160）。石器群と共に見出された動物化石は、主体がトナカイ、次いでウマ、マンモス、アカシカ、ホッキョクギツネ、アカギツネ、ヘラジカ、ビゾン、アナウサギ、ケサイ、オオカミなどである。第6～2層は、「マドレーヌ文化」と

145

第3章 東ヨーロッパ大平原に展開した「ヴィーナス像の様式」

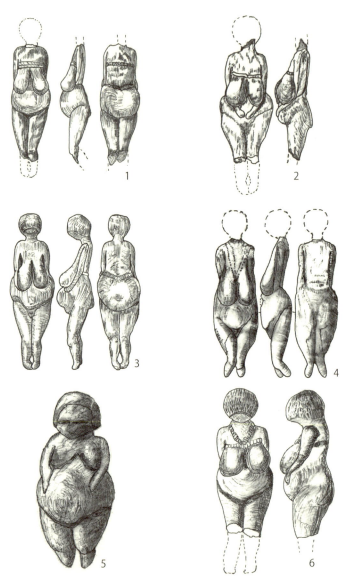

1 コスティエンキⅠのヴィーナス1号（出典 Abramova 1967）　2 コスティエンキⅠのヴィーナス2号（出典 Abramova 1967）　3 コスティエンキⅠのヴィーナス3号（出典 Abramova 1967）　4 コスティエンキⅠのヴィーナス4号（出典 Abramova 1967）　5 コスティエンキⅠのヴィーナス5号（出典 Cohen 2006）　6 コスティエンキⅠのヴィーナス6号（出典 Cohen 2006）

図25　東ヨーロッパ大平原のグラヴェット文化のヴィーナスの様式に関連する芸術（1）

第2節 東ヨーロッパのヴィーナスの像

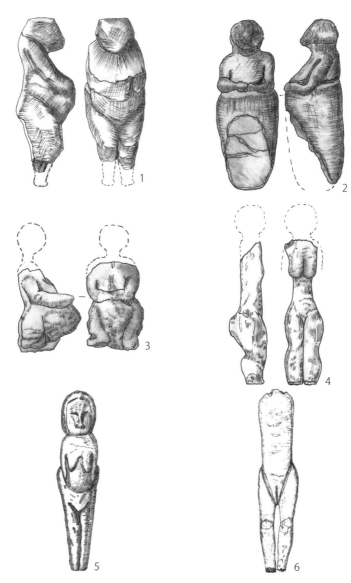

1 コスティエンキⅠのヴィーナス7号（出典 Abramova 1967） 2 コスティエンキⅠのヴィーナス8号（出典 Abramova 1967） 3 コスティエンキⅧのヴィーナス（出典 Bosinski 1990） 4 エリセエヴィチのヴィーナス（出典 Bosinski 1990） 5 マリタのヴィーナス1号（出典 Cohen 2006） 6 ロージュリ・バッスのヴィーナス（出典 Cohen 2006）

図26 東ヨーロッパ大平原のグラヴェット文化のヴィーナスの様式に関連する芸術（2）

第3章　東ヨーロッパ大平原に展開した「ヴィーナス像の様式」

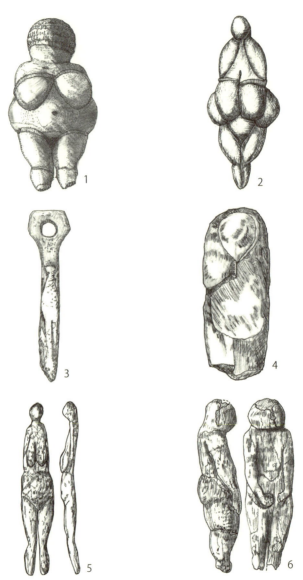

1　ヴィレンドルフⅡのヴィーナス1号（出典　Joffroy et Thenot 1983）　2　レスピューグのヴィーナス（出典　Cohen 2003）　3　モルドヴァⅤ（9層）のヴィーナス（出典　Delporte 1979）　4　モルドヴァⅤ（3層）のヴィーナス（出典　Delporte 1979）　5　アヴディエヴォのヴィーナス1号（出典　Abramova 1967）　6　アヴディエヴォのヴィーナス2号（出典　Abramova 1967）

図27　東ヨーロッパ大平原のグラヴェット文化のヴィーナスの様式に関連する芸術（3）

148

第 2 節　東ヨーロッパのヴィーナスの像

されたが、石刃や細石刃が少なく、彫器が掻器を明らかに凌駕し、背付き石刃と同細石刃が稀であり、典型的なマドレーヌ文化の後期様相の特徴とは異なる。ただ、明確な特色は標準石器であるコスティエンキ型尖頭器を欠く様相といえる。骨角器は貧弱で下層のグラヴェット文化（7～10 層）のそれと大差がなかった。放射性炭素測定法で、11,800 と 13,000yBP が解析された（Delporte 1979；p.161）。第 1 層は中石器文化あるいは続旧石器文化である。

　第 9 層からは、ヒトの頭部を表現した小像が見出された。また、第 7 層から出土した有孔装飾棒（図 27-3）には、ヒトの像が浮き彫り手法で、膨らんだ腹部を持った曖昧な輪郭の裸婦像が描かれたものが発見された。ただ、これらは共に細部の特徴が不鮮明で、性差を強調した特徴が明確に窺い知ることが出来ない。

　第 3 層の「マドレーヌ文化」からも、2 体の小像が発掘された。1 体は象牙製で図案化され性差の不明確な小像で、2cm の大きさである。もう 1 体（図 27-4）は石灰岩製で、8.8cm の大きさがあり、非常に損傷が激しく、詳細を知る由もない状態だ、といわれる（Delporte 1979；p.161）。

　ノート・比較：第 7 層のトナカイの角製とおもわれる有孔装飾棒（図 27-3）に描かれた性別不詳のヒトのレリーフ像は、細部の特徴が不鮮明で、グラヴェット文化の「ヴィーナスの様式」としては、余り典型的とは判断し難く、比較の対象をみいだし得ない。ただ、かといって男性的な印象は全く観察されない。むしろ膨らんだ腹部、実際の均整と比べて真ん丸の小さな頭部、そして脛から先の描写が省略的な表現などは、幾つかの重要な要素が共通する。これは彫像の素材に用いられた硬いトナカイの角の性質に起因する可能性が考えられる。これらの表現はコスティエンキⅠ開地にみられる完成された様式の手法に対比しえる。第 3 層の象牙製小像の場合は、制作途上、あるいはその後の劣化によるものであろうが、まことにもって不鮮明である。ただ、実際の均整においては明らかに大きな頭部、そして前者に相応する腹部の表現がむしろグラヴェット文化の「ヴィーナスの様式」と根本的に異なる印象が窺われる。

第3章　東ヨーロッパ大平原に展開した「ヴィーナス像の様式」

(2) アヴディエヴォのヴィーナスの像群

アヴデエヴォ開地（Avdéevo：図13-40））はウクライナ共和国の首都キエフの北東約400km、ドニエプル川の支流デスナ川のさらにその支流セイム川とロガジェナ川が合流する地点に位置する。遺跡はその地点の第1段丘に展開する。ロシアのコスティエンキⅠ開地からは、西へ約200kmの距離である。1946～同48年にヴォエヴォドスキー（Voevodski M.V.）ほかによって、さらに1949年にロガチェフ（Rogacev A.N.）によって、相次いでが発掘おこなわれた。1972年からは、モスクワ人類学研究所、レニングラード考古学研究所、科学アカデミー地理学研究所などの共催によって、第二次発掘が行われた。遺跡を形成する堆積物は粘土質泥土、砂、砂質粘土などからなる成因の異なる10層である。その中で最も重要な第7層は凍結攪乱作用を受けて増幅している。ここから最初に確認されたグラヴェット文化期の住居は、幅15×長さ20mの規模で楕円形を呈し、7本の杭孔が巡らされ、マンモスの牙が隣り合った状態で覆っていた。石器文化に関連する資料は約20,000点が出土し、内3,000点が石器である。石器の主体は彫器で、掻器が相対的に少ない。細部加工石刃、揉錐器、鳥嘴状石器（bec）、片肩尖頭器、コスティエンキ型尖頭器なども含まれ、石器類型学上重要な特徴を表している。この物質文化の性格はいわゆる「コスティエンキⅠ・アヴディエヴォ文化複合」と呼ばれるもので、ロシアのコスティエンキⅠ開地の上部層の石器文化に石器類型学上の構成比率が統計学的に極めて類似する（David F. éd. Leroi-Gourhan 1989：pp.90-91；Bosinski 1990：p.79）。放射性年代測定法により22,400±500yBP（GIN 1963）が解析された。石器文化の特徴と放射性年代の数値から、西ヨーロッパの後期ペリゴール文化Ⅵ期に相当するものと考えられる。動物相は多数のマンモス、ビゾン（1体）、ウマ（3）、ケサイ（1）、トナカイ（3）、ヒグマ（2）、大型のネコ科動物（3）、アナウサギ（1）、鳥類、アカギツネ（62）、オオカミ（25）、クズリ（33）、マーモット（28）等である。また、これらの解剖学的な観察から、旧石器時代人は毛皮を追い求め狩猟をした結果とも考えられる。例えば、捕食された18ヶ月齢のマンモスの存在や捕獲された鳥類の構成などから、遺跡が形成されたのは冬季であった。花粉分析の結果は検出された種の構成が、全体として当時の自然環境が寒冷で乾燥し

たステップ気候帯のもので、チュルサック間氷期以後の氷期に相当する。

　芸術表現に関しては、砂岩製のマンモスの像、象牙製のウマの像などが発見された。女性小像は1946〜49年のヴォエヴォドスキーとロガチェフの発掘で象牙製の4体が得られた。これらは注目すべき出土状態で、ほぼ完全な制作時の姿をとどめており、ほとんど大きな破損や損耗も被っていなかった。このことは遺跡の性格を考察する上で非常に興味ぶかい（Abramova 1967：pp.108-109）。また、1972年以降において、前述のソ連邦中央の諸機関が実施した発掘で、少なくとも象牙製4体以上が発掘されているようである（木村 1989）。ただ、正確な数と実態は欧文の専攻論文が未刊行で詳しく把握できない。

　ヴィーナス第1号（図27-5）はいわゆる「アヴデエヴォの完成された小像」といわれる。これは象牙製で高さが16cmである。その趣は繊美な姿態というよりは、非現実的な痩身で、極端に伸びた丈であるが、厚さは1.1cmしかない。背部に古い損傷がもとで足部を欠くが、全体から観れば、ほぼ完全な形である。頭部は頸部の明確なくびれによって際立つが、小さくて丸く、その大きさが身体全体に対して9.5頭身の均整をもち、とても不自然である。顔部を含め前方にややうな垂れ、心持ち左側へ傾いでいる。このような仕草はこの様式においてとても重要な姿である。顔や頭髪などの細部は表されていない。両肩は狭く前方へややすぼめながら迫りだしている。両腕は細い溝によって縮約的に表現されている。両手は乳房の下に隠れるように添えられている。乳房はかなり下位について、発達し垂れ下がっているが、特に誇張は認められない。腹部には肉厚感があるが、実際上の造形が平面的で、下腹部が逆三角形にあらわされた恥骨の近くまで迫り出た感じを与えている。背中の曲線性は表されず平坦であるが、腰部にあたる部分で僅かに屈曲している。臀部は幅こそ大きいが平面的で、臀部肥大症の特徴が認められない。両股はやや脂肪質にしっかりと表現され、膝の部分でやや外反するいわゆる「X脚」のような姿勢で、脚部全体が細長く繊美である。これはコスティエンキI開地のヴィーナスの像の多くの特徴と共通する。衣服や装身具などの特徴は一切認められない（Gvozdover 1953；Abramova 1967；Delporte 1989）。

同第2号（図27-6）は象牙製で、12.5cmの高さがある。その姿は大きな頭部をもち、屈強ともいえる体躯に表現されている。その身体の均整は5頭身で、前者の繊美な痩身と対称をなし、肉厚的で立体感を感じさせる。むしろ、個人的には、こちらの方が実際の後期旧石器時代の女性の容姿に近かったのでは、とおもわれる。背面の左肩や左臀部に多少の損傷が見られるが、ほぼ完全な往時の形を知りえる。頭部は括れの少ない太い頚部に支えられ、余り際立たず、やや上から押し潰れたような球体である。顔部を含め前方にややうな垂れ、正面を正視している（Gvozdover 1953）。ただ、最近の出版物における写真では心持ち右側へ傾いているものも見受けられ（木村 1989：p.8）、正確な往時の姿態が把握できない。顔の造作や頭髪などの細部は具象化されていない。両肩は相対的に力強く表現され、明らかに前方へ迫り出している。両腕は写実的で明確に表され、その両手が腹部の上にやや縮小ぎみに添えられている。乳房は損傷もありやや不明確でほとんど平面的である。腹部はボリュウムがあるが、全く誇張も膨らんでいる様子も観察できない。背中の曲線性は角張って表され、腰部で明らかに屈曲している。臀部には余り幅がないが後方に発達し突き出ている。とはいうものの臀部肥大症の特徴が認められるわけではない。両股は明らかに脂肪質で、肉厚的で逞しい印象である。膝部の外反した姿勢は認められないが、解剖学的な特徴がしっかり表現されている。脚部全体の肉厚感は実際のそれより増幅され、寸詰まりな印象である。足は縮約的ではあるが、表現されている。同じ遺跡内で発見された資料の中で、多くの点が前述のヴィーナス第1号とは対照的である。いかなる衣服や装飾などの特徴もみられないが、右手に何か携えているようである。

同第3号（図28-1）は象牙製で、16cmの高さである。頭部は識別しえるが、その他具象化の途上における粗像の可能性が大きい（Gvozdover 1953）。

同第4号（図28-2）は象牙製の高さ14.5cmで、素材の先端部分に、頭部のみを彫刻しはじめた全く制作の途についたばかりの粗像である（Gvozdover 1953）。

同第5号（図28-3）は象牙製で、高さが9.9cm、完全な往時の姿を保っている。近年、出版物に写真資料として援用される機会が多いようであるが、体系的な観察の対象として、また汎用的な言語で記述されていないようであ

第2節　東ヨーロッパのヴィーナスの像

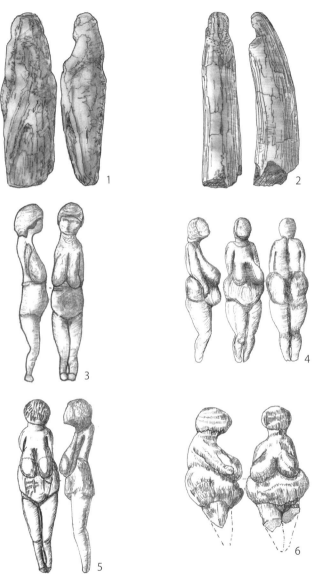

1　アヴディエヴォのヴィーナス3号（出典 Abramova 1967）　2　アヴディエヴォのヴィーナス4号（出典　Abramova 1967）　3　アヴディエヴォのヴィーナス5号（出典　Abramova 1967）　4　アヴディエヴォのヴィーナス6号（出典　Abramova 1967）　5　アヴディエヴォのヴィーナス7号（出典 Abramova 1967）　6　ガガリノのヴィーナス1号（出典　Abramova 1967）

図28　東ヨーロッパ大平原のグラヴェット文化のヴィーナスの様式に関連する芸術（3）

第3章 東ヨーロッパ大平原に展開した「ヴィーナス像の様式」

る。頭部は引き伸ばされたような球体をもち、明確に際立たった頚から、前方へ頂垂れている重要なポーズが認められる。乳房は胸部のかなり下方について、とても発達し肉厚的で、いわば重力の法則に従い垂れ下がって、お腹の上部まで達する。これは実際的な観察が盛り込まれた表現である。腹部は脂肪を伴って大きく膨らみ、重みでやや下方へ垂れ下がりながら突出するという非常に写実的である。両腕は脇を締め、前腕部が大きな両乳房の下へもぐり込んで消えている。背面には肩から腰部にかけての曲線性が具体的に表現されている。ただ、臀部は横方向に発達しているが、やや平面的で、いわゆる臀部肥大症の形質ではないようである。脂肪質で肉厚的な両股は具体的に表され、しっかりと双方に分かれている。両膝は具象的で下半身の曲線性の文字通り結節部を表現している。脚部は全体の均整からすれば極端に細く、そして縮約的である。足は殆ど表されていない。この小像は本遺跡で発見されたヴィーナス第1・6・7号に多くの点で共通する。のみならず、コスティエンキⅠ開地のヴィーナス第1〜4号に、非常に相通じる点が多く認められる。特に、後者の同第3号とは並々ならぬ相似性を感じさせる。

同第6号（図28-4）は象牙製で高さが9.6cmである。保存状態は複雑で繊細な造形にも関わらず、驚くほど完全な形をたもっている。頭部はくびれた頚部によって一層際立った球体で、前方にうな垂れ、やや左側へ傾いでいる。狭い両肩は撫で下ろしたようになだらかで、実に女性的な曲線美を感じさせる。乳房はかなり下方について、よく発達し垂れ下がりながら、お腹の上部まで達する。腹部は大きく膨らみ、前方へやや突出し、その表現のしかたがとても具象的である。両腕は脇を締め、その前腕が大きな乳房の下へ隠れている。後面では、背部から腰部にかけての曲線性はうまく表現されている。臀部の上部から腰部にかけては、脂肪の蓄積がよく発達していることを克明に表している。臀部は横方向に発達し、通常の肉厚感を感じさせるのに対し、前後には平面的でいわゆる臀部肥大症の特徴が認められない。ふっくらとした両股は均整がとれ双方にしっかり分かれている。両膝は具体的な表現であるが、脚部が極端に細く、そして漸次縮約的である。足は表現されているが、細部が殆ど省略されている。この女性小像の頭部には、不揃いな刻み目のような意匠で、頭髪あるいは毛皮の帽子のような物で覆われている

様子が表されている。コスティエンキⅠ開地の「ヴィーナス第5号」(図25-5)に殆ど同じものが、また中部ヨーロッパのヴィレンドルフⅡ開地「同第1号」(図27-1)の頭部とも相通じる特徴である。全体の多くの特徴は本遺跡の同5(図28-3)と同7号(図28-5)に類似するし、コスティエンキⅠ開地の「同第3号」(図25-3)にも近似する特徴が認められる。

　同第7号(図28-5)は象牙製で、高さが10.1cmである。この資料も素晴らしい保存状態であり、完全な形をた保っている。頭部は写実的な均整で表現され、約5.5頭身に相当する。顔部は頚から明確に際立ち、前方へ僅かにうな垂れるが、正面を向いている。頭髪は明確な表現で、前髪を垂らし、後ろ髪を襟元で切りそろえた、わが国の少女向きの断髪である「おかっぱ」に相当するものであろうか。更に、側面の耳からこめかみの部分にかけて、数珠製の髪飾りのようなものがはっきり認められる。更に特筆すべきは、顔部において両目、鼻、口が具象的に表現されている。狭い両肩はややなで肩である。乳房は胸部のかなり下位について、非常に発達し、垂れ下がってお腹の上部まで達している。腹部は大きく膨らみ、やや前方へ突出し、具体的に妊娠した状態を表している。両腕はやはり脇を締め、前腕が大きな両乳房の下へもぐり込んでいる。後ろ姿は背中から腰にかけて、曲線性が強調されている。特に、腰部は弓状のしなりが認められる。臀部は相対的に幅が狭く、ひかえめで、横方向のボリュウムがやや強調されているものの、臀部肥大症の兆候が全く認められない。両股はふっくらとしているが、均整がとれ、双方にしっかり分かれ具象的である。ただ、脚部は極端に細く、そして漸次縮約的である。足は表現されているが、細部が殆ど省略されている。この小像は本遺跡の第5(図28-3)や6号(図28-4)に多くの点で共通する特徴が認められる。また、顔の具象性はコスティエンキⅠ開地の「ヴィーナス第6号」(図25-6)に非常に多くの共通する要素が認められる (David F. éd. Leroi-Gourhan 1989：pp.90-91)。

　　ノート：ヴォエヴォドスキーとロガチェフの第1次発掘調査の結果からは、痩身であるが発達した女性的な肢体をもつヴィーナスの像とやや寸詰まりで頑丈な中性的肢体をもつものに、やや明確な2つの表現上の異相が存在することが理解できる。この遺跡の表現の変異性の大きさが垣間みら

第3章 東ヨーロッパ大平原に展開した「ヴィーナス像の様式」

れる。ただ、第2次の1970年代以降の発掘調査の結果からは、この大きな相違が、やや収斂される傾向が理解されだしている。

比較：アヴディエヴォ開地のヴィーナス像の特徴は以下のように挙げることが出来る。第一に、その姿態は頭部を前方にややうな垂れ、心持ち片側へ傾いたとても女性的な仕草である。第二に、顔や頭髪など細部は具象化かれないことである。また、両腕は実際より縮約的にしか表されず、その手が両乳房の下に隠れている。これは言葉や顔に次ぐ意志の伝達手段である身振りを司る部分が余り重要でないことを意味している。第三に、両乳房の位置はなり下位について、発達し垂れ下がっており、ただ特段の誇張がおこなわれている訳ではなく、腹部に最もボリュウム観があり、多くの場合、下腹部を逆三角形にあらわした恥骨の近くまで至り、明らかに懐妊した女性の姿の一つの特徴である。第四に、背中の曲線性は控え目で腰部において僅かに屈曲し、臀部がやや肉厚感を増すが、ただ、臀部肥大症の特徴とはいえない。第五に、両股はやや脂肪質にしっかりと表現され、膝の部分で僅かに外反し、いわゆる「X脚」のような姿勢で、明らかに女性らしい特有の仕草の一つである。この遺跡のヴィーナスの像は以上のような、非常に協約的な表現の仕方を共有している。そして、いかなる衣服や装身具なども身につけていない裸婦像である。これは西ヨーロッパや中部ヨーロッパのグラヴェット文化にも認められる特徴であるが、特に前述のロシア大平原のコスティエンキⅠ開地の「ヴィーナス群」と深い共通性を見いだし得る。

(3) ガガリノのヴィーナスの像群

ガガリノ開地（Gagarino）は東ヨーロッパ大平原の中央部、ロシア共和国リペック市に位置する。遺跡はモスクワの南東約300km、ドン川上流部右岸の第2段丘に展開する。ここはコスティエンキⅠ開地の上流約100kmの所である。1926年に、ザミジャトニン（Zamijatnin S.N.）によって発見され、1927～同29年に発掘がおこわれた。また1955年からは、ロガチェフ（Rogacev A.N.）とヴェリチェコ（Velicko A.A.）によって第2次発掘が再開され、グリスチェンコ（Griscenko M.N.）が地質学上の調査をおこない、タラ

第2節　東ヨーロッパのヴィーナスの像

ゾフ（Tarazov L.M.）が考古学領域を担当した。遺跡からはマンモス、ケサイ、オーロックウシ、トナカイ、アカギツネ、ホッキョクギツネ、アナウサギ、マーモット、鳥類、魚類等の遺骸も発見された。これらは放射性炭素測定法で 21,800 ± 300yBP（GIN 1872）が測定された（Beregovaja N.A. 1984）。この測定値が正しければ、ヴュルム第Ⅲ亜氷期のいわゆる「最寒冷期」の直前に相当する。東方グラヴェット文化期の2つの半地下式住居が確認され、その最初の住居からは、2つの墓坑が発見された。この中から副葬された象牙製の女性彫像が見出され、起立した状態で発見された。その近くから、さらにより小型の女性像1体が出土した。2つ目の住居跡からは、頭と頭が連結した2体の女性小像がみつかった。他の1体は粗造の状態で、もう1体は異なった造形で表現されていた（David 1989 éd. Leroi-Gourhan：p.410）。最終的には、象牙製のほぼ完全なものが4体と粗造の像が2体、そして5個体分の破片が得られた（Abramova 1967：pp.107-108）。これらは典型的な特徴を示しながらも、多様で個性的な面も備えている。

　ヴィーナス第1号（図28-6）は象牙製で、5.8cmの高さである。全体の印象は豊満というよりは、明らかな肥満体型の裸婦像で、推定5頭身の寸詰まりな均整である。往時の損傷がもとで、両股の中程から脚部を欠くが、ほぼ主要な姿を知りえる状態である。頭部は頸の明確なくびれによって際立ち、均整上かなり大きな楕円体を呈す。それは正面を向いているが、ただ前方へ突きだし、ややうな垂れている。顔の細部は表わらされなかったが、頭部には横に一条の線刻によって、頭髪を表現する一段肉厚になった部分があり、明確に分けられ、そして上部の大半に、縦の条線によって覆われている。両肩は狭いなで肩で、突き出た腹部や乳房と均衡を保つために、身体の鉛直軸よりは後方に反り返っている。両腕は肱のあたりまでしか表されず、その先が不明確で乳房に添えられ、それらと一体になっている。乳房は均整の上で巨大であり、西洋梨のような形に発達し、お腹の上にまで垂れ下がっている。腹部は両脇および前方にとても盛り上がり、よって脂肪質の肥満がとてもよく表現されている。背中は過度の肥満による脂肪の肉襞をよく表している。腰部は肥大した臀部に占領されている。臀部や骨盤部は巨大で、この時期のヴィーナスの像の典型的な表現のしかたである。けれども、それは必ず

しも臀部肥大症の際立った兆候ではない。両股は前者の部分に比べれば、縮小気味の表現である。身体以外のいかなる衣服や装飾などの類は認められない（Tarasov 1972；Abramova 1967：pp.107-108）。

　同第2号（図29-1）は象牙製で、5.5cmの高さである。この像は豊満な女性的肢体の表現というよりは、明らかに妊娠における最終段階の裸婦像である。身体の均整は推定4頭身で、寸詰まりである。往時の損傷がもとで、両脚の先端が失われているが、ほぼ全体の姿を知り得る状態である。頭部は頸の明確なくびれによって特に際立っている。それは僅かに俯きかげんに正視しているが、明らかに前方へ突きだされ、うな垂れて独特な姿である。頭髪の表現は明快で、前髪が眉毛のあたりで切り揃え、側面で耳が半分隠れる程度、そして後方が襟足部で切り揃えられている。これはいわゆる「おかっぱ」の髪形である。顔面の起伏は実際的であるが、細部の表現が行われていない。両肩は異常なほどのなで肩で、大きく屈曲した背中と共に独特な姿である。両腕は胸の上で屈曲させながら、突き立てられ、左手に何かを持っているような仕草である。乳房はとても発達しているが、平面的で大きなお腹の上に張りついている。腹部は非常に盛りあがっているが、弛緩してはいない。これはまだ若い女性の妊娠期における最終段階を想起させる。背中上部は明らかないわゆる「猫背」であるが、下部は平面的である。したがって腰部をあらわす背面の曲線性は表現されていない。臀部や骨盤部は巨大で、この時期のヴィーナスの像の典型的な表現であるが、いわゆる「臀部肥大症」をおもわせる特異な形質ではないようである。両股は前述の部分に比べればかなり縮小気味である。いかなる衣服や装身具などもみられない（Tarasov 1972：Abramova 1967：pp.107-108）。

　同第3号（図29-2）は象牙製で、高さが7.5cmである。全体の印象は繊美なというよりは非現実的な痩身で、9.5頭身の均整である。足の先端を欠くが、それを除けばほぼ完全な姿である。頭部は頸部の明確なくびれによって際立つが、不整形で独特な球体を呈し、身体に対して均整がとれていない。顔に相当する前面を含め頭部は、前方にややうな垂れ、心持ち右側へ傾いでいる。顔や頭髪などの細部は表されていない。両肩は狭く、すぼめながら前方へ僅かに迫り出ている。両腕は細い溝によって肱の部分までしか表され

第2節 東ヨーロッパのヴィーナスの像

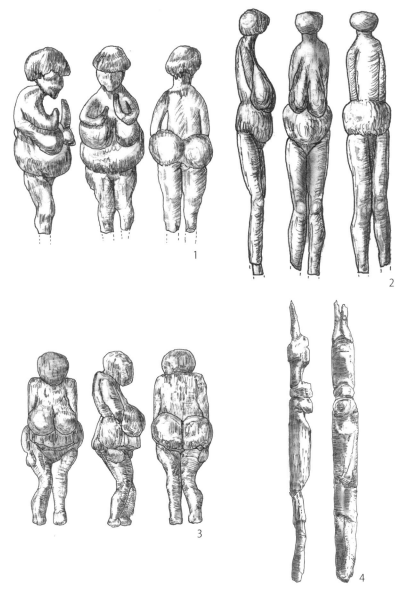

1 ガガリノのヴィーナス2号（出典 Abramova 1967） 2 ガガリノのヴィーナス3号（出典 Abramova 1967） 3 ガガリノのヴィーナス4号（出典 Abramova 1967） 4 ガガリノのヴィーナス5a、b号（出典 Abramova 1967）

図29 東ヨーロッパ大平原のグラヴェット文化のヴィーナスの様式に関連する芸術（4）

ず、前腕部から先が乳房の下にもぐり込んでいる。乳房は胸部のかなり下位について、とても発達し、垂れ下がっている。腹部はボリュウムがあり盛りあがって、下腹部の逆三角形にあらわされた恥骨部を覆うように弛緩している。背面の曲線性は控え目に表され、腰部や背部で緩やかに屈曲していて実際的である。臀部は腹部表現の反転した輪郭をそれに充てており、平面的でいわゆる「臀部肥大症」の特徴が認められない。両股は非常に細長く表現され、膝の部分で僅かに外反し、いわゆる「X脚」のような姿である。脚部の全体は細長く繊美である。この小像はアヴディエヴォ開地のヴィーナス第1号（図27−5）やコスティエンキⅠ開地のヴィーナスの像（図25−1〜6）の多くの例と共通する要素が認められる。特に、それはあたかも前者のヴィーナスの像の紋切り型といえども過言ではない。いかなる衣服や装飾等の特徴もみられない（Gvozdover 1953；Abramova 1967；Delporte 1979）。

　同第4号（図29−3）は象牙製で、高さ12.7cmである。これは写実的な裸婦像で、推定5.5頭身の自然な均整である。頭部から足部にいたるまで、殆ど損傷のない保存状態を保っている。頭部はやや大きく、頸部のくびれはあるが、頸自体が短く肩の上に直接のっかている。頭部はやや俯きかげんに正視して前方へ突き出うな垂れている。顔部は、実際上の空間が確保されているが、全く具象化されていない。頭髪は表されていない。両肩は角張ったいわゆる「怒り肩」である。両腕は脇を絞り上げたようで、やや強張った印象をうける。それらは比較的太く表現されているというより、写実的で実際の大きさを反映している。右腕は肱までしかなく、恐らく反対側の腕と同様に外股まで垂れ下がっていたようである。左腕は外股の上部まで真っ直ぐに下ろされている。乳房は胸部のかなり下の位置について、非常に発達し、お腹の中程まで垂れ下がっている。腹部は非常に盛りあがっいるが、弛んではいない。背中はいわゆる「猫背」のようで、その下部から腰部にかけて強い弓なりに屈曲している。臀部や骨盤部は肉厚で盛りあがっているが、特段の誇張が認められない。また、腹部との相関性において肉厚的であるが、特別ないわゆる「臀部肥大症」の形質ではないとおもわれる。下腹部から両股にかけては、実際的で自然な表現である。両脚も写実的で、縮小や誇張が認められない。ただ、先端の両足はかなり縮小気味であるが、表現されている。

身体以外のいかなる衣服や装身具などの特徴は見られない（Tarasov 1972：Abramova 1967：pp.107-108）。また、像の全体に認められる特徴で、例えば腹部や腕、肩などにみわれる凹凸の面取りされていない角張った状態は、仕上げ直前の状態か完成後間もない未活用な段階のものとみられる。

　同第5号（図29-4）は象牙製で、高さ15cmである。この資料は1本の象牙に、2体の小像が頭と頭を連結した状態で発見された。より小型で具象化された一方（図29-4a）は、高さ5.5cmの大きさである。これは膨らんだ大きな腹部をもち、推定7頭身の体が表現され、比較的自然な均整である。下半身において、脛部から先を失っているが、両脛、両膝、両股、下腹部等はとても写実的に表されつつあったようである。これに対し腹部から上半身へ向かうに従い、具象的な表現は影を潜める。より大型で粗像のようなもう一方（図29-4b）は高さ10.5cmである。それぞれの頭部と脚部などが、大まかに形作られつつあった途上のものである。ただ、現存する部分の全てが、ヴィーナスの像となった場合、繊細で写実的というより、非常な細身で、推定11頭身という図案化されたような姿に仕上げられた可能性がうかがわれる。この一連のヴィーナスの像はより小型（図29-4b）の脚の方から制作され始め、後半の上半身にさしかかった段階で中断したとみられる（Tarasov 1972：Abramova 1967：pp.107-108）。

　ノート：本遺跡の創作には、コスティエンキⅠ開地やアヴィエヴォ開地等と同じ姿勢の取り方が観察できるのだが、反面、多様な個性的表現の仕方も確認できる。大きな頭部に明確な髪型を表した肥満体形のヴィーナスで、寸詰まりな均整のものが主流である。ただ、逆に小さな頭部に、非常に痩身で引き伸ばされたような均整のもの、身体の各部が協約性を排した的確で実際の均整をもった写実的な表現のものが入り交じる。そして、いかなる衣服や装飾などの特徴も認められない。

　比較：ガガリノ開地のヴィーナス第1（図28-6）や同3号（図29-2）の頭部表現の特徴は中部ヨーロッパのヴィレンドルフⅡ開地の同第1号（図27-1）を直ちに想起させる。あるいはチェコのプレドゥモスト開地（Predmost）などの縮毛に覆われた球体の頭のものと相通じる特徴である。もちろん、本遺跡のヴィーナスの像群は、何よりアヴディエヴォ開地のそ

第3章　東ヨーロッパ大平原に展開した「ヴィーナス像の様式」

れらの姿勢などと表現の仕方を共有している。ただ、前者はより豊満というより肥満体型を強調する傾向である。臀部や骨盤部は最も肉厚的表現で、この時期のヴィーナスの像における典型的な表現のしかたである。しかし、これは西ヨーロッパの一部に認められる特異体質である臀部肥大症を示すような際立ったものではない。同 4b 号（図29-4b）を含め全ては肢体の豊満な誇張表現というより、明らかに妊娠の最終段階の実態的な裸婦像である。同第3号（図29-2）は痩身で9.5頭身という極端に伸びた均整で、アヴディエヴォ開地のヴィーナス第1号やコスティエンキI開地のヴィーナスの像の多くと共通する特徴が認められる。特に、前者のヴィーナスの像とは、紋切り型的な表現の類似性といえども過言ではない。同第4号（図29-3）は上、下半身の縮約性の伴わない、実際的な均整をもつ豊満な裸婦像である。姿態の観察が写実的で、またより動的である。

(4) ポリヤコフ遺跡のヴィーナスの像群

コスティエンキI開地（Kostienki；図14-9）はポリヤコフ（Poliakov）とも呼ばれる。モスクワ市の南南東約400kmのボロネシ市隣接のコスティエンキ村に所在する。ここはドン川右岸の第2段丘の突出部に、長さ8kmの範囲内に30以上の遺跡が展開する。これらが通称「コスティエンキ遺跡群」と称される。本遺跡は1879年に、ポリヤコフ（Ploiakov I.S.）によって発見され、現在まで数多くの発掘が行われてきた。この地点では、5つの後期旧石器文化相当の考古学上の水準が確認された。なかでも最上層（第5水準）は放射性炭素測定法によって 21,300±400～24,100±500yBP が測定され、考古学上の資料が豊かで、最も重要である。この最上層（K-I 1）の石器文化はかつてエフィメンコ（Efimenko P.P.）によて「ソリュートレ文化」として紹介されたことがある（Efimenko 1958）。たしかに、西ヨーロッパ南西部のソリュートレ文化前期の片面扁平尖頭器（pointe à face plane）に類似するものが石器組成に含まれる。また、かつて前者と類縁関係にあると考えられたポーランドのジェルツマノヴィス文化（Jerzmanowicien）やハンガリーのスゼレッタ文化に類似する石器類型も含まれる。けれども同時に、オーストリアのヴィンドルフ文化における指標石器類型である片肩尖頭器も若干含まれ

第 2 節　東ヨーロッパのヴィーナスの像

ている。如上の片面が扁平な尖頭器はソリュートレ文化前期の片面扁平尖頭器と製作手法が異なる。むしろ、その起源はソリュートレ文化に先行する後期ペリゴール文化に存在する（竹花 2003；pp.86-88）。さらに、多量の多様な彫器類型の存在は明らかに異なる様相であるし、むしろチェコのドルニ・ヴェストニツェ開地やモルドヴァⅤ（Ⅸ・Ⅹ層）などのパヴロフ文化に共通する。これは合理的な解釈として、パヴロフ文化あるいは東方グラヴェット文化の後期様相に相当すると考えられる。なお、その下の第2と3層はコスティエンキ文化中期と呼ばれるオーリニャック文化の発達した様相である。そして、第4と5層はコスティエンキⅧ開地に類似するオーリニャック文化の古い様相である。

　最上層の東方グラヴェット文化からは、際だって多くの石灰岩製女性生殖器を模した彫刻、マンモスなどの動物像や頭部像等が見出された。このような芸術表現の特徴はドルニ・ヴェストニツェ開地に近似するものである。そして、多数のヴィーナスの像が発見されている。よく知られているところでは、6体の完全な小型の彫像、80点以上の雑多な破片が得られている、といわれる。1923年以降の調査で、多くの場合は住居遺構内の土坑に埋められた状態で発見された。如上の6体の内4体は像牙製で、より繊細に表現され、完全な姿をとどめている。その他2体は石灰岩製である。注目される特徴であるが、3体の女性小像は意図的な斬首行為によって、そして20数点が頭部のみ切り離された状態で見つかっている、という極めて興味深い古民族学的な知見も報告されている。

　ヴィーナス第1号（図25-1）は象牙製で、現状の高さが9cmである。この資料は脛部上端からと頭部が共に、往時の損傷がもとで失われているが、ただ幸いにも主要な部分の姿を知りうる状態である。これは豊満な裸婦像で、本遺跡のヴィーナス第3号（図25-3）などを参考にすると、推定7頭身の自然な均整である。頸部のくびれは明快である。そして、やや狭い肩には女性的な曲線美が表現されている。両腕は細くて弛緩し、乳房の下で、つまりお腹の上で組み結ばれているようである。乳房は胸部のかなり下の位置についており、非常に発達し、お腹の上部まで垂れ下がっている。腹部は丸々として非常に膨らんでおり、妊娠後期の様子を表現したものである。背中は緩

第3章　東ヨーロッパ大平原に展開した「ヴィーナス像の様式」

やかな曲線を描き、腰部で「く」の字形に屈曲している。臀部や骨盤部は肉厚的で充分に盛りあがっているが、所謂「臀部肥大症」の特徴ではないようである。下腹部から両股にかけては実に写実的で、均整に関する観察がとても自然である。両膝は、やや繊細である。脚部の全体は繊美な表現で自然である。両脛はやや「八」の字形に開いた姿勢をとっていた、とおもわれる。衣服といえるか、両乳房の付け根から背中にかけて、襷あるいはリボンのようなものを身につけている。この特徴は身体前面で斜目模様の2本組、後面で横方向の格子縞が1本である。本遺跡出土のヴィーナス第2・3・4号（図25-2・3・4）と非常に共通する部分が多いが、中でも同第3号とは製作上の特徴が酷似する（Abramova 1967：pp.104-107；Tarasov 1972；Delporte 1979：pp.161-171）。

同第2号（図25-2）は象牙製で、現状の高さが15cmである。この女性小像はコスティエンキⅠ開地のヴィーナスの像群中において、最も代表的な資料である。膝の部分から下、そして往時の激しい一撃によって頸部より先の頭部を欠いている。したがって、保存状態は芳しくない。ただ、残された部分は制作時における全体の姿を十分に推測しうる。その趣は豊満な裸婦像で、本遺跡の同第3号（図25-3）などを参考に復元すると、推定7頭身の自然な均整である。頸部のくびれは明快で、繊美な表現である。やや狭い両肩は女性的な曲線美を描いている。両腕はか細く力無げで、両乳房の下へもぐり込み、お腹の上で小さな両手が寄り添っている。乳房は胸部のかなり下の位置についており、とても大きく非常に発達し、お腹の上部まで垂れ下がっている。腹部は脂肪質でとても盛りあがっていて、やや垂れ下がっており、比較的高齢あるいは経産婦の妊娠後期をおもわせる。背中は緩やかな曲線を描き、腰部で「く」の字に屈曲している。背面における腰部と臀部の境目には、脂肪の肉襞が描かれている。臀部や骨盤部は脂肪質の肉厚感が表現されているが、扁平に横方向へ発達しており、いわゆる「臀部肥大症」の特徴ではない。下腹部の恥骨部から両股にいたる部分は非常に写実的で、それらの各部における均整も実際的である。両股はやや脂肪質でボリュウム感があり、両膝にかけて急激にすぼまり、幅を狭める。この資料も前者同様、衣服といえるか、両乳房の付け根から背中にかけて、1本の襷あるいはリボン

第2節　東ヨーロッパのヴィーナスの像

のようなものを身につけている（Abramova 1967：pp.104-107；Tarasov 1972；Delporte 1979：pp.161-171）。本遺跡出土のヴィーナス第1、3、4号（図25－1・3・4）と多くの点で明らかに共通した特徴を共有し、中でも同第1号とは、重ね合う部分が多い。全体的に脂肪質で弛緩した特徴から、より加齢を重ねた女性の個別的な特徴を表している可能性が窺える。この重要な特徴は必ずしも協約的で固定した類型、例えば「若い女性の美しさ」などだけが描かれたのではなく、実在した個人がモデルとしてある程度反映された可能性も考えられる。

　同第3号（図25－3）は象牙製で、現状の高さが11.4cmである。本遺跡出土の女性小像の中で、本資料は唯一完全な姿をとどめている。表現の趣は常ならぬ豊満な裸婦像で、7頭身の自然で美しい均整である。頸部のくびれはとても明快で、やや不整な球体の頭部をよく際立たせている。頭部は協約的な形で、やや前方にうな垂れると共に右側に僅かに傾いでいる。顔の具象的な特徴は表されないが、ただし頭髪あるいは毛皮の帽子のようなものが、集中した条線によって描かれている。それは後頭部において生え際まで表され、前頭部で口の辺りに横位の沈線で区切られた部分まで印されている。両肩は他と同じく、狭く女性的な曲線美をもっている。両腕は細くやや弛緩しているが、両脇をしっかり締めて、その前腕部が両乳房の下へもぐり込み、お腹の上で組み結ばれている。乳房は胸部のかなり下の位置についており、とても発達し、お腹の上部まで垂れ下がっている。腹部は上半身に比べ丸々として、実に膨らんで、弛緩せず前方に勢いよく突き出ている。これは妊娠後期の様子をよく表している。背中は緩やかな曲線を描き、腰部で「く」の字形に屈曲しているが、その部分に脂肪の肉襞が認められる。臀部や骨盤部は肉厚で、やや盛りあがっているが、いわゆる「臀部肥大症」の特徴ではない。下腹部の恥骨部から両股へかけては、非常に写実的で、それらの均整も自然である。両脚部は繊美でしっかり表現され、自然の均整で表されている。ただ、両膝は実際より小さく貧弱な表現のようにおもわれる。脛は明らかに縮小気味で、「八」の字形に開いた姿勢をとっている。足は同様に縮約的であるが、表現されている。このヴィーナスの像もまた、いかなる衣服も装身具も認められない。これは本遺跡出土のヴィーナス第1、2、4号（図25－1・2・4）

第3章　東ヨーロッパ大平原に展開した「ヴィーナス像の様式」

と明確に共通する部分がおおいが、中でも同第1号と制作上の特徴が酷似する（Abramova 1967：pp.104-107；Tarasov 1972；Delporte 1979：pp.161-171）。

　同第4号（図25-4）は象牙製で、現状の高さが16cmである。頭部は往時の損傷がもとで失われている。また、像表面の各部には、象牙自体の板状節理に起因した剥落、裂傷、凹みなどがみられ、保存状態が芳しくない。ただ、そのことがあっても十分に制作時の姿を知りうる裸婦像である。身体の均整は同第3号などを参考に推定すると、約7頭身の均整であったと推定され、胴部がより長く、下半身に顕著な縮小表現が認められる。また、胸部はより薄く平面的である。頚部はとても明快な括れを持っていたようである。両肩は狭く、か弱い印象を感じさせる。両腕はすこぶる細く、やや強張り、両脇を締めている。前腕部は双方とも失われているが、おそらく両乳房の下にもぐり込んで、お腹の上で組合わされた状態を表現した可能性が窺われる。乳房は胸部の特に下位についており、大きく発達し、お腹の上部まで垂れ下がっている。腹部はしっかりと膨らんだ状態を表すが、ただ現状では明確に確認し得ない状態である。背中はとても緩やかな曲線を描き、腰部で強く「く」の字形に屈曲する。腰部と臀部の境目には、脂肪の肉襞が描かれている。臀部と骨盤部は脂肪質で横方向に発達しているが、後方へ突出するようないわゆる「臀部肥大症」の特徴が認められない。下腹部の恥骨部から両股にかけては、造形上において他のものと比べて変化が乏しい。両股はやや脂肪質である。そして、膝の部分に至り急激に幅を狭めている。両脛はそれぞれ外側に広げられ、先端の足の部分で点状に収縮した円錐形である。下半身の様子はいわゆる内股の「X脚」のような姿勢である。注目すべき身体以外の特徴として、胸部には二連の数珠状の頚飾りのようなものが描かれている（Abramova 1967：pp.104-107；Tarasov 1972；Delporte 1979：pp.161-171）。全体の特徴はこの遺跡のヴィーナス第1・2・3号（図25-1・2・3）と共通する部分が多い。また、身体各部は弛緩した脂肪質で、同第2号と比べても、より加齢を重ねた女性の特徴を表している印象をうける。

　同第5号（図25-5）は象牙製で、高さが4.7cmである（Cohen Cl. 2006：pp.108-109）。ただ、これまでに、この資料はプラスロフ（Praslov N.D.）によって、1983年に発見され、写真資料として出版物などで、比較的頻繁に紹介されていた

ものである。残念ながら、その後、盗難によって紛失したようである。保存状態はほぼ完全な姿を保っているが、出土状態などの詳しい情報がもたらされていない。これは豊満なというよりは、丸味を帯び肥厚した裸婦像で、本遺跡出土の象牙製の同第1～4号と比べて、幾つかの協約的な要素を共有しつつも、かなり異なった趣が認められる。輪郭はとても寸詰で、約4頭身という不自然な均整で表現されている。頭部はほぼ球体で、その三分の二にあたる上部が、前髪の揃ったいわゆる「オカッパ頭」を明らかに表現している。顔の占める割合は僅かであるが、線状の切れ長の目、不鮮明な鼻、口が曖昧であるが、そして小さな顎が具象されている。頭部のくびれは明快であるが、それ自体充分に太く安定感がある。両肩は比較的幅が広く逞しい印象をうける。両腕は短いが、その表現が実際的で、お腹の上に共に添えられている。乳房は胸部のかなり上に位置し、平面的で、余り発達した特徴が窺えない。一方、腹部ははち切れそうな程丸々として膨らみ、ほとんど気球のようである。単に、妊娠後期の様子としてだけでなく、とても典型的な様式が象徴的に表現されている。それはこの像の最大の幅と最大の厚みを持つことである。下腹部と下半身の間は太い溝によって分けられ、お腹のボリュウム観を一層増幅させている。これに対して、下半身は急激に実際の均整を失ってすぼみ、脛部の中程で点状におえる。その状態は角のようなほぼ円錐形を呈する。そして、身体には、いかなる衣服や装身具などの特徴も見られない（Bosinski 1990；p.124；Lumley 1984：p.11；Cohen 2006：p.109）。

　同第6号（図25-6）は泥灰岩製で現状の高さ 10.7cm である。これもプラスロフによって、1980年代に発見され、写真で頻繁に紹介されている。保存状態は下半身における太股の下部から損傷をうけ、欠いている。ただ、頭部を含めた重要な部分はよく保存されており、往時の姿を充分に知りうる状態である。このヴィーナスは大きな頭部をもつ豊満な裸婦像である。身体の均整は推定5～6頭身で、実際より僅かに寸詰まりな感じである。頭部は不整な球体で、表面の殆どを頭髪あるいは毛皮の帽子とおもわれるものを着用しているようである。したがって、顔の表現は具体的に表されていない。これは基本的に同第3号（図25-3）と同じ趣である。前頭部における顔の位置する部位は、その下端の一部に横位の沈線が印され、顎にあたる部分

が、何も表現されず滑らかな面である。両肩の幅や形は実際のそれに則し自然な感じである。上腕部はしっかり表されている。ただ、前腕部は極端に細く明らかに縮約ぎみで、乳房の下にもぐり込んで、お腹の上部に添えられている。ただし、掌は表現されている。両乳房は胸部のやや下位について、非常に発達し巨大で、お腹の上部まで垂れ下がっている。腹部は丸々としてとても盛りあがっている。背中は緩やかな曲線を描き、腰部で僅かに屈曲している。臀部、あるいは骨盤部は脂肪質で肉厚的であるが、いわゆる「臀部肥大症」の顕著な特徴が認められない。下腹部から両股へかけては、相対的にやや細いが、自然な印象である。特筆すべきは、頸部から数珠のような首飾りが「V」字形に、胸部の上に垂れ下がり、また両乳房の付け根に横位の格子目の襷あるいはリボンのようなものが巻かれている。また、像の表面には赤色顔料の痕跡が認められ、往時には頭から足先まで美しい朱色を呈していた可能性がうえる（Bosinski 1990：p.124； Lumley 1984：p.11； Abramova 1967：pp.106-107；Delporte 1979：pp.161-171；Cohen 2006：p.95）。本遺跡出土のヴィーナス第3号（図25-3）と共通する部分が多いが、軟質な石製という素材の相違から幾分肉厚的なものになったと推測される。

　同第7号（図26-1）は泥灰岩製で、高さ17.5cmである。これはエフィメンコによって紹介された資料である（Efimenko 1958）。保存状態は下半身の先端を欠いているが、ほぼ全体の輪郭を知りうる状態である。全体が角張っていて、非常に肉厚で、人呼んで「ヴィーナス像の粗造」といわれるものである。姿は大きな頭部を持つ、重厚な感じの裸婦像で、推定4.5頭身である。頭部は前方に突き出て、肉食獣の鼻づら形（muzzle）のそれにも見られる。顔面および頭部の具象性は全く表されていない。頸部はほとんどなく、非常に太く逞しい。両肩の幅や形は実際的で、自然な状態である。両腕はしっかり表され、両乳房を抱えてお腹の上部に添えられいるようである。乳房の細部は表されていないが、発達した大な量感が確保されている。腹部は前方へ力強く突き出て、妊娠期の最終段階をおもわせる。背中は明確な弓状の曲線が表現されている。臀部あるいは骨盤部は脂肪質というよりは筋肉質をおもわせ、肉厚で逞しい印象をあたえる。ただ、いわゆる「臀部肥大症」を疑わせるものではない。下腹部から両股への表現は自然で誇張がみられず、上半

身と均衡のある逞しさが感じられる。両股は相対的にやや縮約ぎみであるが、自然でもある。膝、脛、そして足は表現されているが、大幅に省略化されている。衣服や装飾等の特徴は認められない（Abramova 1967：pp.106-107；Delporte 1979：pp.161-171）。この小像は本遺跡の一連のものに比べて、2倍以上の大きさがあり、また軟質の石製であることから、重く携行性も芳しくなかった、とおもわれる。更に、同第1〜5号のような具象的で克明な仕上げが、素材の特性上困難であった可能性も排除できない。このような諸特性の中での制作意図は、もしかして本拠地となりうるやや長期の逗留地に設置型の女性像としての機能があったと想定しうる。

同第8号（図26-2）は粘土で成形され、それを焼き固めたものである。これは早咲きの土器製作にも通じるような技法である。大きさは高さ4.2cmの小さなものである。これもエフィメンコによって紹介された（Efimenko 1958）。小像の下部は斜めに破損しているが、主要な分部が保存され、制作時の姿を知りうる状態である。大きさの面で、同第7号（図26-1）と対照的で、携行製に優れたミニチュア（miniature）のような特徴である。身体の均整は推定4.5頭身の大きな頭部を持ち、実際より大幅に寸詰まりの姿である。頭部は概ね球形であるが、正面が前方に突き出た肉食動物のような鼻づら形である。頭髪や顔などの具象性は全く表されていない。頸部は明確な括れをもつ。そして、両肩は自然な表現で実際のものに比べ違和感がない。両腕の観察と表現は実際的である。両手は組み合わされ、お腹の上に添えられている。これは同第7号（図26-1）と同じポーズである。乳房は具象性に欠ける。腹部は全体の中で最も肉厚的に表現されている。背中は鉛直で、直線的である。臀部や骨盤部は特に表現されていない（Abramova 1967：pp.106-107；Delporte 1979：pp.161-171）。

ノート：コスティエンキI開地のヴィーナスの像群における表現は例えば乳房がほぼ一様にとても発達し肉厚的で垂れ下がっいる、という写実的なものである。これに対し、西ヨーロパを代表するようなレスピューグ洞窟群（Lespugue）におけるヴィーナスの像のように、極端に誇張し象徴化たものではない。顔はほとんど具象的な表現がなされていない。頸部の括れは明確に表され、頭部がやや前方へうな垂れ、さらに腕が表される

が、大きな乳房と腹部の上に控えめに添えられているにすぎないのである。これに対し、フランスの後期ペリゴール文化Ⅴc期のレスピューグ洞窟群のものと姿態の表現に協約的な特徴が見事に一致する。頭部の形はほぼ球体に近く、比較的自然な均整に基づいている。頭髪や髪型の表現は一般的ではなく、あるとしても刻点の集合程度で表される。乳房はほぼ一様にとても発達し、肉厚的で垂れ下がっいるが、実態からかけ離れた誇張ではなく、むしろ写実的である。腹部は全て最大の肉厚観が表現され、膨らんでいるが、極端な表現が見られない。へそや女性特有の性的器官など表現は、ほとんどの場合無視されている。太股は明確に双方に分かれ、時には両股に描き分けられている場合も見られる。膝関節は多くの場合、やや屈められた状態で表現されている。若干のヴィーナスの像は足の部分が壊れず、瘤状の表現をもっている。中には膝とふくらはぎが、他に例を見ないほど正確に表されているものさえ存在する。多くの女性像は背面において、臀部の付け根から太股へ移行する部分に、脂肪の蓄積が観察される。それはいわゆる「臀部肥大症」を表現した解剖学的な特徴である可能性も排除できない。かつて、西ヨーロッパや南ヨーロッパのヴィーナスの像に対して、アフリカ先住民「ホッテントット族」に特有な形質である臀部肥大症や脂肪腫症などのような特異形質の存在が観察できる、という類推がおこなわれた。ただ、本遺跡では、如上の形質の典型的なものがまったく確認できない。ただ一方で、ルロワ・グーランが、かつて指摘したグラヴェット文化の「ヴィーナスの様式」において、その女性小像の輪郭における協約的表現であるが、これは像の最大幅部分から、頭部および脚部方面に、内接して得られる上下2つの三角形が形成する範囲内に収まる特徴である。この特徴はそれら両端へ向けての縮約性が明確に、本遺跡でも認められる。しかし、それは必ずしも典型的な内接する三角形、つまり上下の三角形が描く菱形の構図としては全ての要素を共有していないかも知れない。けれども、大きな傾向は西ヨーロッパ、そして中部ヨーロッパの「ヴィーナスの様式」の伝統と諸特徴を共有する表現様式である。これらの製作技法は本格的な彫像技法である。レリーフ像や線刻手法などは用いられなかったし、粘土彫像を焼き固めたものも余り多くはない。これら

第2節　東ヨーロッパのヴィーナスの像

のヴィーナスの像は全てが、彫刻による立体的にして美しい曲線的表現である。それは例えば髪型やリボンの様な装身具にいたるまで、立体的な手法で表されている。単に、部分的な肉付けの巧みさにとどまらず、相対的にその表現は的確であり、西ヨーロッパにみられるような身体の特定部位のボリュウム観の操作による誇張が行われていない。各部の均整はほぼ適正で、不自然な引き伸ばしや異様な膨張も行われていない。観察と表現は下半身各部、胴部、頭部など、それぞれが実際の大きさとかけ離れていない。これらの意味で、コスティエンキⅠ開地の女性像は後期旧石器文化において最も写実的であり、対象に忠実な観察がおこなわれた人像群である。使われた材料の主体は象牙であったが、軟質石材や焼成粘土などもつかわれ、これらによる一連の創作は細部に選択的具象性がおこなわれ、同時に身体各部の形と均整において、最も強い均一性を示している。複数の女性小像には、衣服といおうか装身具のようなものがみられる。これらは何を意味するのかは不明であるが、たすきやリボンのようなもので、乳房の上の付け根から背中にかけて、ぐるりと体を一周している。

　比較：コスティエンキⅠ開地におけるヴィーナス第1・2・3・4・6号などは、それらの仕草のとりかたや身体表現の均整、そして各部の特徴などが非常に共通している。これらの共通性は東ヨーロッパ大平原の近隣遺跡でも明確に認められる。例えば、アヴディエヴォ開地のヴィーナス第7号（図28-5）やガガリノ開地のヴィーナス第4号（図29-3）に、極めて近似した例として指摘できる。のみならず、中部ヨーロッパのスロヴァキア共和国タルナヴァ地方のモラヴァニー開地のヴィーナスの像（図22-7）に酷似することも重要である。本遺跡のヴィーナス第1・2・6号などに認められる乳房の付け根の帯状の紐飾りや数珠状の飾りなどは、中部ヨーロッパにおけるヴィレンドルフⅡ開地のヴィーナス第1号（図27-1）や南ヨーロッパのグリマルディ洞窟群の「甲状腺腫の女」にも同様のものが認められ、グラヴェット文化期に広範囲に認められる民族学的な被服習俗である。

　そして、本遺跡のヴィーナス第8号（図26-2）の素材と製作技法にみられる焼成粘土製像は中部ヨーロッパのドルニ・ヴェストニツェ開地などで盛ん

171

に製作されたものと共時の伝統であろう。このことは単に芸術上の創作行為の一致にとどまらず、これらの両集団が依拠したマンモス動物群の狩猟という生業活動に共通の基盤があり、精神文化のみならず生活様式においても強い同族性が伺われる重要な特徴である。

(5) コスティエンキⅧのヴィーナスの像

コスティエンキⅧ開地 (Kostienki Ⅷ) はテリマンスカヤ遺跡 (Tel'manskaya) とも呼ばれ、1936年にロガチェフによって発見され、同時に最初の発掘がおこなわれた。次いで第2回目の発掘は、エフィネンコが1937年に実施した。この遺跡はコスティエンキⅠ開地とは、谷1つ隔てた地点に位置する。考古学上の堆積水準は4つの旧石器文化に相当するものが確認された。第4層は腐食質土の下層に当たり、マンモスを主体とし、若干のウマなどの化石を伴う。ただ、石器文化関連の遺物は僅かである。第3層は腐食質土上層に当たり、第2層と分離することが難しい。この石器文化は貧弱で、コスティエンキⅩⅣ開地であるマルキナ・ゴーラ開地第3層 (Markina Gora) に近似する様相である。第2層はやはり腐食質土の上層に見出される。その石器文化は豊富な背付き細石刃 (lamelles à dos) と背面加工尖頭器 (pointe à dos)、彫刀面交差型彫器や折面細部加工上の彫器などの類型からなる多数の彫器、鋸歯縁状加工石刃、掻器、幾何形石器などから構成される。この文化層に伴う動物相はマンモスが主体で、ウマ、ウシ科の動物、オオカミ、アナウサギ、ケサイ、トナカイ、サイガレイヨウ、アカギツネ、ビーバーなどが含まれる。次の層は無遺物のレス土壌質の粘土層である。第1層は崖錐性堆積物で、円形の半地下式遺構を伴い、オオカミなどの特定動物の脊椎骨と四肢骨などの部位が見られ、毛皮を活用した作業址であったと考えられている。石器文化の特徴はグラヴェット文化に認められる石刃製尖頭器、コスティエンキ型尖頭器 (ナイフ形石器)、掻器、背付き細石刃などを全く伴わない。如上の文化様相とは大きく変容した石器類型のみによって石器群が構成されている。具体的には、両面加工尖頭器、彫刀面交差彫器、剥離面に平行な彫刀面をもつ彫器、周縁細部加工石刃などで構成されている。後者は酸素同位対比第2段階中頃における最も厳しい氷期であったヴュルム氷期後半の「最寒冷期」に展

第2節　東ヨーロッパのヴィーナスの像

開した（Bosinski 1990：p.79 et p.123）。これは後述するエリセエヴィッチ開地と同時期の東方グラヴェット文化の最終段階に相当する。

　本遺跡の女性小像（図26-3）に関しては、プラスロフ（Praslov N.D.）とロガチェフ（Rogacev A.N.）の近年の出版物によって報告されたものがある。これは東ヨーロッパにおける一連のヴィーナスの様式と比べ、独創的というか、やや表現様式（style）の変容した可能性が認められる。粘土を捏ねて作られ、焼き固められたものである。保存状態は頸の付け根から頭部にかけて、損傷がもとで欠き、現状の高さが約6cmである。表現上の主だった特徴は均整のとれた肢体、着座の姿勢、腹部の先端が角張って極端に突出している印象を与える。また、両肩は均整がとれ写実的で、客観的な観察に基づいている。両腕はこの地域の一連のものに比べれば太く逞しいが、ただ実際の均整を反映している。前腕部には掌が表されていないが、均整上の縮約が感じられない。肱の関節は明確に屈曲し、大きなお腹の上で組まれ、両乳房を包み込んでいる。このような姿態はグラヴェット文化の伝統的なものである。乳房はしっかり表現されているが、控え目で比較的小さい。腹部は横方向の増幅が見られず、前方へ突出し、明らかに妊娠の最終段階、あるいは出産行為に直面している様子を表したものである。コスティエンキⅠ開地に代表されるこの地域のヴィーナスの像は、生殖器自体の表現があまり知られていない。ところが、この小像は陰唇の肥大を伴う、産道の発達を想起させる状態が認められる。下半身の各部はこの時期のヴィーナスの様式における特徴の一つで、先端に向かい漸次縮約されるという協約的なものが認められる。ただ、それは着座姿勢における遠近観の表現の範囲においてである。そこでは臀部や両股が相変わらず解剖学的観察を伴っているし、折り曲げられた膝関節も実際的である。このことは伝統的なグラヴェット文化の協約性や様式化された規範の弱まりが理解できる。正面から観察すれば、像の上端、中程、下端における幅や肉厚感は一定しており、一連の協約性や主観的な表現が観察されない。

　ノート：如上の観察を総合すると、この小像における各部、そして全体のグラヴェット文化の協約性は失われ、客観的な観察に基づきつつある。表現上の主題は新たな生命の懐妊という象徴的なものよりは、むしろ誕生

しつつある実際的な生命自体が、より明確化されているようである。つまり、我々がこれまで観察してきたグラヴェット文化の一連のヴィーナスの様式と比較すると、多くの要素において明らかにより進化したものが見て取れる。地球規模の現象であった酸素同位対比第2段階中頃の「最寒冷期」に、グラヴェット文化は終焉を迎え、北半球各地の人類集団が孤立し、文化的な網目状回路が喪失したといわれる（Lumley 1984；pp.215-219）。「最寒冷期」の後半に、西ヨーロッパの南西部には、ソリュートレ文化が勃興したが、女性小像の制作伝統はそこでは完全に潰え去った。

(6) エリセエヴィッチのヴィーナスの像

エリセエヴィッチ開地（Eliseevici）はモスクワ市の南西約450kmのブリアンスク市に所在する。遺跡はドニエプル川に合流するデスナ川の支流スドスト川右岸の第3段丘に展開する。19世紀後半に、マンモスの化石が発見されたことで、遺跡の存在が認知された。1935～同76年の間に、合計10回にわたり発掘がおこなわれた。

石器文化を包蔵する考古学上の水準は地表下約190cmに、唯一の層が確認された。ワルダイ亜氷期（Valdai glacial stage）の動物相が認められ、西ヨーロッパにおけるヴュルム第Ⅲ亜氷期の寒冷期に相当し得る。象牙製の女性彫像1体と同製の板状片に幾何学模様の女性像が描かれたものが発見された。前者のヴィーナスの像は本論で取り扱ったグラヴェット文化における一連のものと比較するならば、創作の動機となった主要な思想や題材が明確に異なる。その年代はマンモスの臼歯をもとに放射性^{14}C法で、17,340±170yBPと測定された（Abramova A.Z. 1989：éd. Leroi-Gourhan 1989：p.347）。

ヴィーナス第1号（図26-4）は象牙製で、高さ15cmである。保存状態は頭部が頚部の付け根から、また左腕と右腕が付け根からそれぞれ往時の損傷がもとで大きく失われている。両肩はややなで肩のように推測しうる。腕は保存された部分から推定する限り、自然な均整を表現していたようで、一連のグラヴェット文化のヴィーナスの像に比べ、明らかに太くて強い存在感を示す。それは下方に向けられていたようであるが、如何なる所作を表現していたのか不明である。乳房は胸部の範囲におさまり、円錐形を呈している

が、特に発達した状態を表現していない。お腹の上部はとても引き締まり、実際より長く伸びた均整で、胴回りのくびれた状態を一層強調している。更に、腹部自体には、全くボリュウム観の操作が表現されず、表現された身体の中で最も量感の乏しい部分である。一方、下半身は均整の上で自然で、そして身体の中で最も肉厚的である。更に、その傾向は下半身先端に向かい、より増幅する。この小像の正面から見た最大幅は太腿と脹脛の2箇所にあり、共に腹部のそれをはるかに凌駕し、恐らく二の腕を含めた胸部と拮抗したものであったとおもわれる。側面観においても、上半身より下半身の肉厚感は明らかに重要である。これらはグラヴェット文化の一般的な傾向と正反対の特徴である。

　ノート：これは成熟しつつある若い女性の写実的な姿が主題で、次の世代を宿す可能性を秘めた健康な肉体を表現したものであろう。つまり、グラヴェット文化のヴィーナスの様式とは、明らかに芸術表現上の動機となった主要な思想や題材が異なっている。

　比較：後期旧石器時代に、この様な小像の例は余り多く知られていない。例えば、アヴディエヴォ開地やコスティエンキⅠ開地などの東ヨーロッパにおけるヴィーナスの像群の特徴である受胎や新たな生命を生みだす直前の存在感を扱った主題とは、全く異なる特徴である。ただ、中部ヨーロッパのペトルコヴィース開地や西ヨーロッパのロージュリ・バス岩陰のヴィーナスの像などが想起される。前者はグラヴェット文化の古い段階の所産であり、ヴィーナスの様式における変異の中に求められる。後者はマドレーヌ文化中・後期の所産と考えられ、前者から1万年近くも隔たった全く異なった様式の中から生みだされたものである。エリセエヴィッチ開地のヴィーナス第1号は前二者の間に近似性を探し求めれば、明らかに後者の表現様式に接近したものである（Lumley 1984：pp.200-202 et pp.308-310）。

第3節　総論と比較

(1) 東ヨーロッパ大平原
この地域で発見された後期旧石器文化前半の女性小像は西ヨーロッパや中

第3章 東ヨーロッパ大平原に展開した「ヴィーナス像の様式」

部ヨーロッパのそれらを、明らかに凌駕する個体数である。けれども、これらに関しては、総合的発掘報告や専攻研究が汎用的学術言語により、あるいはその後の詳細な観察と解釈があまり発表されていない。ここでは前章でふれた代表的な資料を遺跡ごとに概観し、この地域の特徴を把握しながら、ひいては西シベリアの類縁文化の小像群と比較しながら、これら両地域と前述の西および中部ヨーロッパ地域のグラヴェット文化の女性小像の特徴と比較を試みる。ここでは、学術論文の中で援用された図版の中で、なおかつ資料自体の保存状態の良好なもの、東ヨーロッパ大平原のアヴディエヴォ開地（第1・2・5・6・7号）、ガガリノ開地（第1・2・3・4・5a・5b号）、コスティエンキⅠ開地（第1・2・3・4・6・7・8号）の3つの遺跡の代表的な18体の小像を選択し分析の対象とした。これに対し西シベリアのマリタ開地の25体（第1〜16号、第19〜27号：Abramova 1962）を選別して援用する。

1 頭部の表現

東ヨーロッパおよび西シベリアにおいて、頭部の存在は表現上欠くべからざる要件であったと観察される。西ヨーロッパにおけるいわゆる「ヴィーナスの様式」の典型期である後期ペリゴール文化Vc期に、この部分の表現の省略化や極端な象徴化した傾向が、この両地方では認められない。また、中部ヨーロッパのパヴロフ文化期の一部に観察される特異な図案化や象徴化されたものも見出すことができない。これら両地域の表現は極端な誇張化に向かわず、むしろより写実性が尊重されていたものと考えられる。この例証として、東ヨーロッパの3遺跡における18体には、全て実際的な均整を持った頭部が表現されていたことからも理解できる。ただし、18体の内3体は、損傷がもとで頸部中程から頭部を欠くものも含まれる。西シベリアのマリタ開地の25体は頭部を欠損で欠く2体が含まれるが、実際には全てに頭部が表現されていた。

2 頭髪

頭部表現の一つの要素で、この地域で特に入念な表現が観察されるものに頭髪がある。それはさらに髪型としてより類型的に具象化されたものである。東ヨーロッパの3遺跡の場合は全体の6割り相当の11体に認められるが、少なからず不明確なもの8体も含まれる。ただ、2割り弱の個体に相当

する3体には、明確に短く切り揃えたいわゆる「おかっぱ頭」として表現されて、非常に重要な古民族学的特徴である。一方、髪型が表現されていないものは、2割り強の4体に過ぎない。この地方では、つまり重要な表現対象である。一方、マリタ開地の場合は、1割り弱の不明なもの3体を除いて、全てに頭髪部分の肉厚感が表現されている。それらの内、実に6割り強の16体に具象的ないわゆる「おかっぱ頭」が表現されている。次いで1割り強の3体に、外套頭巾のような髪型あるいは帽子のような造形が認められる。また、これらに分類できない類型的な特徴が曖昧なものも若干（4体）含まれる。これら類型化した髪型の表現は西ヨーロッパや中部ヨーロッパよりは、東ヨーロッパにおいてその頻度が高まり、更に西シベリアにおいて殆どの小像に表現される重要な要素となる。

3　顔の具象性

　目や鼻、口などの細部の表現は、この地方の3遺跡で、1例の顔の具象的な表現を除いて、8割り強の15体に意図的な顔の非具象化が認められる。顔の存在を知らしめる空間上の確保は明確に行われているが、いわゆる「のっぺらぼう」や頭髪あるいは毛皮の帽子のようなもので覆われ、顔が露わになっていない状態で表現されている。これらの女性小像群においては表現上の必須用件ではなかったことが理解できる。例えば、フランスやイタリア等の西ヨーロッパにおいても、顔に具象性の欠如するいわゆる「のっぺらぼう」は半数（対象資料の50％）がそうであり、中部ヨーロッパでもほぼ同様（対象資料の52％）である。一方、顔に具体的な表現が伴う小像、あるいは曖昧なものは前者の地域で（同12％）と同後者（同10％）で、いずれも僅かである。しかしながら、西シベリアのマリタ開地において、顔の細部表現は半数以上の14体に、明確なもの7体、あるいはやや明確なもの7体が認められる。シベリアのこの遺跡はいわゆる「のっぺらぼう」が3例しか含まれていない。この相違はヨーロッパの東西における共通性と、シベリアのヴィーナスの像群のやや異なった特徴として指摘できる。

4　妊娠の特徴

　健康な人体において、腹部の突出は女性に特有な生殖上の変化である。この生理的変化はグラヴェット文化の女性小像に、誇張的な手法で取り上げら

れた重要な要素である。東ヨーロッパ大平原の3遺跡ではほぼ9割りの16例に、この特徴が認められる。それも、非常に際立っているもの13例と多い。不明確なものが2例あるが、かといって、これらは全く懐妊の兆候が認められないというものでもない。従って、全ての「ヴィーナスの像」の創作は、妊娠と関連した表現である可能性も排除できない。例えば、西ヨーロッパのヴィーナスの像の場合は全体の7割り強（73%）に妊娠の表現が認められ、同6割には典型的な妊婦体形の誇張した表現が認められる。中部ヨーロッパでは、全体の5割強（53%）に、そして同3割り（28%）に典型的な妊婦体形の誇張表現が認められる。

5　胸部の特徴

この部分の表現について、これら3遺跡では、全体の9割強の17例に非常に発達した乳房が表現されている。これは制作者の表現上の主体的な動因というより、非常に強い規制が働いていたことを裏付ける。一方、シベリアのマリタ開地では、とても肉厚的で発達した状態がやはり表現されているが、腹部まで垂れ下がっているような乳房を持つものが1例も見出すことが出来ない。なおかつ、全体の三分の一の8例（32%）は平面的で、三角形の沈線のみで垂れ下がった状態を表現している。これは妊娠に伴う乳腺の発達を印象づけるものではなく、通常の状態を表している、と受け止められる。さらに、半数近くの個体10例（40%）は乳房自体の表現が盛り込まれていない。くわえて、相当数の個体である7例（28%）は曖昧な表現にとどまる。西ヨーロッパでは水滴の様に発達した乳房を有するものが過半数（62%）を占める。中部ヨーロッパでは全体の3割（29%）であるが、省略するものも多くみられる（32%）。ただ、ヨーロッパの東西をつうじて、豊満な発達した乳房が表現されていることはグラヴェット文化のヴィーナスの像の共通した特徴である。

6　身体中央部

この部分の状態は機械的な解釈として、頭部末端と脚部末端とを結ぶ線の中間に位置し、特にこれに直行する幅の観察である。アヴディエヴォ、ガガリノ、コスティエンキⅠに関して、中央部は程度の差こそあれ、全てボリュウム観を操作した誇張的な表現が認められる。これらを整理すると、非

常に誇張したもの8例、明らかに誇張したもの7例、やや誇張したもの2例である。従って、誇張した表現は全体の9割強に達し、一般的な傾向である。他の地域、例えば西ヨーロッパでは全体の81％に身体中央部である腹部や臀部に最大幅が表現されている。中部ヨーロッパでは、やや分散化する傾向が認められ、全体の59％に同様な誇張的な表現が見出される。この観察項目の結論は、シベリアのマリタ開地も含め、共通の重要な特徴であるということである。

7 足部の表現

この特徴は脛から先の文字通り「足」のことであり、下半身末端部の表現を観察する。東ヨーロッパ大平原の3遺跡では、足が表現されたものが6例（33％）あり、いずれも実際の大きさより小さいもの4例（22％）、あるいは極端に小さいもの2例（11％）である。なお、損傷がもとで知りえない状態のものが半数の9例（50％）ある。実際は、大半の小像に表現されていたものと推測される。一方、マリタ開地では、逆に殆んどのもの23例（92％）に足部が省略され、表現されていない。

8 下半身の縮約性

この特徴は東ヨーロッパ大平原の3遺跡では、明らかな下部の縮約性が認められないもの、つまりある程度の客観的な観察に基づいている表現のものが4例（22％）、縮約性の弱い傾向のもの6例（33％）が認められる。そして、下半身末端が点状に収斂する角状あるいは逆三角形を呈するものが4例（22％）のみである。これは特にコスティエンキⅠ開地などで指摘されるより写実的な創作伝統の一端である。シベリアのマリタ開地では全ての女性小像に明確な下半身の縮約性が認められる。これは身体中央部の最大幅から、下半身末端にかけて、ボリュウム観が急激に収縮する特徴である。

9 複合的な表現

ここでは総合的な判断として、男女の性差表現を観察する。東ヨーロッパ大平原の3遺跡では、性差上の女性的な特徴が明らかなものが殆どの17体（全体の94％）で、それも約8割の小像がとても女性的な表現である。ただ、曖昧なものが1例含まれるが、これとて非女性的あるいは男性的なものでもない。シベリアのマリタ開地の場合は女性的な表現のものが全体の6割

りを占めるが、この特徴が曖昧なものが、非常に女性的な表現のものを上回る。これは空間的あるいは時間的な相違による一つの傾向である。また、妊娠に伴う女性的な身体の変化が表現上の重要な要素として取り上げられているのは、前者の遺跡群において極めて明瞭である。これに対し、後者の遺跡では、この重要性が薄れているようである。

10　像の大きさ

小像の丈に関しては東ヨーロッパ大平原の 3 遺跡間でも、やや明確な相違が存在する。まず、ガガリノ開地は最大 12.7 cm、最小 5.5 cm、平均 8.7 cm であり、全て掌に収まる最も小型の一群をなす。アヴディエヴォ開地は最大 16 cm、最小 9.6 cm、平均 11.6 cm であり、やや掌からはみ出す大きさである。コスティエンキ I 開地は最大 19.5 cm、最小 4.2 cm、平均 14.1 cm で、最も大きなの一群であり、明らかに掌に余るものが殆どである。この中で、最小のものは焼成粘土製で特に小型である。3 遺跡の平均は 11.5 cm である。シベリアのマリタ開地では、最大 20.8 cm、最小 2.8 cm、平均 7.5 cm である。前述のコスティエンキ I 開地の変異幅を、さらに上回る、実に多様な大きさが創られた。ただ、最大値のものは、例外的なサイズで、その他が明らかに本章の東ヨーロッパ大平原の 3 遺跡よりも小型のものが優勢である。

11　身体のプロポーション

身体表現の均整上の特徴は、像の最大高を最大幅で乗算して得られた数値を基に検討する。以下のような類型的範疇を設定し、形態的な変異の分類を試みた。まず、指数 1 未満のものを「超肥満型」、同 1.00～2.00 までを「肥満型」、同 2.01～3.33 までを「やや痩身型」、同 3.34～4.99 以下を「痩身型」、同 5.00 以上を「超痩身型」あるいは「管状型」とする。得られた結果はすでに東ヨーロッパ大平原の 3 遺跡間で、興味深い相違を持つことが理解できる。ガガリノ開地は最大値 6.6、最小値 1.5、平均 3.2 で、「肥満型」から「超痩身型」まで変異があり、平均値が「やや痩身型」の一群をなす。アヴディエヴォ開地は最大値 5.7、最小値 3.3、平均値 4.4 で、「痩身型」から「超痩身型」に変異幅があり、平均値が「痩身型」を示す。コスティエンキ I 開地は最大値 4.1、最小値 2.6、平均値 3.3 であり、「痩身型」から「やや痩身型」に変異し、平均値が「痩身型」あるいは「やや痩身型」の境界値を表す。以

上3遺跡の平均値3.7は「痩身型」の範疇に相当する。これに対してシベリアのマリタ開地では、最大値14.9、最小値2.3の間に変異し、その平均値が4.95で、「超痩身型」から「やや痩身型」と非常に大きな変異差を示す。その平均値は「痩身型」に相当するが、ただ造形的な実体は「管状型」の範疇に近い一群である。この観察においては、後者は本章の東ヨーロッパ大平原の3遺跡と明らかに異なる。

結　論

　19世紀半ばに、西ヨーロッパで初めて発見された旧石器時代の女性小像は、「ヴィーナス」と命名さられたが、奇しくも本主題のいわゆる「ヴィーナスの様式」とする範疇のものではなかった。同世紀後半には、この地域の各地で、多くの女性小像が発見された。20世紀初頭には、重要な一群をなす後期旧石器時代前半の文化的重要な指標となった。続いて、中部ヨーロッパにおいても、さらに東ヨーロッパでも多数の典型的なものが発見されだした。同世紀中頃には、遂にシベリアにもその文化的網目状回路の広がりが確認された。同世紀後半には、この複合文化の体系的な研究がはじまり、後期旧石器文化の洞窟壁画における第2様式に平行するグラヴェット文化の特定時期における所産であることが理解された。

　「ヴィーナスの様式」の誕生とその展開期はヴュルム第Ⅲ亜氷期に相当し、寒冷で乾燥した気候であったが、少なくとも3つの温暖期が介在し、寒暖の振幅を明瞭に繰り返し、その度ごとに自然環境の変容が起こった。ただ、中部および東ヨーロッパでは非常に寒冷で、常にマンモスなどが豊富に生息していた。

　この研究を展開する前提として、グラヴェット文化の編年体系と放射性年代学の成果は、時間的尺度として非常に有効である。ただ、全体をいわゆる「グラヴェット文化」と総称しながらも、この分布域の西端における後期ペリゴール文化の細分が最も実用上において信頼すべき編年体系あるという、文化総論を語る上で未整備な面も存在する。

　本主題の起源は各地に先行したオーリニャック文化にすでに明確に認められる。この時期の西ヨーロッパでは、表現内容が明確化し、主題の特定が

第3章　東ヨーロッパ大平原に展開した「ヴィーナス像の様式」

可能となるような、最初の様式化された芸術表現上の創作に発達した。これらは根元的な二つの動因から発していたことは証明可能である。また、中部ヨーロッパの一群には独自の芸術表現上の伝統があったが、寒冷気候の動物群を題材に彫像としてすでに制作された。この両地域の伝統は後続のグラヴェット文化のヴィーナスの様式を生みだす基となった可能性が大きい。

本主題の東ヨーロッパ大平原の最西地に位置すモロドヴァⅤ開地の有孔鹿角棒のレリーフ画のヒトの像は西方的な手法で表現されたが、懐妊や身体各部の特徴からグラヴェット文化に共通する要素が認められる。一方、遺跡第3層の象牙製の小像は本主題の「ヴィーナスの様式」とは、根本的に異なる。

アヴデエヴォ開地のヴィーナスの像群は一方で瘦身な女性的な姿、他方で寸詰まりで逞しい中性的姿という明確な2つの異相が存在し、表現上の多様性が認められるが、それは飽くまでグラヴェット文化の典型な表現の範囲の中でである。

ガガリノ開地のヴィーナスの像群はコスティエンキⅠ開地やアヴィエヴォ開地などと全く同じ仕草の表現が観察でき、これらは共時的同族的伝統の所産である。ここでは肥満体形が主流であるが、引き伸ばされたような瘦身の均整も見られ、そして身体各部の協約性が排されたより写実的な表現が入り交じる。

コスティンキⅠ開地のヴィーナスの像群は成熟した女性的な姿で、極端な誇張がみられず、とても写実的表現が行われている。如上の姿勢には、独特の静的な風情が漂い西ヨーロッパのグラヴェット文化盛期の特徴に一致する。一方、後者の地域で定義された様式上の諸要素は、これらにも明確に認められる。この遺跡の創作群は本格的な彫像技法で、浅浮き彫りや線刻手法などが用いられなかったし、粘土像を焼き固めたものも余り多くはない。これらの意味で、後期旧石器文化においてより写実的で、対象に忠実な婦人の彫像群である。

コスティエンキⅧ開地の女性像はグラヴェット文化のヴィーナスの様式における各部、そして全体の協約性が失われ、異なった観察に基づき表現された。その主題は新たな生命の懐妊という象徴的なものよりは、むしろ誕生し

つつある実際的な生命であり、グラヴェット文化の一連のもに対し、多くの要素でより進化したものがみてとれる。明らかに、より後代の制作である可能性が高い。

エリセエヴィッチ開地の像は成熟しつつある若い女性の写実的な姿が主題で、次の世代を宿す可能性を秘めた肉体を表現したものである。つまり、グラヴェット文化の「ヴィーナスの様式」の主題とは、明らかに芸術表現上において異なる。前者同様に、より後代の作風である。

演繹的観察および比較の結果は、以下のように結論づけられる。頭部の表現は東ヨーロッパ大平原において、欠くべからざる要件で、極端な図案化や誇張に向かわず、むしろより写実性が尊重されていた。頭髪はこの地域で重要な表現要素で、殆ど全てに頭髪に関わるボリュウム観が表現されている。顔の具象性はこの地域で余り取り上げられず、殆どが「のっぺらぼう」である。腹部の肉厚な突出は東ヨーロッパ大平原で殆どに認められ、非常に際立ち、全て妊娠と関連した表現である。胸部の表現に関しては、東ヨーロッパ大平原で非常に発達した乳房が表現されている。身体中央部の状態は全てボリュウム観を操作した誇張的な表現が認められる。下半身末端、つまり足部表現はこの地域で、大多数の小像に表現されていた。その身体均整上の縮約性は余り顕著ではなく、むしろより実態的な表現である。性別による隔たり、特に女性的な表現に関してはこの地域で際だっている。妊娠に伴う女性的な特徴が重要な要素として、これらの遺跡群で極めて明瞭に認められる。小像の大きさはこれらの遺跡群間で、やや明らかな相違が存在する。ガガリノ開地では全て掌に収まる最も小型の一群である。ところがアヴディエヴォ開地では掌からややはみ出す大きさである。そして、コスティエンキⅠ開地では最も大きな一群をなし、明らかに掌に余るものが殆どである。身体の均整はガガリノ開地で「やや痩身型」の一群をなし、アヴディエヴォ開地では「痩身型」から「超痩身型」に変異幅があり、コスティエンキⅠ開地では、「痩身型」と「やや痩身型」の境界値を表す。

最後に、洞窟壁の第二様式（style Ⅱ）において「ヴィーナスの様式」が並行した、という指摘、さらに様式の定義に対して、拙論の分析との整合性について触れておかなければならない。典型的な「ヴィーナスの様式」の年代

第3章　東ヨーロッパ大平原に展開した「ヴィーナス像の様式」

と帰属する文化編年については、すでに検証したように比較的狭い時間幅の中で展開し、終焉的な現象として全く別のものに変化していった。所謂「臀部肥大症」の特徴については、通常の肥満形質を超えるような外形上の目立った特徴が観察できない。ルロワ・グーランによって指摘された両乳房、腹部そして生殖器が1つの環の中に収まる重点的表現部は大多数の「ヴィーナスの像」に認められる。同様に、象徴上の重要性が劣ったと考えらる、頭や脚には、対称型をなすそれぞれの三角形を描く縮約性が大多数の「ヴィーナスの像」に認められた。ただし、西ヨーロッパの典型的な例がそのまま東ヨーロッパ大平原に当てはめることは出来ない。

第4章　グラヴェット文化の「ヴィーナスの様式」、特に西シベリア地域の研究

はじめに

　グラヴェット文化におけるヴィーナスの様式の研究は、20世紀初頭の1905〜同10年頃の西ヨーロッパではじまる。まず、フランスのブリューイ (Breuil, H.) は同国南西部のアキテーヌ地方において、後期旧石器文化の連続的な文化編年の作成を試みた。それは後期旧石器文化初頭のオーリニャック文化、同中葉のソリュートレ文化、そして同終末のマドレーヌ文化にいたる特徴的な文化様相の諸階梯であった。当時、すでに注目されていた女性を象った小像がソリュートレ文化以前の考古学上の堆積水準から複数発見されていた。このことから「オーリニャック文化の小像」(statuette aurignacienne) と呼ばれていた。ただ、それは今日、我々が用いる狭義の「オーリニャック文化」(Aurignacien au sens étroit) の堆積層自体からは如何なるタイプのヒト形の像も出土していなかった (Breuil 1906 et 1912)。如上の地域、特にペリゴール地方において、ペイロニー (Peyrony, D.) は後期旧石器文化前半に広義の「オーリニャック文化」(lato sensu) と平行して5つの地域的様相の存在を指摘した。彼は、これをペリゴール文化 (Périgordien) と呼んだ (Peyrony 1933)。その後半の第Ⅳ〜Ⅶ期は特に後期ペリゴール文化 (Périgordien supérieur) と細分され、石器類型学上明確で有効な文化様相の編年上の指標として現在でも全く有効である。その後、この地域的文化編年を時間の尺度としながら、アキテーヌ地方の北部ポワトゥー・シャラント地方のラ・グラヴェット崖下 (La Gravette) を標準地とし、イベリア半島からロシア・ドン川流域にいたる広大な地理的領域に展開した複合文化をグラヴェット文化 (Gravettien) と捉える (Otte 1981)。この複合文化は象徴的な統一的文化要素として「ヴィーナスの様式」(style des Vénus) を有することが、指摘された (Breuil 1930, Delporte 1979, Leroi-Gourhan 1965, Leroi-Gourhan 1982 : p.252)。この様式に由来する資料は彫刻あるいは粘土造りなどで、女

第4章　グラヴェット文化の「ヴィーナスの様式」、特に西シベリア地域の研究

性を主題に独特の様式でヒト形の像が制作された。中部ヨーロッパや東ヨーロッパでは、マンモスの牙（象牙）が主たる材料で、大型草食動物の骨、凍石、石灰岩などの柔らかい素材も用いられた。これらの姿は身体の部分的なボリュウム観の操作で、実際上のヒトとかけ離れた協約的なものが制作された。例えば、女性的な特徴が表れる腰、腹、乳房などの身体中央部が特に強調された。一方で、頭や足などの末端は細部の均整を度外視して、縮小や省略がおこなわれた。従って、全体の趣は極端に主観的な誇張がなされた。それがために19世紀の西ヨーロッパ人がアフリカ大陸の先住民族における臀部肥大症（stéatopygie）などの特殊な形質と類推して理解された。以上、いわゆる「ヴィーナスの像」は西ヨーロッパでいち早く発見され、学術的に注目された。また、中部ヨーロッパや東ヨーロッパ、そして西シベリアにおいても各地の個性を帯びながら展開した。本論では、これらの東端にあたる西シベリアにおけるグラヴェット文化のヴィーナスの様式に関する考古学的資料を、西ヨーロッパ（竹花 2012）、中部ヨーロッパ（竹花 2007）、東ヨーロッパ（竹花 2010、2011）と比較しながら検証する。

第1節　西シベリアの「ヴィーナスの像」

(1) 背景をなす地理的空間

本主題の地理的領域である西シベリアとは、ウラル山脈以東のロシアのアジア部分であり、シベリア三大河川の内、オビ川とエニセイ川流域が舞台である。ここに展開した後期旧石器文化前半の遺跡から出土した考古学資料の考察である。

(2) 研究の歴史

はじめに　本論の主題にかかげた旧石器時代のいわゆる「ヴィーナス」とは、いわずもがなであるがラテン語のウェヌス（Venus）の英語式発音である。これは古代ギリシアにおける美の女神アフロディーテに相当する。そして如上は古代ローマに引き継がれた。また、この言葉は近代の数世紀において絶世の美女を形容するものである。冒頭でもふれたが、19世紀後半に、最初に発見された女性小像は西ヨーロッパのロージュリ・バッス岩

第1節　西シベリアの「ヴィーナスの像」

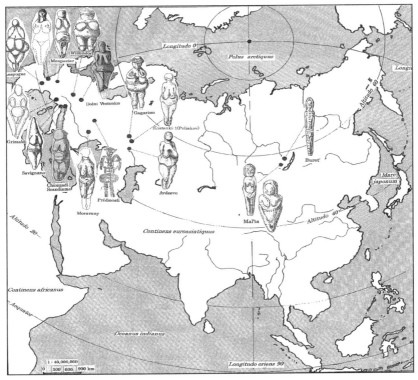

図30　西シベリアを起点としたヴィーナスの様式に関連する遺跡分布

陰（Laugerie-Basse）において後期旧石器文化に由来する考古学上の堆積層から発見された（図37-6）。発掘の主催者はこれを「みだらなヴィーナス」（Vénus impudique）と形容した。このことから、この地域・この時代の女性小像は、「ヴィーナス」と呼ばれるようになった（Vibraye, Marquis de 1884）。同世紀終末には、北イタリアの洞窟群から多数の特徴的な小型の裸婦像が発見された（図30-Grimaldi）。一方、フランスのピレネー地方の小さな洞窟では、学術的な発掘によって同一時期の多様な複数の女性小像が発見された（図30-Brassempouy、図39-1・2）。

1　隣接地域の研究

19世後半には、ロシアでも西ヨーロッパの学術情報に触発され、幾つかの遺跡で後期旧石器時代の遺物やマンモスなどの絶滅動物化石が発見され

187

第4章　グラヴェット文化の「ヴィーナスの様式」、特に西シベリア地域の研究

だした。例えば、東ヨーロッパ大平原中央部におけるコスティエンキⅠ開地（Kostienki-I）はポリヤコフ（Poliakov, I.S.）によって1879年に発見された。ただ、グラヴェット文化のヴィーナスの像は当時、まだ知られていなかった。20世紀に入り、取り分け第一次世界大戦およびロシア革命後には、多くの資料が発見された。まず前出の遺跡で、エフィメンコ（Efimenko, P.P.）は1924年から発掘を実施し、グラヴェット文化期に由来する女性小像などを多数発見した（Lumley 1984；pp.203-208）。1926に、同じくドン川流域のガガリノ開地（Gagarino）においてザミジャトニン（Zamijatnin, S.N.）は後期旧石器文化の開地遺跡を発見し、1927と29年に学術調査をおこなった。次いでドニエプル川の支流デスナ川のエリセエヴィッチ開地（Eliseevici）において、1930年にポリカルヴィック（Polikarvic, M.K.M.）は遺跡の性格を把握する調査をおこない、1935年、同36年、そして同46年にそれぞれ発掘をおこなった。1936年に、ロガチェフは、コスティエンキ開地における第Ⅷ地点（Kostienki-Ⅷ）で新たな遺跡を発見し、発掘調査を実施した。次いで1937年に、エフィメンコは同遺跡群内のテリシィエフ地点（Tel'siev）で発掘調査によって、「ヴィーナスの像」を発見した。これは東ヨーロッパにおける一連のいわゆる「ヴィーナスの様式」と異なる特徴で、更に粘土で成形し、焼き固めてあった。20世紀中盤以降、就中第二次世界大戦後は更に目覚ましい学術的な進展がみられた。1946〜48年に、ヴォエヴォドスキー（Voevodski, M.V.）ほかはウクライナのアヴデエヴォ開地（Avdeevo）で発掘を実施した。さらに1949年に、ロガチェフ（Rogacev, A.N.）は再び現地調査をおこなった。これらの1946〜49年の発掘では、象牙製のほぼ完全な女性小像、砂岩製と象牙製の動物の小像などを発見した（Abramova 1967；pp.108-109、図39-8）。同じくウクライナのモロドヴァ遺跡群において、チェルニス（Cernys, A.P.）は1948年にモルドヴァⅤ遺跡を発見し、1951〜64年の間に発掘調査を実施した。これは中部ヨーロッパに典型的な東方グラヴェット文化（Gravettien oriental）の石器群と共に、複数のヒト形の小像をみいだした（Archéologie et paléogéographie du Paléolithique supérieur de la plaine russe 1981）。1955年から、ロガチェフはドン川流域のガガリノ開地で発掘を再開し、その中で、タラゾフ（Tarazov, L.M.）は考古学上の調査を担当し、グラヴェット文化の半地下

式住居を確認し、この中から小型の女性像1体を発見した。最終的には象牙製のほぼ完全でみごとなヴィーナスの像を多数発見した（Abramova 1967；pp.107-108、図30-Gagarino）。1963と65年に、ブディッコ（Bud'ko, V.D.）はエリセエヴィッチ開地の発掘を30年ぶりに再開した。次いで、ゴレホーヴァ（Grekhva, L.V.）は1970、同72、同74、同76年にそれぞれ発掘を実施した。後者の発掘で、象牙製の女性彫像1体と同製板状片に幾何学模様による女性像が描かれたものを発見した（Abramova 1988；p.347）。1972年以降、やはり30年ぶりに、ソ連邦中央の研究機関がアヴデエヴォ開地で再開された発掘で象牙製の複数の小像を発見した（木村 1995；pp.8-9；Praslov et al. 1982）。

2 シベリア

この地方のグラヴェット文化のヴィーナスの像に関する知見は、まず1928年に、ゲラシモフ（Gerasimov, M.M.）がエニセイ川上流におけるマリタ開地（Mal'ta）を発見したことにはじまる。この遺跡における発掘調査は1958年までおこなわれ、女性彫像をはじめ動物や鳥類ほか小さな彫刻が得られた（Gerasimov1931, 1935；図33-1〜6、図34-1〜6、図35-1〜6、図36-1〜6、図37-1〜4）。オクラドニコフ（Okladnikov, A.P.）は前述の開地遺跡に近い地点であらたにブレチ開地（Buret'）を発見し、直ちに調査を実施し、複数の彫像と動物像などを発見した（図37-5）。

(3) 後期旧石器時代前半の古気候

1 オーリニャック文化期

ここでは西ヨーロッパ、中部ヨーロッパ、東ヨーロッパ、そして西シベリアで展開したグラヴェット文化の「ヴィーナスの様式」が登場する背景となった古環境に関わる近年の諸成果を援用しながら、どのような自然条件のもとで、それがなされたのか考察を試みる。まず、グラヴェット文化に先行したオーリニャック文化は、更新世後期後半のヴュルム第Ⅲ氷期初頭にあたる34,500〜33,500yBP頃に、あるいは酸素同位体比第3段階後半にその原始的オーリニャック文化様相（Aurignacien 0）が広くヨーロッパ各地にあらわれた。この時期は氷河期のなかでも比較的寒冷であったが、それでも湿度が

あり、やや湿潤な気候であった（図31参照）。

オーリニャック文化Ⅰ期（33,500～32,000yBP）を迎える頃には、さらなる気候の寒冷化に伴う乾燥化が進行し、相変わらずトナカイが優勢で、ホラアナグマ（*Ursus spelaeus*）、マンモス（*Mammuthus*）、ケサイ（*Coelodonta antiquus*）、ウマなどが数多くみられた（Lumley 1984；pp.56-58）。

同文化Ⅱ期（32,000～30,500yBP）は一転して明確に湿度が回復し、夏季の平均気温がやや温暖化したものの、ひき続き冷涼であった。これはアルシィー亜間氷期（Arcy）と呼ばれるものに相当する（図31参照）。

最後の同文化Ⅲ・Ⅳ期（30,500～29,500yBP）が展開する頃は再び寒冷な気候に回帰し、森林が減少した。反面、もっぱらステップ気候帯の草本植物が非常に発達した（Lumley 1984；pp.56-58）。

2 グラヴェット文化期

グラヴェット文化の展開した時期は、全体にとても寒冷な気候で、特に中部ヨーロッパ、東ヨーロッパ大平原、さらにシベリアではトナカイ、マンモス、ケサイ、ツンドラ気候帯に生息するレミング（*Dictostonyx torquatus*）などが生息していた（Lumley 1984；pp.56-58）。ただ、西ヨーロッパでは他の地方より湿度があり、ケセルト期やチュルサック期などの小亜間氷期に、温暖な環境のオーロックウシ、アカシカ、そしてイノシシなどの動物が回帰した（Lumley 1984；pp.56-58；図2）。

後期ペリゴール文化Ⅳ期の最も古い段階は、アルシィー亜間氷期（30,500～31,500yBP）の後に再来した亜氷期におけるステップ気候のような寒冷で乾燥した時期の終末（29,500yBP）にあらわれた（図31）。

続くケセルト亜間氷期（26,000～29,300yBP）は比較的温暖で湿潤な長く安定した気候の好転した時期であった。避寒地から回復した樹木や温かい気温を好む植物は旺盛に繁茂し、全ヨーロッパ的に植生土壌が発達した（Lumley 1984；pp.110-111）。

次の亜氷期（24,000～26,000yBP）は後期ペリゴール文化Ⅴc期が展開しはじめた。2つの温暖期を伴いチュルサック亜間氷期（23,000～24,000yBP）まで継続した。西ヨーロッパの南西部ではカシワ、トネリコ、シナノキ、ニレなどの落葉広葉樹が回帰し、そこにシダ類を伴う森林が復活した（Lumley

第1節　西シベリアの「ヴィーナスの像」

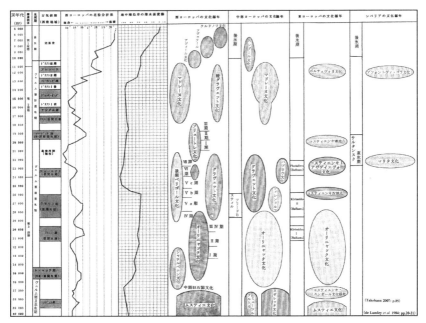

図31　西シベリアの後期旧石器時代に展開した文化と古気候

1984 ; pp.110-111)。この時期はグラヴェット文化の「ヴィーナスの像」が盛んに制作された古典的な時期である。

　そして、23,000yBP頃に、同文化Ⅵ期があらわれ、これを境に後期旧石器時代の最も厳しい気候の時代へ突入していった（Lumley 1984 ; pp.110-111）。

(4)「ヴィーナスの像」の編年上の位置

　グラヴェット文化の編年と細分に関する研究はブリューイによって20世紀初頭に提唱され、次いでペイローニーが発表した論文中で、フランス南西部ペリゴール地方のフェラシィー大岩陰の調査で明らかになった層位学上の事実が大く貢献した。ここでは発展的な石器文化の編年上の諸階梯が提示された（Peyrony 1933）。また、モヴィウス（Movius, H.L.jr.）は同じ地方のレ・ゼジィー・ド・タヤック村のパトー岩陰（Pataud）で、1958～64年の調査で、後者の編年学上の細分を、同一遺跡の連続する堆積層序の中で再確認した（Movius 1975）。そして、ボルドゥ（Bordes, F.）は前出のパトー岩陰の隣接遺

191

第4章　グラヴェット文化の「ヴィーナスの様式」、特に西シベリア地域の研究

跡であるロージュリ・オートゥ岩陰（Laugerie-Haute）において、1957～59年の発掘で、この編年案に新たな知見を追加した（Bordes 1966, 1978）。この後期ペリゴール文化の編年は、これらペリゴール地方の標準となった各遺跡における堆積層序と照合し、非常によく調った諸階梯からなる編年体系が提唱された。従って「ヴィーナスの様式」をかたる時、この編年細分はとても正確な時間の尺度として有用である。ただ、この時間の尺度はヨーロッパ大陸の東西に余りにも広く展開したグラヴェット文化全体を対象とする時、必然的に派生する不具合も避けがたく、あくまで後期ペリゴール文化という西端の一地方文化に過ぎぬことに留意しなければならない。

　後期ペリゴール文化の最も古い様相は、オーリニャック文化最終段階であるいわゆる「オーリニャック文化Ⅳ期」内に認められる。例えばパトー岩陰第7層（29,300±450yBP）の直後に位置し、フェラシィー大岩陰第Ⅰ層とパトー岩陰第5層（27,900±260yBP）内のグラヴェット型尖頭器（pointe de la Gravette）を標準類型とし、グラヴェット型細石刃（microgravette）、小矢形尖頭器（flèchette）などを伴う（Rigaud 1989；pp.269-273）。

　第2の様相は後期ペリゴール文化Ⅴa期と呼ばれ、フェラシィー大岩陰J層（26,250±620～27,900±770yBP）を標準とし、パトー岩陰第4層下部（27,060±370yBP）で再び確認された。この様相は細部加工によって整形された細長い茎部をもつフォン・ロベール型尖頭器（pointe de Font-Robert）を標準とし、これにグラヴェット型尖頭器と同型細石刃さらに小矢形尖頭器などがひき続き伴う（Rigaud 1989；pp.269-273）。

　第3の様相は後期ペリゴール文化Ⅴb期と呼ばれ、フェラシィー大岩陰K層で識別され、パトー岩陰第4層中位で再確認された。特徴をなす石器類型は、石刃の基部と先端を切り離し、長方形の二次的素材を縦縁に沿って細部加工を施した「石刃切り断り石器（élément tronqué）を標準とし、これにグラヴェット型尖頭器と同型細石刃等が伴う。

　第4の様相は後期ペリゴール文化Ⅴc期と呼ばれ、フェラシィー大岩陰L層を標準とし、パトー岩陰第4層上部で再確認された。示準類型は何といっても石刃両端の細部加工された切り面（troncature retouchée）から側縁中程の挟入部（encoche）に彫刀面剥離によって連結した特徴的な彫器で、ノア

イユ型彫器（burin de Noailles）である。さらに、これにグラヴェット型尖頭器と同型細石刃などがひき続き伴う。この特徴的な様相は広範な地理的領域に時間的独立性をもって展開し、非常に重要な階梯である。そのことから、モヴィウスは、「ノアイユ文化」(Noaillien) と呼んだ（Movius 1975：図31参照）。前出の両岩陰の近隣に位置するファクター岩陰（Facteur）の同文化Vc期（第11~12層）の各年代は、最も若い24,200±600yBP（OXA-585）から最も古い25,630±650yBP（OXA-595）が測定された（Rigaud 1989；pp.269-273）。

　第5の様相は同文化Ⅵ期と呼ばれ、ロージュリ・オーットゥ岩陰B層、あるいは同岩陰西側（D層）の未解明の様相であるいわゆる「オーリニャック文化V期」と同時期と考えられた。その後パトー岩陰第3層（23,010±170年BP）でその存在が追認された。その特徴は僅かなノアイユ型彫器の残存、グラヴェット型尖頭器と同型細石刃の明確な減少から、ペリゴール文化V期の終末に後続しうる様相である（Rigaud 1989；pp.269-273）。

　最後の様相は同文化Ⅶ期と呼ばれ、ロージュリ・オーットゥ岩陰F層（21,980±250yBP）で認識され、パトー岩陰第2層（21,940±250yBP）でペリゴール文化Ⅵ期層（第4層）の直上において再び確認された。これを原マドレーヌ文化（Protomagdalènien）と呼ぶ研究者もいるが（Peyrony, Movius et al.）、本来のマドレーヌ文化とはソリュートレ文化を介し、文化編年の上で大きく隔たり孤立している。ただ呼称のごとくマドレーヌ文化との類縁関係が指摘されつつも、実際は後期ペリゴール文化の最終段階である（Bordes, Sonneville-Bordes et al. 1966, 1978）。原マドレーヌ文化はペリゴール地方の少なくとも3遺跡（ロージュリ・オーットゥ岩陰、パトー岩陰、ブロ岩陰：Blot）で確認されており、決して特異な様相ではない。このように後期ペリゴール文化、あるいはグラヴェット文化は洞窟や岩陰などの良好な堆積環境のもとで、石器類型学上の多くの標準資料によって明確な変遷が認められ、22,000~29,000yBPの間に全ての特徴的な諸階梯が西ヨーロッパの殆どの地域に展開した。そして、大西洋側の後期ペリゴール文化の6つの階梯と同時期に、中部ヨーロッパと東ヨーロッパのレス土壌の堆積地方で展開した石器文化複合は、ギャロド（Garrod, D.）によって「東方グラヴェット文化」（Eastern Gravettian）として理解された（Garrod 1938；pp.155-173）。更に、各地方で細

第4章　グラヴェット文化の「ヴィーナスの様式」、特に西シベリア地域の研究

分化され、例えばチェコのパヴロフ文化（Pavlovien）、オーストリアのヴィレンドルフ文化（Willendorfien）、東ヨーロッパ大平原のコスティエンキ文化（Kostienkien）などが識別された。

(5) ヴィーナスの様式が生まれる背景

　人類最古の芸術表現はシャテルペロン文化（32,000～36,000yBP）にあらわれ、そしてオーリニャック文化（29,500～34,500yBP）にその動因と主題の特定が可能な創作が認められる。おもに、フランス南西部のペリゴール地方に顕著な類例が展開した。たとえばオーリニャック文化典型期のカスタネ岩陰（Castanet）におけるウシ科動物の角製の男根様彫像や石灰岩ブロックへの女性生殖器の線刻表現などである。またベルケール岩陰（Belcayre）における石灰岩ブロックへの草食動物の姿、同文化Ⅰ～Ⅱ期のセルリエ岩陰（Cellier）における石灰岩ブロックへの女性生殖器の線刻、フェラシィー大岩陰同文化Ⅱ期の石灰岩ブロックへの女性生殖器、同Ⅳ期の草食動物と女性生殖器などがある。つまり、この地域の最初の具象的表現の主題は、一貫して男女の生殖器と草食四足獣であった。これらはことごとく線刻画で、グラヴェット文化期における女性彫像の創作手法に直ちに結びつかない。そこで、同じ時期に別の芸術伝統が展開したドイツ南東部に目を転じる必要があろう。特に、ドナウ川最上流のロネ川谷とアッパ川谷遺跡群に注目せねばならないであろう。中部ヨーロッパや東ヨーロッパ大平原には、トナカイ・マンモス動物群に依拠したオーリニャック文化の広範な展開があった。たとえば、オーリニャック文化Ⅱ期のフォゲルヘルド洞窟（Vogelherd）のマンモス、ライオン、雄ウマなどの象牙製の写実的な動物像があげられる。同文化Ⅱ期のホーレンシタイン・スタデル洞窟（Hohlenstein-Stadel）における象牙製のいわゆる「獣頭」の人獣混交像が有名である。同Ⅰ～Ⅱ期のガイセンクラステルレ洞窟（Geissenklosterle）の象牙製の装飾板には、レリーフ画のヒト形の像などがある。これらの創作群は非常に特徴的な一群をなす（Bosinski 1990；pp.56-77）。ここでは前述のフランス・ペリゴール地方の伝統と異なる様式で、おもに強壮な大型肉食獣や大型草食動物の彫像、あるいは逞しい男性の像が盛んに、比較的温暖なアルシィー亜間氷期に制作され展開

194

第1節　西シベリアの「ヴィーナスの像」

1　ドルニ・ヴェストニツェ発見の「ヴィーナⅦ、同ⅩⅣ、同Ⅷ」(グラヴェット文化)　2　プレドゥモストの「ヴィーナスの像」(グラヴェット文化)　3　コスティエンキⅠ「ヴィーナス第6号」(グラヴェット文化)　4　ガガリノ発見の「ヴィーナス第4号」(グラヴェット文化)　5　マリタ発見の「ヴィーナス第13号」(グラヴェット文化類縁)　6　シベリア・マリタ発見の「ヴィーナス第24号」(グラヴェット文化類縁)

図32　中欧〜シベリアのヴィーナス像

第4章　グラヴェット文化の「ヴィーナスの様式」、特に西シベリア地域の研究

した。大胆な推論を述べれば、西ヨーロッパのより温暖な環境のもとで同文化期に、その最初の芸術表現は生殖器官などが主題に取り上げられ、種の継承や繁栄の願望を根底に、性差を意識させる傾向が萌芽的な手法で表されたのではないだろうか。一方、グラヴェット文化の「ヴィーナスの様式」、特に西シベリア地域も含めて、その伝統は前出のオーリニャック文化の二大伝統が融合し、そして昇華した。西ヨーロッパと中部ヨーロッパにおける同文化期の厳しい環境の下でありながら、豊かな生業活動の中で生み出されたと考えられる（竹花 2007・2012）。

(6) シベリアのヴィーナスの像群

シベリアとして取り上げる地理的領域は、ウラル山脈より東側の西シベリア低地や中央シベリア高原を流れるオビ川、エニセイ川、レナ川の三大河川の流域を指す。この範囲は東西 3,000km、南北 2,000kmに及び、前述のヨーロッパ全域をはるかに上回る。ただ、旧石器文化の遺跡分布は、ほぼ東経 80～110 度、北緯 50～60 度の範囲に展開したようである。地勢上はサヤン山脈の北麓、特に如上の三大河川における上流部に見いだされる。

1　ブレチのヴィーナスの像

ブレチ開地（Buret'）はロシア共和国イルクーツク州、シベリア中央部のエニセイ川の支流アンガラ川流域に見出される。遺跡はイルクーツク市の下流 120kmにあるニジネ・ブレチ村に位置する。遺跡の環境はアンガラ川とベラヤ川の合流部に展開し、前者の 13～14m 位の河岸段丘に展開する。オクラドニコフ（Okladnikov, A.P.）は 1936 年にこの遺跡を発見し、発掘を実施した（Okladnikov 1940 and 1960）。遺跡の堆積層序は第 1～3 層が化石を含む砂泥である。第 4 層上部は人類文化の痕跡をとどめた 4 つの住居跡が検出された。発見された動物化石はマンモス、ウマ、ロバ、トナカイ、ホッキョクギツネなどで構成する。これらは寒冷で乾燥したステップ気候の動物相の特徴である。石器文化はプリズム状石核を擁する石刃技法から、石器の素材が生産されている。主な石器類型は細部加工石刃、掻器、彫器、揉錐器、円盤状石器など後期旧石器文化の典型的な石器類型構成である。特に、注目される類型は彫刀面交差型彫器（burin dièdre）が含まれている。たとえば、後述の

マリタ開地の場合は、この石器が以下の2つの亜類型として分類される。一つは対称形交差型彫器（burin dièdre d'axe）と斜軸交差型彫器（burin dièdre déjeté）などが圧倒的に優勢である（Abramova 1988；pp.656-657）。そして、これらは両石器群に最も近似する特徴である。

　ヴィーナスの像に関しては、オクラドニコフが5体の女性小像を発見した。その内の1体は女性的な特徴が殆ど表現されておらず、非常に細身に仕上げられている（図37-5）。頭部は他の地方の類例に反して大きく、顔が具象化され、頭巾付きの外套の様なものがやや詳しく表現されている。この表現の趣は東ヨーロッパ大平原、中部ヨーロッパ、そして西ヨーロッパのグラヴェット文化の表現とやや異なる。またマルタ開地で発見されたような鳥類を彷彿させる動物の彫像も発見された（Abramova 1988；p.166）。5体の小像の内3体は優れて様式化されており、他の遺跡の資料との比較を可能にしている。アブラモヴァは3体の観察を紹介している（Abramova 1967；pp.111-112）。

　第1号小像（図37-5）は象牙製の丸彫り像（ronde-bosse）あるいは棒状の浮彫り像で、高さが12.2cm、表面に細かな刻み目が全体に施されている。身体各部の均整は不自然で、胴体が細長く引き伸ばされている。頭は長楕円形で、上に向かって尖っている。顔の具象性は比較的よく表され、突き出た額が丁寧に表現されている。頬は突出し、顎が丸味を帯びる。目と鼻は明確には形作られていない。頭髪と顔は確り区別され、外套頭巾を纏うように一段と肉厚な表現で、顔を囲い込んでいる。肩は、最大の幅を有するが、なで肩で控えめな印象を与えている。細い両腕は胴部の脇に添えられるが、それらの末端の掌が表されず曖昧である。上半身が頭部に占める均整は明らかに乏しく、特段のボリュウム観を表現していない。胸部は平坦で乳房の表現を欠く。腹部には、他と比べてボリュウム感がなく、引き締まった痩身である。腰部はやや盛り上がり、背部に曲線性が緩やかに表現される。脚部は縦の深い溝で左右に分けられ、狭苦しい印象を与えながら、寄り添っている。顔を除く小像の表面は半月形の刻み目によって覆われているが、所々円形の刻み目もある（Abramova 1967；pp.99-125）。

　第2号像は象牙製のヒト形の裸像で、高さ5.5cmである。頭は大きく、反

面、脚は寸詰りである。身体各部の均整は明らかに不自然である。顔は平面的で、目と口が大雑把に表されている。顔の範囲は深い1本の溝で囲まれ、その外側に辛うじて頭髪が表現されている。頭髪は僅かに波状を帯びた平行な線の列で覆われ、顔の際から頸まで至っている。頭部は前方へ突き出た両肩の上に据えられている。上半身は平面的で、乳房が表現されていない。両腕は身体に張り付いて、掌は小さく膨らんだお腹の上におかれている。臀部の幅は狭いが、いうならば典型的に後方へ突き出ている。両足は狭苦しいほど寄り添い、先端が丸く終える。両脚の前後面は深い沈線で画され、この部分にまるい吊るし孔があいている（Abramova 1967；pp.99-125）。

第3号像は蛇紋岩製で、高さが4.3cmの筒状の簡略的な作りである。像は断面が卵形の素材に、身体のおもな部分が表現されている。制作当時は頭部が胴部と深い線刻で分けられていたようである。頭は上の方がやや丸く尖っている。胴体は引き伸ばされたようで、平面的で胸部と腹部の境界を画する線が確認できる。両腕は脇の下に沿って、腹部の方にかけて、かすかに描かれている。両足は窮屈なほど寄り添い、末端部においても細くならず、ボリュウムが保たれたままである。両脚は縦の沈線で分けられている。右足の先端は失われている（Abramova 1967；pp.99-125）。

ノート：腹部や腰部を中心としたボリュウム観の誇張的な表現が認められない。その反面、頭髪や顔の具象性は配慮されている。表現は身体の正確な観察や写実的な具象化が重要視されておらず、ヴィーナスの像のミニチュアのようで、棒状の寸詰まりなものである。この特徴は携行性を重視した小型で細身の特徴が認められる。このような特徴はヨーロッパ各地のグラヴェット文化のヴィーナスの像群に類例がみられる一面の要素でもある。

比較：この遺跡の創作群は、比較対象として、先ずマリタ開地の資料が最も近似する。例えば、本遺跡のヴィーナス第1号（第37-5）のような丸彫り像に類似するものは、数多く類例をみいだせる（図34-4、6、図36-6、図37-3）。また、西ヨーロッパ・フランスのブラッサンプーイ洞窟（Brassempouy：図39-1、2）、イタリアのキオッツァ・ディ・スカンディアモ開地（Chioza di Scandiamo：図39-3）、そして中部ヨーロッパ・チェコの

ドルニ・ヴェストニッツェ開地（Dolni Vestonice：図39-4）などがあげられる。

2 マリタのヴィーナスの像

マルタ開地（Mal'ta）はシベリア中央のイルクーツク州マリタ村にある。ここはバイカル湖南西岸地方に位置し、イルクーツク市からエニセイ川の支流アンガラ川を80km下ったベラヤ川との合流部から、さらに上流へ25km遡った付近に位置する。ゲラシモフは1928年にこの遺跡を発見し、1928～58年まで幾つかの中断を経ながらも、継続的に発掘をおこなった。堆積物の厚さは2mにも達し、6つの層が確認された。その中で、石器文化は第3段丘の現地表下約1mにある第3層上部に展開する。発掘の規模は1,420㎡において実施された。石器文化の包蔵水準はシベリアにおけるサルタン氷期（Sartansk）初頭に相当する（図31参照）、といわれた。出土した動物化石のイオニウム年代法では、23,000±500yBPが測定された。これは西欧で観察されるチュルサック亜間氷期の終末から「最寒冷期」の初頭に相当し、グラヴェット文化の終末に対応するものと考えられる。ただ、測定結果は他にも異なった数値が示されている。発見された動物化石はトナカイ、マンモス、ケサイ、ビゾン、ホッキョクギツネ、クズリ、オオカミ、ウマ、ムフロン（*Ovis nivicola*）などから構成される。花粉化石はカシワやマツ科の樹木よりも、草類が卓越する植相である（Abramova 1988；pp.656-657）。石器文化は珪岩などを石材に用いたプリズム形、円錐形、円柱形などの石核を擁する石刃技法を技術的に基礎としている。ただ、生み出された石刃は輪郭が不整なものが多く含まれている。剥片剥離作業に用いられた母岩は頻繁に活用の量的最終段階まで達している。石器タイプの変異は尖頭器、揉錐器、彫刀面交差型彫器、背面調整石器（couteau-à-dos）、環状搔器（grattoir circulaire）、楔形石器（pièce esquillée）、削器、片刃礫器などである。前述のように、彫器の主なタイプは彫刀面交差型である。これは一つが素材の長軸に対称形をなすもの、もう一つが長軸に対し傾いたものがある。これら2つの亜類型が圧倒的に多く、その他の類型は稀である。骨角器は象牙製の細長いポイント、突き錐（alène）、骨針などが含まれる。以上の石器類型学上の特徴は、この石器群を直ちに東方グラヴェット文化やパヴロフ文化と関連づけることを困難

にしている。ただ、生活様式には半地下式やテント式住居を擁し、墓壙などを築くことが確認された（図38-B）。前者の半地下式住居はグラヴェット文化期に全ヨーロッパにみいだされる固有の生活様式の特徴である（図38-C）。たとえば、フランス・ヴィーニュ・ブラン開地（Vigne-brun：24,900±2,000 yBP）などのような優れた類例があげられる（Lumley 1984；pp.167-170；図37-A）。芸術的創作も活発で、三十数体のヴィーナスの像をはじめ水鳥をあつかった一連の彫像、マンモスの線刻画、装飾的な表現を凝らした彫刻板なども発見された（Combier 1989；pp.274-275）。ヴィーナスの像やヒト形の小像は、ほとんどが象牙製という注目すべき特徴がみられる。これら小像の内、幾つかは非常に近似した紋切型的外観を呈すことが注目される。

　ヴィーナス第1号（図33-1）は象牙製の裸婦像で、完全な往時の形を保ち、高さが8.7cmで、この時期の標準的な寸法である。各部は入念な彫刻が施されている。身体の均衡上、頭部は非常に大きく、約4頭身の不自然な均整を示す。顔は明確な沈線で頭髪部分と区画され、幅が広くて平面的である。顔の具象性は線刻手法で、眉と鼻が表されている。頭部は胴体から深い溝で際立ち、顔以外が波状の長い沈線で覆われ、これが疑う余地なく頭髪を表現したものとおもわれる。両肩は均整上とても狭く感じられ、不自然な丸味を帯びる。乳房は平面的で、お腹の上部まで垂れ下がっている。腹部はやや丸味のある盛り上がった状態である。骨盤の位置は腹部と重なるが、さらに力強く盛り上がり最大幅を表す。両腕は細くて短く、控え目な印象でお腹の脇にある。脚部は総じて省略気味で細く、しかも短い。膝や足などは表されていない（Abramova 1967；p.110）。側面の輪郭は僅かに腰部を基点に、緩やかな「く」の字を描いている。

　ヴィーナス第2号（図34-3）は象牙製の裸婦像で、高さが9.5cm、約5頭身の均整である。像の前面は背面の丁寧な細工に比べれば、やや細部の表現が無視されたているようである。平面的な顔は大きな頭部の重要な部分を占め、詳細に表現されず、あるいは制作時に旨くゆかなかったのかもしれない。ただ、両の目は表わされ、鼻に関連した線が大まかに描かれている。口はそれらしいものが僅かに印され、顎が相対的に力強く表されている。頭は半月形の刻み目が縦に列をなして覆い、その端に付いた房のようなものが下

第 1 節　西シベリアの「ヴィーナスの像」

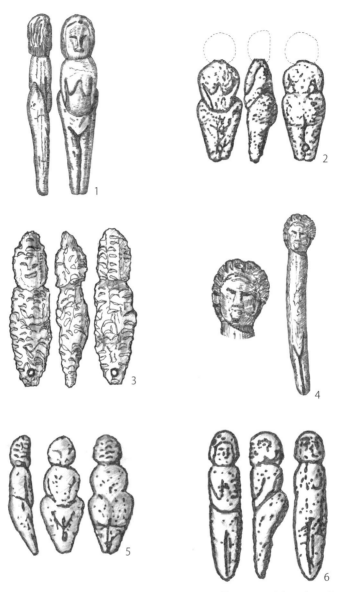

1　マリタのヴィーナス 1 号　　2　マリタのヴィーナス 2 号　　3　マリタのヴィーナス 3 号
4　マリタのヴィーナス 4 号　　5　マリタのヴィーナス 5 号　　6　マリタのヴィーナス 6 号
　　　　　　　　　　　　（1～6 の出典　Abramova 1967）
図 33　シベリアのグラヴェット文化のヴィーナスの様式に関連する芸術（1）

第4章 グラヴェット文化の「ヴィーナスの様式」、特に西シベリア地域の研究

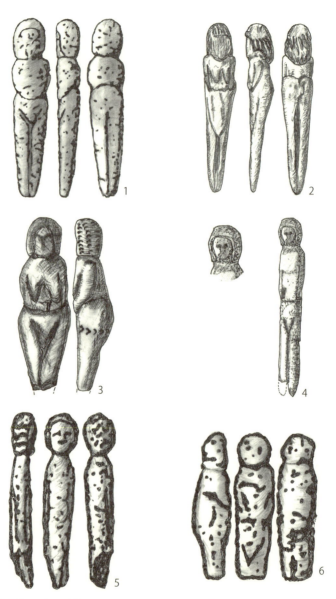

1 マリタのヴィーナス7号　2 マリタのヴィーナス8号　3 マリタのヴィーナス9号
4 マリタのヴィーナス10号　5 マリタのヴィーナス11号　6 マリタのヴィーナス12号
(1〜6の出典　Abramova 1967)

図34　シベリアのグラヴェット文化のヴィーナスの様式に関連する芸術 (2)

を向いている。両肩は比較的狭いなで肩である。乳房は平面的で垂れ下がっているような印象を受ける。腹部は深い沈線刻で下半身と画されることが、マリタの小像の表現における特徴の一つである。両腕は自然な姿で、左腕がお腹の上に肢を曲げて添えられ、右腕が肢の部分までしか保存されていない。両脚は閉じられた状態で、深い沈線で双方に表されている。骨盤および臀部の位置は最大の幅をもち、比較的よく表されている。お尻の下には、数珠のような、あるいは縞模様の帯状のものが認められる。この飾りものは不整な三角形の刻み目をやや間隔を空けて繋げた横一列である（Abramova 1967；p.110）。

　ヴィーナス第3号（図36-4）は象牙製の裸婦像で、保存の状態が完全な形を保ち、高さ8cmである。この像は約3頭身の均整で、大きな頭をもつ。一方、下半身は極端に縮小され寸詰りな印象を与える。これは細部の表現から輪郭の表し方に至るまで他のものと相違し、一線を画す評価が与えられている。頭部は彫刻がよく施され、波状の線刻の列で覆われ、顔の部分を囲む。顔の具象性はある種の写実的な正確さをもつような印象を受ける。顔は幅が狭く、前へ突き出て、低い額をもち、鼻が長く平らで鼻の孔が飛び出した線によって際立たつ。目は小さな丸い凹みによって表現されている。そして、口は浅い線刻で印され、顎がほっそりとして繊細に形作られている。頭部は太くて短い首で支えられている。乳房は平面的で僅かに盛り上がって、腹部の上を占める。臀部と腰部におけるボリュウム観は比較的控え目である。下半身は急激に縮小し、先端が角のようで点状で終える（Abramova 1967；p.110）。最大の幅は肩の部分にあり、大きな頭部と相まって独創的な輪郭である。

　ヴィーナス第4号（図36-3）は象牙製の完全な形を保った女性の像で、高さが9.8cmである。この像は全体にとても寸詰りな輪郭をもっている。頭部の比率は明らかに大きく、約3.5頭身の均整で表現されている。この小像は細部に至るまで非常によく彫刻が施されている。頭髪は顔を囲んで明確に表現され、定型的な髪形まで知りえる。一方、顔に関する具象性は全く表されず、平面的でいわゆる「のっぺらぼう」である。頭部と胴部を画する部分は、ある程度際立っているが、頸に相当する部分が見受けられない。肩はと

ても幅広く逞しい印象を与える。一方、乳房は平らで大雑把な輪郭と僅かな盛り上がりで表現されている。両腕は実際的な均整で描かれるが、立体感が乏しく、単に筒状でお腹の上で組まれている。腹部のボリュウム観は特段の盛り上がりや突出すような表現がみられない。下半身は角状の輪郭を呈し、左右双方が連結し一体化している。脚部の先端近くには表側から穿孔された円い吊るし孔が明いている。腹部と脚部の境界は下腹部の逆三角形の意匠が実際より極端に下方に移動し、そして大きく誇張されている。この意匠はマリタ開地におけるヴィーナスの像の1つの特徴である。衣服というか、装身具の類が幾つか確認できる。1つは後頭部の髪に、縦方向に垂れ下がっている2列の数珠のようなもの、あるいは小さな蝶々結びのリボンの列である。2つ目は前者と同じような特徴が認められ、背部の右肩から前側の右乳房の付け根部分まである。3つ目は腹部の上に位置し、やや間隔の空いた数珠のような帯である。さらに下半身の側面に縦二列の襞状のものが表されている。この像のモデルとなった女性は肩、両腕、そして臀部の輪郭などから、全身を覆う長い衣服を身に付けていた可能性が窺える（Abramova 1967；p.110)。

　ヴィーナス第5号（図34-2）は象牙製の完全な形を保った裸婦像で、高さが13.6cm、約4.5頭身の均整である。この像は実際からみれば、身体各部の不自然な均整が特徴である。まず、頭部と胴部の大きさが同じ比率で、そして脚部が胴部の3倍の長さである。頭部は入念に細工され、細部に至るまで最も具象的である。頭髪は立体的な彫刻で、一般に見られる楕円形の頭巾のようなものと異なり、顔部を囲んで明確に独立した表現である。髪型は額の上で真っ直ぐ水平に切り揃えられ、脇でやや波状を描きながら耳を覆う。ただ、丁寧に刈揃え、後ろで肩から背中にかけて舌状の曲線を形づくりながら、長く波状に垂れ、末端が内側に巻き込むなど、非常に克明である。ところが、顔は単に平坦で、具象的表現が放棄され、いわゆる「のっぺらぼう」である。頭部と胴部の間はある程度のボリュウムが絞り込まれ際立つが、頸に相当するものがない。狭い両肩は角張り、とはいうものの最大の肉厚部分を形成する臀部と同じ幅である。乳房は線刻で表され、小さく平面的で僅かな盛り上がりで表現され、垂れ下がっている。両腕は短くて細く、途切れ

て、お腹の脇に添えられる。平坦なお腹の上には2本の線が腰から脚にかけて印される。この像では通常認められる臀部と腹部の一体的表現が大幅に無視されている。腹部は膝に相当する位置まで極端に引き下げられ、主観的に強調されている。かたや後面では、反対に非常に長い両の股が占めでいる。臀部はやや盛り上がるが、横幅が比較的控えめである。長く真っ直ぐな脚は徐々に先細り、最終的に丸い点状で終わる。両脚は狭い裂け目で表される (Abramova 1967; p.110)。

　ヴィーナス第6号（図34-4）はトナカイの角製で、右の脚部先端を欠くが、ほぼ往時の姿をとどめている。高さ12.1cm、細長い円筒状を呈す。性差の表現は男性と女性に共通する特徴を有し、曖昧である。頭部は球体で、そのボリュウムが胴の幅を上回る。顔は卵形でとても良く作られ、膨らんだ額、頬、顎、目、口、鼻が、小さな引っ掻き傷のような僅かの凹凸で印されている。髪型は綿入れ頭巾のように膨らんで、刻目の列が印され、顔を覆うように囲い込んでいる。頭髪は額の位置から頸に至るまでを覆う。両肩は狭くなで肩で、引き伸ばされた上半身の印象を一層強調している。腕は細く、窮屈なほど両脇を締めている感じがする。お腹は僅かに迫り出ている。臀部と腰部は申し訳け程度にしか表現されていない。両脚は長く真直で、前後に穿たれた深い溝によって画され、先端まで両脚の太さが変わらず、端が急に先細る。保存された左足には、小さな吊るし孔の穿孔が認められる (Abramova 1967; pp.110-111)。

　ヴィーナス第7号（図33-3）は象牙製で、高さ4.4cmの女性のミニチュア像で、顔を除く表面の全てを半月形の刻目が覆う。この飾り文様は人体の解剖学的な特徴をことごとく隠す。ただ、ほかの小像と比べれば、一般的なグラヴェット文化、「ヴィーナスの様式」の特徴がより認められる。頭は均整上とても大きく、不自然で、この像の3分の1以上を占める。顔は幅が広く平らで、目、鼻、口が簡略的に印されている。ただ、顎は良く表され、そのことから何か戯画的な印象を受ける。そして、頭頂部には、尖り帽子を被ったような突起が有り、この部分にまで半月形の刻目が覆っている。肩はほとんど頭部と一体である。乳房は、表されていない。両腕は、脇を締めるように控え目である。臀部は最も幅が広く、やや盛り上がり、この様式の重要

な特徴を辛うじて備えている。また、唯一の女性的な表現は下腹部における「V」字形の沈線で、恥骨部分が表現されている。脚は切り離されず、細部の表現が殆ど無視されている。下半身は臀部の最大幅を底辺とする逆三角形を辛うじて描き、その先端に円い小さな穿孔を有す（Abramova 1967；p.111）。

　ヴィーナス第8号（図35-1）は象牙製で、高さが4.1cmのミニチュア像で、顔を除く容姿の特徴が本遺跡の他ものに共通する。全身は横位の沈線に覆われている。頭頂部は上へ向かって尖った角状の突起を呈す。頭部と胴体の境目は小さな皺のようなもので辛くも分けられている。顔は平らで、両目と鼻がごく簡単に印されている。胴体は頭部よりやや幅広に作られ、下部に向かって僅かに細くなり、下端で平面的な丸みを帯びる。両腕は2本の沈線によって脇の下に寄り添うように描かれている。下腹部には逆三角形の沈線がみられ、お腹と脚部を分ける目印の役目を果たす。下半身は正面と背面に各1本の深い沈線が両脚を左右に画す。注目すべきは裏面の中程に尻尾のようなものが明らかに認められる。グロモフ（Gromov, V.I.）は、この装飾と尻尾について、人間の体にホラアナネコ（*Felis spelaea*）の縞模様のある毛皮を纏ったものを表現したもの、と推測した（Abramova 1967；p.111）。

　同第9号（図33-4）は象牙製で、高さが9.6cmの円柱状の女性像で、本遺跡のヴィーナス第6号（図34-4）に類似する。頭部は球形を呈し、最大の幅を持つ。髪型は頭の形そのままで、波状毛の膨らんだ状態をよく表している。顔は頭の大きさに対して実際的な均整で、目や鼻等が簡単に表されている。胴体のボリュウムは頭部のそれより一段狭まり、筒状で殆ど何も表現されていない。首から下は下端から三分の一の所に、「Y」字形の刻みが下腹部を表している。像の縦軸は弓なりにやや曲がっている（木村 1995；pp.10-12）。

　ノート：この遺跡の彫像の性格に関しては、象牙製の動物彫像や個性的なミニチュアのヒトの像等で十分に地域的な特徴を備えたている。さらに、本格的なヴィーナスの彫像は西シベリアを代表する創作群として勢揃いした観がある。これらは他の地方に比べ明らかにより小型の傾向があり、この地方の生活様式、例えば移動距離の大きさ等の反映である可能性が考えられる。創作意匠は、大きな頭部や顔の具象性等の独自な特徴も窺える。けれども、それはグラヴェット文化の所謂「ヴィーナスの様式」に

第1節　西シベリアの「ヴィーナスの像」

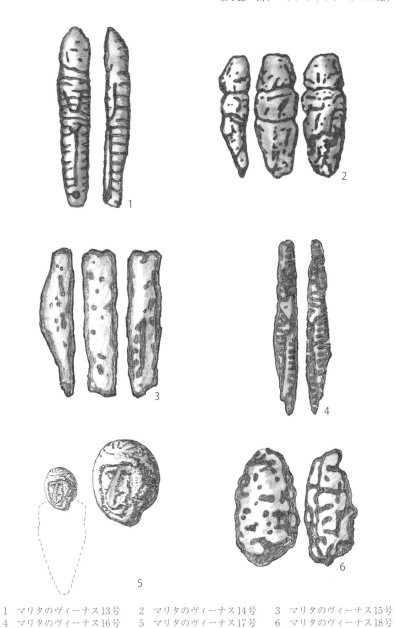

1　マリタのヴィーナス13号　　2　マリタのヴィーナス14号　　3　マリタのヴィーナス15号
4　マリタのヴィーナス16号　　5　マリタのヴィーナス17号　　6　マリタのヴィーナス18号
　　　　　　　　　　　　（1～6の出典　Abramova 1967）
図35　シベリアのグラヴェット文化のヴィーナスの様式に関連する芸術（3）

第4章 グラヴェット文化の「ヴィーナスの様式」、特に西シベリア地域の研究

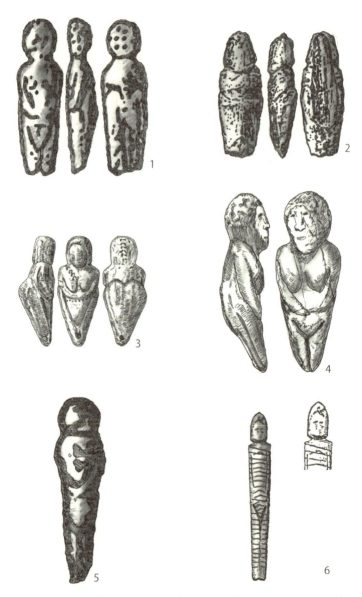

1 マリタのヴィーナス19号　　2 マリタのヴィーナス20号　　3 マリタのヴィーナス21号
4 マリタのヴィーナス22号　　5 マリタのヴィーナス23号　　6 マリタのヴィーナス24号
　　　　　　　　　　　　　（1〜6の出典　Abramova 1967）

図36　シベリアのグラヴェット文化のヴィーナスの様式に関連する芸術（4）

第1節 西シベリアの「ヴィーナスの像」

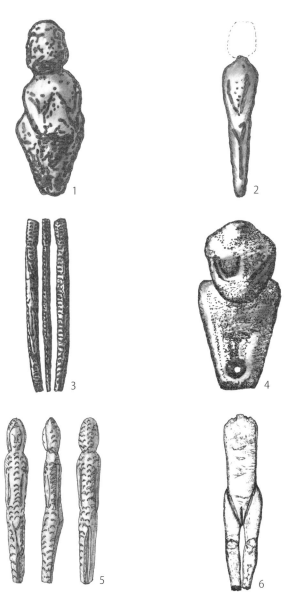

1 マリタのヴィーナス25号　2 マリタのヴィーナス26号　3 マリタのヴィーナス27号　4 マリタのヴィーナス28号　5 ブレチのヴィーナス1号（1〜5の出典　Abramova 1989）
6 ロージュリ・バッスのヴィーナス（出典　Cohen 2006）
図37　シベリアのグラヴェット文化のヴィーナスの様式に関連する芸術（5）

第 4 章　グラヴェット文化の「ヴィーナスの様式」、特に西シベリア地域の研究

矛盾するものではなく、創作上の一般的様式上の傾向が十分に働いているし、主題の本質が異なるものではない。

　比較：マリタ開地のヴィーナスの像群の比較対象を求めれば、何といってもシベリアの同一河川流域に共にあり、僅か 25 km しか離れていないブレチ開地がそれである。例えば、ミニチュア的創作である丸彫り像は、シベリアの両遺跡間で特に類似するものが数多くみいだせる。その反面、本格的に彫刻されたヴィーナスの像も多数含まれることから、後者のブレチ遺跡の性格とやや異なる総合的組成上の違いも考えられる。ただ、西ヨーロッパにおいて、特にフランスのブラッサンプーイ洞窟（Brassempouy：図 39-1・2）の出土例からも、同一時期に実に多様な創作がグラヴェット文化の盛期に集合体を形成することが知られている。また、中部ヨーロッパ・チェコのドルニ・ヴェストニツェ（Dolni Vestonice：図 39-4）などの多様な総合的な組成も前者と相通じる（Delporte 1979）。

第 2 節　比較・総論

はじめに

シベリアのグラヴェット文化のヴィーナスの様式に関しては、地理的な唯一の隣接地域が東ヨーロッパ大平原である。ここでは、その女性像は西ヨーロッパや中部ヨーロッパに比べ、資料の個体数が格段に多いことが注目される。前章でふれた代表的な資料を遺跡ごとに概観し、比較の対象としながら、ひいてはシベリアの類縁文化における女性小像群の固有の特徴を探る。更に、これら両地域と前述の西ヨーロッパと中部ヨーロッパのグラヴェット文化における女性小像の共通な特徴も観察する。ここでは、学術論文中で援用された図版の中で、なおかつ個体の保存状態が良好なウクライナ・アヴディエヴォ開地（第 1・2・5・6・7 号：図 30-Avdelevo、図 39-8）、ガガリノ開地（第 1・2・3・4・5a・5b 号：図 30-Gagarino）、コスティエンキ I 開地（第 1・2・3・4・6・7・8 号：図 30-Kostenki I）の 3 つの遺跡の代表的な 18 体の小像を選択し分析の対象とする。これに対し西シベリアのマリタ開地の 25 体（第 1～16 号、第 19～27 号：Abramova 1967）を選別して援用する（竹花 2010；pp.29-38、2011；pp.123-135）。

(1) 身体の表現
1　頭部表現

　この範疇の像に表現された頭部は、東ヨーロッパとシベリアにおいて、表現する上で欠くべからざる部分であったと考えられる。これに対し、西ヨーロッパにおける「ヴィーナスの様式」の典型期である後期ペリゴール文化Ⅴc期に顕著な頭部の省略や極端に象徴化する傾向は、如上の両地方では認められない。また中部ヨーロッパのパヴロフ文化期の一部に観察される複雑で特異な図案化もみいだせない。これら両地域の表現は極端な誇張化に向かわず、むしろある種の写実性と率直さが尊重されたようである。この例証は東ヨーロッパの3遺跡の18体に、全て実際的な均整を持った頭部が表現されたことで理解できる。但し18体中3体は損傷がもとで頸部から頭部を欠くものも含めてである。西シベリアのマリタ開地の25体は頭部を損失した2体が含まれるが、事実上全て頭部が表現されていたようである（竹花 2007：p.109、2011：p.128、2012：p.62）。

2　頭　髪

　この特徴は両地域で特に入念に表現され、更に髪型として表現上の類型化が認められる。東ヨーロッパの3遺跡の場合は全体の6割（11体）にそれが見受けられるが、少なからず不明確なもの（8体）も含まれる。ただ、2割弱の個体（3体）で、短く切り揃えたいわゆる「おかっぱ頭」として表現された。一方、髪型が欠如する例は2割強（4体）に過ぎず、全体から見れば重要な表現対象であった。一方、マリタ開地では1割弱の不明（3体）を除いて、全てに頭髪としてのボリュウムが表現された。内、実に6割強（16体）に明確な「おかっぱ頭」（例えば図33－1）が観察できる。次いで1割強（3体に）、外套頭巾のような髪型あるいは帽子のような造形が認められる（例えば図33－3等）。また、このような類型的特徴が曖昧な例も若干含まれる（4体）。この類型化した髪型は西ヨーロッパや中部ヨーロッパよりは、東欧に頻度の高まりが認められ、更に西シベリアでは殆どの小像に表現される要素であった（竹花 2007：p.109、2011：p.128、2012：p.62）。

3　顔の表現

　目、鼻、そして口などの細部の表現は東ヨーロッパの3遺跡で1例のみ

第4章 グラヴェット文化の「ヴィーナスの様式」、特に西シベリア地域の研究

で、8割強（15体）に意図的な顔の非具象性が認められる。ただ、顔の存在を知らしめる空間は確保され、いわゆる「のっぺらぼう」（例えば図39-8）や頭髪あるいは毛皮の帽子などで覆われた状態で、目鼻立ちが露わでないものである。これらの小像群に関しては、表現上の必須用件でなかったと理解できる。例えばフランス（例えば図39-5）やイタリア（図30-Grimaldi）などの西ヨーロッパにおいても顔の非具象性、つまりいわゆる「のっぺらぼう」は半数（50%）に及び、中部ヨーロッパでもほぼ同様である（52%）。一方、顔に具体的な目鼻立ち、あるいは仄めかす表現が伴う例は西ヨーロッパ（12%）と中部ヨーロッパ（10%）の両地域においても多くはないのである。けれども、ヴィーナスの様式の一方の分布圏最東端に在るマリタ開地では、顔の細部の具象性が半数以上（14体）に認められ、明確（7体）、あるいはやや明瞭（7体）がそれぞれ確認できる。マリタ遺跡では、いわゆる「のっぺらぼう」が3例のみである。この相違はヨーロッパの東西を貫く様式上の規制が及ぶと共に、シベリアの独自な特徴と理解しうる（竹花 2007：p.109、2011：p.128、2012：p.62）。

4 腹 部

健康な身体において、腹部の突出は女性の妊娠期特有の生殖的変化で、グラヴェット文化の女性小像に誇張的な手法で取り上げられた重要な点である。東ヨーロッパの3遺跡では、ほぼ9割（16例）にこの特徴が認められる。それも非常に際立っている例が多い（13例）。残り2例は不明確であるが、とはいえ全く懐妊の兆候を否定できない。従って、これら全ての創作は尽く妊娠と関連した表現の可能性も排除できない。例えば、西ヨーロッパにおける「ヴィーナスの像」の場合は全体の7割強（73%）に、妊娠期の特徴が色濃く表現され、取り分け同6割に典型的な妊婦の体形が誇張した表現で認められる（竹花 2012）。中部ヨーロッパでは全体の5割強（53%）に、そして同3割（28%）に典型的な妊婦の体形が誇張的表現で認められる（竹花 2007：p.109、2011：p.128、2012：p.62）。マリタ開地の小像の場合は他地方と比較して、腹部の際立った突出を表現した例がなく、顕著な突出あるいはやや明確な盛り上がりを伴う例が4割強（11体）にすぎない。一方、全く腹部の突出のないもの（10体）、不明確なもの（4体）などが6割近くに達する。これは

懐妊という主題の一要素が制作の上の動因の中で重要度が相対的に低下、あるいは様式上の協約性が弱まった可能性が考えられる。

5　胸　部

この部分の表現に関して、東ヨーロッパの3遺跡では、全体の9割強（17例）が非常に発達した乳房が表現されている。これは表現上の自発的な動因というより、非常に強い規制が働いていたことを裏付ける。一方、マリタ開地では、同様にとても肉厚的な胸部が表われたが、腹部まで垂れ下がっているような究極的表現が1例もみいだせない。ただ、全体の三分の一（8例：32％）は三角形の平面的な沈線やレリーフ手法で垂れ下がった様子を表している。これは妊娠に伴う乳腺の特別な発達を表現したものではなく、通常の状態と受けとめられる。さらに、半数近くの個体（10例：40％）は乳房自体の表現が欠如している。加えて、相当数の個体（7例：28％）は曖昧な表現に留まる。西ヨーロッパの例では、水滴の様な発達した乳房を有するものが過半数（62％）を占める。中部ヨーロッパでは同3割（29％）であるが、省略するものも多い（32％）。ただ、一般的な傾向はヨーロッパの東西を通徹して、豊満な発達した乳房が表現され、グラヴェット文化のヴィーナスの様式の共通要素である。最東端のマリタ開地において、この共通要素は表現する上で明らかに必須要件としての音調の明らかな低下を指摘し得る（竹花2007；p.110、2011；p.129、2012；p.62）。

6　身体中央

この部分の状態は機械的な解釈として、頭部末端と脚部末端を結ぶ中間の位置で、これに直行する幅の表現の観察である。先ず東ヨーロッパの3遺跡において、身体中央は程度の差こそあれ、全て均整上のボリュウムを操作した誇張的な表現が認められる。これらの度合いを整理すると、非常に誇張した（8例）、明らかに誇張した（7例）、やや誇張した（2例）である。従って、誇張した表現は一般的な強い傾向である。一方、マリタ開地の場合は身体中央に如何なる誇張も認められない類型が最も多く8例（32％）である。これ以外は9例に僅かな誇張が認められ、4例が明確で、そして4例に非常に強い誇張がおこなわれている。ともあれ身体中央部を誇張する傾向は、シベリアにおいても優勢であるが、その度合いが前者に比べて明らかに弱まって

213

いる。他の地域、例えば西ヨーロッパでは、全体の81％に身体中央部である腹部や臀部に最大幅が表現される。中部ヨーロッパでは、やや分散化する傾向が認められ、全体の59％に同様な誇張的な表現がみいだされる。この観察項目の結論はマリタ開地も含めたグラヴェット文化のおよぶ全域において重要な共通の特徴である（竹花 2007；p.111、2011；p.129、2012；p.63）。

7　身体下端

　この表現は脛から先の文字通り「足」のことで、下半身末端部の表現を観察する。東ヨーロッパの3遺跡では、足が表現されたものが6例（33％）あり、いずれも実際の大きさより小さい（4例）、あるいは極端に小さい（2例）のである。なお、損傷がもとで知りえない状態のものが半数（9例）あり、実際は、大半の小像に表現されていたと推測できる。一方、マリタ開地では2例の不明のものを除いて、残りの大半23例（92％）に足部が省略される。つまり、全く表現の対象から外された可能性が高いのである（竹花 2007；pp.111-112、2011；p.129、2012；p.63）。

8　下端の縮約

　この特徴は東ヨーロッパの3遺跡で顕著な縮約性が認められないもの、つまりある程度の客観的な観察に基づいている表現のものが4例（22％）、縮約性の弱いもの6例（33％）がある。そして典型的な縮約的表現である下半身末端で点状に収斂する角状の円錐形を呈するものが4例（22％）のみである。これがコスティエンキI開地などで指摘されるより写実的な創作の一端である（竹花 2007；pp.131-133）。一方、マリタ開地では、全ての小像に明確な下半身の縮約性が認められる。これは身体中央の最大幅から下半身末端にかけて急激にボリュウムが収縮する特徴である。その様相は角形の輪郭を描き点状の末端部を有する（9例）、前者とほぼ同様であるが下端がやや広いもの（7例）、そして縮約性がそれほど顕著ではないもので下端が管状のもの（9例）に分類出来る（竹花 2007；p.112、2011；p.129、2012；p.63）。

(2) 複合的な表現
1　身体の総合的特徴

　ここでは複合的な判断として、性差の表現を観察する。東ヨーロッパの3

第 2 節　比較・総論

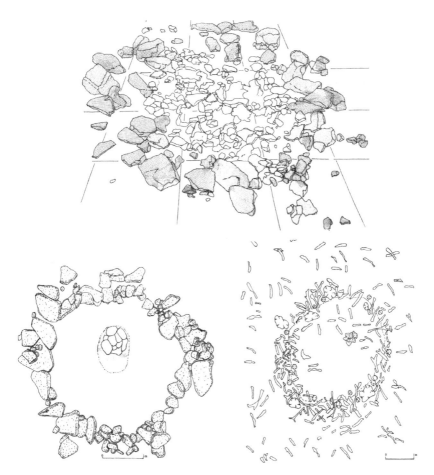

A　ヴィーニュ・ブラン開地遺跡（フランス）の U-10 住居（写真からの素描　Combier et al.1982）
B　マリタ開地遺跡（ロシア）の住居（Gerasimov 1931）
C　ドモス開地遺跡（ハンガリー）の平地式テント住居跡（Babori-Csank 1989）
図30　発見された居住遺構に見られるグラヴェット文化の生活様式の共通性

遺跡では女性的な特徴を明瞭に示すものが殆どである（全体の96％）。それも約8割の例において女性的な表現に満ち溢れている。ただ、曖昧なものが1例含まれるが、これとて非女性的、あるいは男性的な特徴ではない。マリタ開地の場合は女性的な表現のものが全体の6割を占める。ただ、これらは曖昧な表現のもの（40％）が、非常に女性的な表現のもの（32％）を上回

215

る。これも地方的なあるいは時間的な傾向の相違である。また、妊娠に伴う女性的な身体の変化が表現上の重要な要素として取り上げられているのは、前者の遺跡群において極めて明瞭であるのに対し、後者の遺跡ではこの重要性が薄れている（竹花 2011；p.129）。

2　彫像の大きさ

ヴィーナスの像の大きさ（縦位の丈）に関しては、東ヨーロッパの3遺跡間でもやや明確な相違が存在する。まず、ガガリノ開地は最大 12.7cm、最小 5.5cm、平均 8.7cm で全て掌に収まる最も小型の一群である。アヴディエヴォ開地は最大 16cm、最小 9.6cm、平均 11.6cm で、やや掌からはみだす。コスティエンキⅠ開地は最大 19.5cm、最小 4.2cm、平均 14.1cm で、最も大きな一群であり、明らかに掌に余るものが殆どで、この中で最小のものは焼成粘土製で例外的に小作りであった。これら3遺跡の平均 11.5cm である。シベリアのマリタ開地では、最大 20.8cm、最小 2.8cm、平均 7.5cm で、前述のコスティエンキⅠ開地の変異幅を更に上回り、実に多様な大きさが創られた。ただ、最大値のものは例外的な大きさである。その他は東ヨーロッパの3遺跡に比べて、より小型のものが優勢である。そのことは全体の3分の1の小像（36％）の下端に、吊るし孔の穿孔が施されていることで説明され、これらが日常的に身体に携行された可能性が窺われるのである（竹花 2011；p.130）。

3　均　整

身体の均整は像の最大高を最大幅で乗算して得られた数値を基に検討する。以下のような類型的範疇を設定し変異の把握を試みる。先ず指数1未満のものを「超肥満型」、同 1.00〜2.00 までを「肥満型」、同 2.01〜3.33 までを「やや痩身型」、同 3.34〜4.99 を「痩身型」、同 5.00 以上を「超痩身型」あるいは「管状型」と定義し分類する。得られた結果はすでに東ヨーロッパの3遺跡間で興味深い相違をもつことが理解できた。ガガリノ開地は最大値 6.6、最小値 1.5、平均 3.2 で、「肥満型」から「超痩身型」まで変異が大きく、平均値が「やや痩身型」の一群をなす。アヴディエヴォ開地は最大値 5.7、最小値 3.3、平均値 4.4 で、「痩身型」から「超痩身型」に変異幅があり、平均値が「痩身型」を示す。コスティエンキⅠ開地は最大値 4.1、最小値 2.6、平均値 3.3 で、「痩身型」から「やや痩身型」に変異し、平均値が「痩身型」

第 2 節　比較・総論

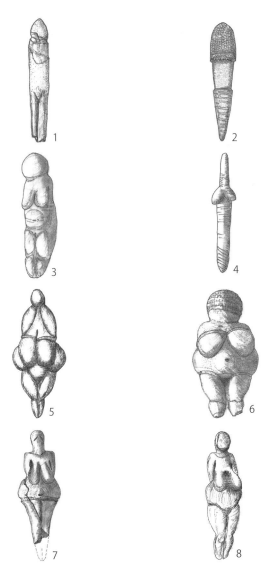

1　ブラッサンプーイの「フィエット」（出典　Siant-Blaquat 1987）　2　ブラッサンプーイの「皮袋の栓」（出典　Leroi-gourhan 1988）　3　キオッツアのヴィーナス（出典　Bridow 1972）　4　ドルニ・ヴェストニツェのヴィーナスⅪ号（出典　Delporte 1979）　5　レスピューグのヴィーナス（出典　Cohen 2003）　6　ヴィレンドルフⅡのヴィーナス1号（出典　Joffroy et Thenot 1983）　7　ドルニ・ヴェストニツェのヴィーナス1号（出典　Leroi-gourhan 1988）　8　アヴディエヴォのヴィーナス6号（出典　木村 1995）

図 39　グラヴェット文化のヴィーナスの様式における創作の類型性

第 4 章　グラヴェット文化の「ヴィーナスの様式」、特に西シベリア地域の研究

あるいは「やや痩身型」の境界値を表す。以上、東ヨーロッパ大平原の3遺跡の平均値3.7は「痩身型」の範疇に相当する。これに対して、マリタ開地では最大値14.9、最小値2.3の間で変異し、平均値が4.95で、「超痩身型」から「やや痩身型」と非常に大きな変差を示す。その平均値は「痩身型」に相当する。ただ造形的な実体は「管状型」の範疇に近い一群であるという重要な特徴を示す。この観察においては前者の地方と明らかに異なる（竹花 2011；pp.130-131）。

　結　論

　シベリアのヴィーナスの像群の特徴は頭部の表現が欠くべざる要件として極端な図案化や誇張に向かわず具象性がある程度尊重された。そして頭髪は隣接の東ヨーロッパ大平原でも重要な要素であったが、マリタではより一層重視され殆ど全てに一段の肉厚的表現がおこなわれた。顔の具象性は東ヨーロッパ大平原で余り顧みられず殆どが「のっぺらぼう」であったが、反面マリタでは、多くの場合確り表現された。身体中央の突出、特に腹部のボリュウム観の操作は東ヨーロッパの殆どの例に認められ非常に際立つのに対し、マリタでは明らかに控えめで懐妊というモティーフが際立って重視されたわけではなかった。同様に胸部の表現は東ヨーロッパで非常に立体的で豊満に表現されたのに対し、マリタでは僅かに肉厚的な表現がおこなわれたものの、他のヨーロッパ各地のような究極的な表現はみいだしえない。下半身末端に至る宿約的表現は東ヨーロッパにおいて余り顕著ではなく、より写実的な観察であるが、シベリア地域では全てに明確な縮約性が下半身に表現されている。東ヨーロッパ大平原などでは、女性的な表現が際立っていたが、シベリアでも女性的な特徴を有す例が多数を占めるが、同時に曖昧な表現も相当数みられる。妊娠に伴う女性的な特徴は重要な要素として東ヨーロッパ大平原などの遺跡群で極めて明瞭だが、マリタなどではこの傾向が明らかに希薄化する。ヴィーナスの像に纏わるいわゆる「臀部肥大症」の特徴に関しては、通常の肥満体型を超えるような外形上の目立った形質が観察できない。

　「ヴィーナスの様式」は西ヨーロッパにおいて洞窟壁画の第Ⅱ様式に並行

結論

し展開したが、その年代と帰属する文化編年に関しては、すでにヨーロッパ各地で検証したように比較的狭い時間幅の中で繰り広げられ、ヴュルム第Ⅲ亜氷期の最寒冷期と共に終焉を迎え、全く別のものに変化していったが、恐らく最後の創作例と推測しうる 23,000yBP 頃の後期ペリゴール文化Ⅵ期のパトー岩陰のヴィーナスのレリーフ像に、マリタの創作群内に多くの共通点をみいだし得るのは非常に興味深い。

　ルロワ・グーランによって指摘された両乳房、腹部そして生殖器が１つの環の中に収まる重点的表現部の特徴は、ヨーロッパ全域の大多数の「ヴィーナスの像」に認められた。そして、マリタなどでは、身体中央から頭や脚の末端に至る対称形を成す上下それぞれの三角形を描く外形の縮約性が大多数に認められたが、例えば西ヨーロッパの典型的な例を、これらの細部に至るまでそのまま当て填めることは出来ない。ここで展開された相違は、地理的な要因というよりは、時期的な遅延が文化の盛衰を意味する可能性がある。

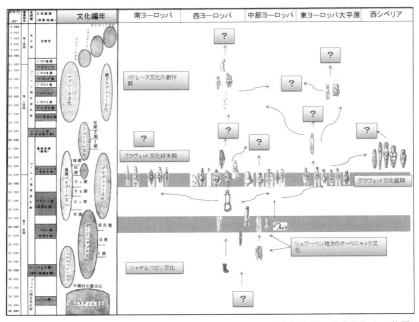

図40　グラヴェット文化のヴィーナスの様式における芸術的創作群の文化編年上の位置

終章　結論

　19世紀後半、フランスで最初に発見された旧石器時代の象牙製の女性小像は、文字通り「ヴィーナス」と命名さられた。けれども、それはくしくも今日「ヴィーナスの様式」とする範疇のものではなかった。同世紀終末に至ると、西ヨーロッパの各地で複数の女性の小像が後期旧石器時代前半の堆積物から発見され始め、さらに20世紀初頭には本論の主題に関する重要な一群がそろい始めた。時を同じくして、中部ヨーロッパでも、同様の典型的な創作群が同じ諸条件から発見された。さらにこの主題に関する考古学的な知見は、東ヨーロッパ大平原においても典型的な創作類型が展開されていたことが理解された。そして、同世紀中頃には、遂に西シベリアにもその文化的広がりが確認された。これらのほとんどは後期旧石器文化の洞窟壁画第Ⅱ様式に並行したグラヴェット文化期の所産であることが確認された。

　「ヴィーナスの様式」の誕生と発達過程は、最後の氷河期のただ中、更新世後期ヴュルム第Ⅲ亜氷期に相当したが、現在よりも明らかに寒冷で乾燥した厳しい気候であった。少なくとも3つの温暖期が介在しながら、振幅を繰り返し、その度ごとに、自然環境は明確に変容し続けた。中部や東ヨーロッパでは、常に現在より寒冷で乾燥し、絶滅種を含む氷期の大型動物が豊富に生息していた。

　西ヨーロッパで研究されたグラヴェット文化の編年体系と放射性年代は、常に時間の尺度としてとても有効である。ただ、全体をグラヴェット文化と総称しながらも、その文化のおよぶ領域の西端における一地方の文化にすぎない後期ペリゴール文化の細分が用いられ、文化の総論を展開する上で未整備な面も存在する。後期ペリゴール文化およびその類縁文化は、ヨーロッパのオーリニャック文化から発展的に展開し、最終段階まで文化編年上の7階梯が識別され、ほぼ7,000年間にわたりユーラシア大陸の主だった地域に展開した。この時期、中部や東ヨーロッパでは、東方グラヴェット文化と呼ばれる地方的様相が認められることもその証左であり、濃密な文化的類縁関係が指摘される。

終章　結論

　芸術的創作が始めてこの地域に登場するのは、後期旧石器文化黎明のシャテルペロン文化からである。それは極めて素朴で、表現意図の曖昧なものであった。続くオーリニャック文化には、表現の内容が明確化し、主題の特定が可能となり、最初の様式化された創作に発達した。ここに表現された主題は種の繁栄に基づく生殖願望を象徴化したもの、そして草食動物に象徴された生命の維持に欠いてはならない食物獲得に由来する。これら2つの根元的な動機から発していた。ただ、表現の仕方はほとんどが二次時限的な線刻手法で、本主題の女性を立体的に形作る彫像に直ちに結びつかない。一方、中部ヨーロッパ南西端の先行文化には、注目すべき独自の芸術表現の伝統が豊かなマンモス動物群を背景として展開していた。それは可塑性に秀でる象牙を素材に、大型で強壮な動物の彫像が盛んに制作された。時には、逞しい男性の全身浮き彫りや擬人化した大型肉食獣などが創作され、僅かながら本主題のヴィーナスの様式を彷彿させるものすら発見されている。同じく西ヨーロッパの先行文化の盛時にも、非常にわずかではあるが、すでに特定の岩陰や洞窟遺跡などにおいて、前述の様な創作がおこなわれ、特に本主題の原形に相当する彫刻なども稀にではあるが存在した。のみならず、中部ヨーロッパにおける先行文化の最終段階に、特定の洞窟遺跡において極めてわずかながら女性的様相を帯びた小彫像も見出せる。この両地域の如上の伝統が昇華し、後続のグラヴェット文化のヴィーナスの様式を生み出した可能性が大きい。

　西ヨーロッパにおけるグラヴェット文化の古い様相には、「ヴィーナスの様式」が誕生する前段における未分化な創作が、ベルギーの洞窟遺跡や中部ヨーロッパのモラヴィア地方の開地遺跡などに一連の系譜の原型となる創作類型が存在している。けれども、グラヴェット文化前半、すなわち後期ペリゴール文化第ⅣとⅤa期に属す本主題の創作例は、非常に少なく、そのⅣ期には皆無であり、同Ⅴa期にただ一例が見出される。これらを含め、西ヨーロッパのグラヴェット文化の領域で発見された資料は、わずか30点にも満たない。これらは全て同ⅤaからⅥ期までの約5,000年間に、特にそれらの9割強が後期ペリゴール文化Ⅴc期の約1,500年間に制作されたと考えられる。後期ペリゴール文化後半に至ると「ヴィーナスの様式」は、百花斉放の

様相を呈し、わずか十数世紀余りの時間幅のなかで完成された。この極めて古典的な時期はノアイユ文化とも呼ばれる。西ヨーロッパのブラッサンプーイ洞窟の小像群、レスピューグ洞窟のヴィーナスの像等は、この時期の明確な所産である。終末の様相は後期ペリゴール文化第Ⅵ・Ⅶ期に展開したが、その数が非常に少なく、確実なところでは、パトー岩陰のレリーフ画とルナンクール開地のヴィーナスの像が僅なの例である。その後、後続のヴュルム氷期後半における最寒冷期のソリュートレ文化期には、全く制作されず、大きな文化上の痛手を被り、この表現様式自体が姿を消した。

　ユーラシア大陸におけるグラヴェット文化のヴィーナスの像の素材は、西シベリアから東ヨーロッパ、中部ヨーロッパ、さらに西ヨーロッパに至るまで、象牙が最も重要であった。ただ、それぞれの地域に特有の素材もたびたび活用され、大理石などの軟らかく彫像に適したもの、岩陰や洞窟壁面の石灰岩も浮き彫りのレリーフの画架となり、各地固有の伝統として特色を発揮した。反面、東側の地域で頻繁に制作された焼成粘土製のヴィーナスの像などは、西側地域で全く見られず、この手法自体が共有されなかった。

　本主題は大きく分けて2つの異なった類型に分類できる。第一は西ヨーロッパに固有な生活領域の岩片に彫刻された浮き彫り手法のレリーフ画で本来携行性がなく、動産芸術の範疇と異なる。第二は彫刻された小像であるが、ほぼ掌に収まる寸法が中心で、携行性も十分に備えているが、なかには数例の比較的大きなものも制作され、地域的な変異が認められる。この前者の特徴は、西ヨーロッパ等に見られる移動性の比較的少ない、あるいは限られた地域、例えば大河川の川谷内の周回行動に起因する可能性がある。他方、西シベリアではより小型の彫像が制作され、のみならずことごとく下端に穿孔が施され、吊り下げ飾りの様に身体に身に着けるなど、より放浪性の高い生活様式の表れと考えられる。

　ヴィーナスの像の大部分は身体の一部のボリュウム観を操作した本格的な彫刻によった。一方、小さくて簡略なミニチュア型の範疇も明確に存在する。頭部表現の趣は象徴的、写実的、主観的、省略的など多様である。

　西ヨーロッパのヴィーナスの像は妊娠に伴う豊満なモティーフが他のヨーロッパ地域等より明らかに優勢で、典型的ないわゆる「臀部肥大症」のよう

終章　結論

な類型も頻繁に認められる。また、他地域に比べて、特定部位のボリュウム観の操作は、主題のより重点的な関心を示す。反面、身体末端の縮約的な表現は同様に尊重されている。主題の諸所の協約性は相対的に強いが、ただし地域の制作者集団の独自性も要素として明らかに認められる。

中部ヨーロッパの「ヴィーナスの像」は主に象牙で制作されたが、他にも多様なものが使われた。殆どが掌に収まる大きさで、より小さく携行性に優れていた。その趣はシンボリック、具象的、先験的、取捨的、そしてより雑多である。妊娠に伴う豊満な女性という特徴は、数の上からは劣性で、また典型的ないわゆる「臀部肥大症」のような類型はそれ程多くはなかった。また他の地域で指摘された特定部位におけるボリュウム観の操作は主題の重点的な関心ではなかったようであるが、反面、身体末端の縮約的な表現が明確に尊重されていた。主題の諸所の協約性は相対的に弱く、制作者の雑多な要素や地域性が介在している。

東ヨーロッパ大平原のヴィーナスの像の特徴は所謂「臀部肥大症」について、通常の肥満形質を超えるような外形上の目立った特徴が観察できない。その反面、ルロワ・グーランによって指摘された両乳房、腹部、そして生殖器が1つの環の中に収まる重点的表現部は、大多数の「ヴィーナスの像」に認められる。同様に、象徴上の重要性が劣ったと考えらる、頭や脚には、対称型をなすそれぞれの三角形を描く縮約性が大多数の「ヴィーナスの像」に認められる。この地域の創作群は相対的に客観的な観察に基づき、より写実的な特徴が窺われる。従って、西ヨーロッパの典型的な例がそのまま東ヨーロッパ大平原に当てはめることは出来ない。

シベリアのヴィーナスの像群の特徴は、頭部の表現が欠くべざる要件として極端な図案化や誇張に向かわず具象性がある程度尊重された。そして頭髪は隣接の東ヨーロッパでも重要な要素であったが、ここではより入念に表された。顔の表現に関しては、他地域で余り顧みられず「のっぺらぼう」が強い傾向であったが、シベリアでは多くの場合確り表現された。身体中央の突出、特に腹部のボリュウム観の操作は、他地域の殆どの例に認められ非常に際立つのに対し、明らかに控えめで懐妊というモティーフが際立って重視されなかったようである。同様に胸部の表現は、全ヨーロッパで非常に立体的

終章　結論

　で豊満に表現されたのに対し、僅かに肉厚的な表現がおこなわれ、如上の各地で表現された究極的な姿がみいだしえない。下半身末端に至る宿約的表現は全てに明確に認められる。ヨーロッパでは女性的な表現がモティーフに際立っていたが、シベリアでも女性的な特徴を有す例が多数を占めるが、同時に曖昧な表現も相当数みられる。妊娠に伴う女性的な特徴は、明らかに希薄化する。ヴィーナスの像に纏わるいわゆる「臀部肥大症」の特徴に関しては、通常の肥満体型を超えるような外形上の目立った形質が観察できない。シベリアの創作群の年代と帰属する文化編年上の位置は比較的より狭い時間幅の中で繰り広げられ、ヴュルム第Ⅲ亜氷期の最寒冷期前後における、恐らく最後の創作例と推測しうる後期ペリゴール文化Ⅵ期のパトー岩陰のヴィーナスのレリーフ像に、マリタの創作群が多くの共通点をみいだし得る。シベリアのマリタ開地などでは身体中央から頭や脚の末端に至る対称形を成す上下それぞれの三角形を描く外形の縮約性が大多数に認められたが、例えば西ヨーロッパの典型的な例を、これらの細部に至るまでそのまま当て填めることは出来ない。これらの異なる地域で共有された特徴、あるいは展開された相違は、地理的な要因というよりは、時期的な文化の盛衰を意味する可能性がある。

　以上最も注目すべきは、グラヴェット文化盛期における僅か千数百年余りの時間の幅内で、ユーラシア大陸の東西に、地球の四分の一周に及ぶ空間に張り巡らされた人類史最初の諸集団間の精神文化の綱目状回路に、芸術上の知性が閃光のような発信と反響を繰り返し駆け巡った、とも理解される点である。それは西ヨーロッパ大西洋岸のイベリア半島から中部ヨーロッパのライン川やドナウ川などを経て、そして東ヨーロッパ大平原の二大大河流域、さらに西シベリアのバイカル湖西岸にいたるまで、文字通り最大の大陸を貫く規模であった。典型的な「ヴィーナスの様式」の展開した年代と文化編年上の位置は、明確であるが、比較的狭い時間幅のなかで全盛期が百花斉放の如く展開し、そしてグラヴェット文化の終焉と共にこの芸術活動と精神文化は一旦姿を消した。あるいは、全く別のものに変化し、そして受け継がれた可能性も考えられる。

引用参考文献

【序章】

Breuil H., 1912, Les subdivisions du Paléolithique supérieur et leur signification. Congr. intern. Anthrop. *Archéol. Préhist., XIV e session*, Genéve 1912 (1913), vol.1, pp.165-238.

Bordes F., 1958, Nouvelles fouilles à Laugerie-Haute-Est. Premiers resultats. *L'A., t.62*, p.205-244.

Bordes F., 1966, Proto-Magdalènien ou Périgordien Ⅶ. (En coll. avec D. de Sonneville-Bordes). *L'Anthropologie, t.70*, p.113-122, fig.5.

Bordes F., 1968, Emplacement de toutes du Pèrigordien supérieur évolue à Corbiac (pres de Bergerac). Dordogne, *Quater*. 19 Band, pp.251-262.

Bordes F., 1978, Le protomagdalenien a Laugerie haute est, *Bull. de la Soc. Prehist. Fr., 75*/11-12.

Bordes F., 1984, *Le Paléolithique en Europe, Lecons sur le Paléolithique, Cahiers du Quaternaire No.7*, Editions C.N.R.S., Paris, pp.216-234.

Bosinski G., 1990, *Homo Sapiens, L'Histoire des chasseurs du Paléolithique superieur en Europe (40,000-10,000 av. J.-C.)*, Editions Errance, pp.37.

Combier J., Ayroles P., Porte J.-L., Gely B., 1982, Etat actuel des recherches à la Vigne-Brun, Villerest, Loire, Les Habitats du Paleolithique supérieur, Roanne-Villerest, 22-24 juin 1982, *Colloque international*, p.274, Pretirage.

Delpech F., 1984, La Ferrassie : Carnivores, Artiodactyles et Pèrissodactyles, La Grand-Abri de la Ferrassie : fouilles 1969-1975, *Etudes Quaternaires, mem. no.7*, p.61-81 ; [Delporte H., 1984].

Delporte H., 1976, Les civilisations du Paléolithique supérieur en Auvergne, in *La Prehistoire francaise, t. 1*, p.1297-1304.

Delporte H., 1984, *La Grand-Abri de la Ferrassie, Fouilles 1968-1973*, Etudes Quaternaires Geologie, Paléontologie, Préhistoire, Mémoiree no 7, I.P.H., Paris.

Garrod D., 1938, The Upper paleolithic in the light of recent discovery, *Procceedings of the Prehist. Soc., 4*, p.1-26.

Garrod D.A.E., 1951, A Transitional Industry from the Base of the Upper Paleolithic in Palestine and Syria, *J. of Royal Anthropological Institute, 81*, p.121-130.

Klima B., 1976, Périgordien et Gravettien en Europe. *Colloque XV du IX e congres de l'U.I.S.P.P. pretirage, Nice*. Leroi-Gourhan A., 1961, Les fouilles d'Arcy-sur-

Cure, Gallia Préhistoure t.4, p.2-16.

Leroi-Gourhan A., 1965, *Préhistoire de l'Art occidental, Paris*, Mazend, p.480, fig.804 (coll. L'art et les grandes civilisations) (1971 年第二版補完出版).

Leroi-Gourhan Arl., 1968, L'Abri du Facteur à Tursac. Analyse polinique. *Gallia préhistoire, t. XI, fac.1*, pp.123-132.

Lumley H. de, 1984, Aux origines de l'art : le Châtelperronien 34,000-30,000 In. : *Art et Civilisations des Chasseurs de la Prehistoire, 34,000-8,000 ans av. J.-C.*, pp.29-51.

Lumley H. de, 1984, Abri Pataud, Les Eyzies (Dordogne), Le Développement de l'Art préhistorique, le Gravettien 27,000-19,000 In. : *Art et Civilisations des Chasseurs de la Paleolithique, 34,000-8,000 ans av. J.-C.*, pp.150-154.

Lumley H. de, 1984, 《Environnement, la faune, la flore》, Les Civilisations des Chasseurs de Paléolithique, 34,000-8,000 ans av. J.-C..

Movius H. jr., 1963, L'âge du périgordien de l'Aurignacien et du Protomagdalènien en France sur la base des datations du Carbone 14, in 《Aurignac et l'Aurignacien》, *Bull. de la Soc. méridionale de Spéléologie et Préhit., VI-IX 1956-1959*, p.131-142.

Movius H. jr., 1975, Excavation of the Abri Pataud, *Bull. of Peabody museum*, Harvard University.

Peyrony D. 1933, Les industries <<aurignacienne>> dans le Bassin de la Vezere ; Aurignacien et Périgordien. *B.S.P.F.*, 1933, Paris, No.10, p.19.

Peyrony D., 1933, Les industries aurignaciennes dans le bassin de la Vézère, Aurignacien et Périgordien, Bull. de la Soc. Prehist. Fr.,30, p.543-559.

Sonneville-Bordes de D., 1980, L'évolution de l'Aurignacien en France. *Colloque Nitra Cracovie*. Aurignacien et Gravettien (Périgordien).

【第 1 章】

Abramova Z.A. (1967) ; L'art mobilier paléolithique en URSS, *Quartar, 18*, pp.99-125.

Barta J. and Bainesz L. (1982) ; *The Paleolithic and Mesolithic*, pp.11-29.

Bordes F. (1966) ; Proto-Magdalènien ou Périgordien Ⅶ, (En coll. avec Sonneville-Bordes de D.) ; *L'Anthropologie, t.70*, Paris, pp.113-122, fig.5.

Bosinski G. (1990) ; *Homosapiens, L'historire des Chasseurs du Paléolithique supérieur en Europe (40,000-10,000 av J.-C.)*, Edition Errance, Paris, p.281.

Bosinski G. (1976) ; L'art mobilier paléolithique dans l'ouest de l'Europe Centrale et ses rapports possibles avec le monde franco-cantabrique et Méditerranéen, *U.I.S.P.P. Colloques XIV* :《Les courants stylistiques dans l'art mobilier au Paléolithique supérieur》, Nice, pp.1-5.

Breuil H. et Peyrony D. (1930) ; Statuette féminine aurignacienne de Sireuil (Dordogne), *Revue Anthropologique*, no.1-3, p.4, fig.2.

Bridow T. et al. (1973) ; *Cro-Magnon Man, Time Life Book*, New York, p.160.

Cohen C. (2003) ; *La femme des origins, Images de la femmes dans la préhistoire occidentale*, Berlin-Hersche, Paris, p.191.

Delporte H. (1967) ; Brassempouy : ses industries d'après la collection Piette, *Zephyrus, XVIII*, pp.5-41.

Delporte H. (1968) ; L'Abri du Facteur a Tursac, Etude Generale, *Gallia Préhistoire, t. XI*, fasc.1, Paris, pp.1-112, fig.63.

Delporte H. (1979) ; *L'image de la femme dans l'art préhistorique*, Picard, Paris, p.287.

Delporte H. (1989) ; *Le temps de la préhistoire 1*, tome 1, éd. Mohen J.-P. : Edtion Archeologia, Paris, pp.18-19.

Dupont Ed. (1867) ; Découverte d'objets gravés et sculptés dans le Trou-Magrite à Pont-à-Less, *B.A.R. Sc.L.B.-A. de B., 24*, pp.129-132.

Gailli R. (1978) ; *L'Aventure de l'os dans la Préhistoire, Edition France-empire*, Paris, p.173.

Hahn J. (1971) ; La statuette masculine de la Grotte du Hohlenstein-Stadel (Würtemberg). *L'Anthropologie, tome 75*, facs, 3-4, Paris, pp.233-244, fig.5.

Ladier E. (1989) ; *Archéologie de la France, 30 ans de découvertes*, éd. Mohen P. : Réunion des musées nationaux Edtion, Paris, p.108.

Leroi-Gourhan A. (1965) ; *Préhistoire de l'art occidental*, Paris, Mazenod, p.480, fig.804 (coll. L'art et les grandes civilisations) (2e. éd. revus et complétée, 1971).

Leroi-Gourhan A. (1982) ; *Les racines du monde*, Entretiens avec Claude-Henri Rocquet, Paris, Belfond, p.279, fig.15.

Lumley de H. (1984) ; *Art et civilisations des chasseurs de la Préhistoire, -34,000- 8,000 ans av. J.-C.*, Laboratoire de Préhistoire du Musée de l'Homme, Muséum National d'Histoire Naturelle, Paris, p.415.

Marshack A. (1979) ; *Notions dans les gravures du Paléolithique supérieur, Bordeaux, Publications de l'Institut de Préhistoire*, Université de Bordeaux 8.

引用参考文献

Marshack A. (1972) ; *The Roots of Civilization*, McGraw-Hill Book Company.

Mohen J.-P. (1989a) ; *Le temps de la phréhistoire 1, tome1*, Edition Archéologia, Paris, p.479.

Mohen J.-P. (1989b) ; *Le temps de la phréhistoire 2, tome 2*, Edition Archéologia, Paris, p.256.

Mohen J.-P. et Olivier L. (1989) ; *Archéologie de la France, 30 ans de decouvertes*, Ministère de la Culture de la Communication, des Grands Travaux et du Bicentenaire, Editions de la Réunion des musées nationaux, Paris, p.495.

Movius H. L. Jr. (1975) ; Excavations at the Abri Pataud, Les Eyzeies (Dordogne), *American School of Prehistoric Research, Harvard, Massachusetts, vol.30*, p.305, vol.31, p.167, depl.35.

Mussi. M. (1988) ; *Dictionnaire de la prehistoire*, éd. Leroi-Gourhan A. : Presses Universitaire de France, Paris, p.448 et p.954.

Otte M. (1979) ; *Le Paléolithique supérieur ancien en Belgique*, Monographies d'archéologie nationale, Musées royaux d'art et d'histoire, Bruxelle, p.684.

Otte M. (1981) ; *Le Gravettien en Europe centrale*. Dissertationes Archaeologicae Gandenes, vol. de Tempel, Brugge, p.505, fig.251.

Otte M. (1988) ; *Dictionnaire de la préhistoire*, éd. Leroi-Gourhan A. : Presses Universitaire de France, Paris, pp.445-446.

Praslov N. D. et Rogacev A.N. (1982) ; *Paleolit Kostrnkovkogo-Borcevskogo rajana na Donu 1879-1979*, Leningrad.

Rigaud J.-Ph. (1989) ; *Le temps de la préhistoire 1, tome 1*, éd. Mohen P. : Edtion Archéologia, Paris, pp.269-273.

Saint-Blanquat H. (1987) ; *Les premiers Francais* (archives du temps), Casterman, Paris, p.319.

Staint-Perier R. de (1924) ; Statuette de femme stéatopyge découverte à Lespugue (Haute-Garonne), *L'Anthropologie, t.32*, pp.361-381, pl.2, fig.4.

Taborin Y. (2004) ; *Langage sans parole, La parure aux temps préhistoriques*, La maison des roches, Paris, p.216.

Taborin Y. et Thiebaut S. (1988) ; *Dictionnaire de la préhistoire*, éd. Leroi-Gourhan A. : Presses Universitaire de France, Paris, p.611 et p.904.

竹花和晴 2007「中部ヨーロッパにおける後期旧石器文化のヴィーナスの様式」『人文論究』76号、北海道教育大学函館校（北海道）pp.77-107。

竹花和晴 2010・2011「東ヨーロッパ大平原に展開したいわゆるヴィーナスの様式」

上・下、『人文論究』79・80号、北海道教育大学函館校（北海道）、79号：pp.29-38、80号、pp.123-135。

竹花和晴 2012「グラヴェット文化のヴィーナスの様式、特に西欧地域の研究」『旧石器考古学』76・77号、旧石器談話会編（京都）、76号：pp.103-115、77号：pp.53-67。

竹花和晴 2014「グラヴェット文化のヴィーナスの様式、特に西シベリアの研究」『旧石器考古学』79号、旧石器文化談話会編（京都）、pp.31-47。

Vibraye Marquis de (1984) ; *L'Anciennete de l'homme, Appendice, Paris*, Babillère J.-B. et Fils, in-8, 296 p. ,fig. ; éd. Lyell Sir Charles 1864 ; L'anciennete de l'homme prouvee par la geologie et emarques sur theories relatives a l'origine des especes par variation, traduit avec le concours de l'auteur par Chiper M. M. Paris, J.-B. Baillere et Fils, in-8, P.xvi-557, fig.

【第2章】

Absolon K. (1945) ; Die Erforschung des diluvialen Mammut jäger Sation von Unier-Wisternitz in den Pollauer Bergen in *Mähren*. Brno.

Barta J. & Bainesz L. (1982) ; *The Paleolithic and Mesolithic*. pp.11-29.

Bosinski G. (1990) ; *Homo sapiens*. L'histoire des chasseurs du Paléolithique supérieur en Europe (40,000-10,000 av. J.-C.). Édition Errance, Paris, p.281.

Breuil H. et Peyrony D. (1930) ; Statuette féminine aurignacienne de Sireuil (Dordogne). *Revue Anthropologique*, no. 1-3, p.4, fig.2.

Brézillon M. (1969) ; *Dictionnaire de la Préhistoire*. Dictionnaire de l'Homme du XXe siècle, Librairie Larousse, Paris, p.256.

Delporte H. (1968) ; *L'Abri du Facteur à Tursac*. Étude Générale. Gallia Prehistoire, t.XI, fasc. 1, pp.1-112, fig.63.

Delporte H. (1979) ; L'image de la femme dans l'art préhistorique. Picard, Paris.

Gailli R. (1978) ; *L'Aventure de l'os dans la Préhistoire*. Édition France-Empire, Paris, p.173.

Leroi-Gourhan A. (1982) ; *Les racines du monde*. Belfond, Paris, p.315.

Leroi-Gourhan A. (1988) ; *Dictionnaire de la Prehistoire*. Presses Uuniversitaires de France, Paris, p.1220.

Lumley H. et al. (1984) ; *Art et civilisations des chasseurs de la Préhistoire, 34,000-8,000 ans av. J.-C.*, Laboratoire de Préhistoire du Musée de l'Homme et Muséum National d'Histoire Naturelle, Paris, p.415.

Mohen J.-P. et Olivier L. (1989) ; *Archéologie de la France, 30 ans de découvertes*.

引用参考文献

  Ministere de la Culture de la Communication, des Grands Travaux et du Bi-centenaire, Editions de la Réunion des musées nationaux, Paris, p.495.
Moius H.L. Jr.(1975) ; *Excavations at the Abri Pataud, Les Eyzeies (Dordogne)*. American School of Prehistoric Recherch, Harvard Massachusetts vol.30, p.305, vol.31, p.167, depl.35.
Otte M.(1981) ; *Le Gravettien en Europe centrale*. Dissertationes Archaeologicae Gandenes,vol. de Tempel, Brugge, p.505, fig.251.
Peyrony D.(1933) ; Les industries <<aurignacienne>> dans le bassin de la Vézère. Aurignacien et Perigordien. *B.S.P.F. t.30*, p.543-559, fig.13.
Praslov N.D. et Rogacev A.N. (1982) ; *Paleolit Kostrnkovkogo-Borcevskogo rajana na Donu 1879-1979*. Leningrad.
Vibraye Marquis de(1984) ; *L'Anciennete de l'homme*. Appendice, Paris, Babillere J.-B. et Fils,in-8, p.296, fig. ; ed.Lyell Sir Charles 1864 ; L'anciennette de l'homme prouvee par la géologie et remarques sur théories relatives a l'origine des espèces par variation, traduit avec le concours de l'auteur par Chiper M.M. Paris, J.-B.Baillere et Fils, in-8°, p.xvi-557, fig.
竹花和晴 2007「中部ヨーロッパにおける後期旧石器文化のヴィーナスの様式」『人文論究』76号、北海道教育大学函館港(北海道)、pp.77-117
竹花和晴 2010-2011「東ヨーロッパ大平原に展開した所謂「ヴィーナスの様式」」『人文論究』79・80号、北海道教育大学函館港(北海道)、79号：pp.29-38、80号：pp.123-135。
竹花和晴 2012「グラヴェット文化の「ヴィーナスの様式、特に西欧地域の研究」『旧石器考古学』76・77号、旧石器談話会編(京都)、76号：pp.103-115、77号：pp.53-67。
竹花和晴 2014「グラヴェット文化の「ヴィーナスの様式」、特に西シベリアの研究」『旧石器考古学』79号、旧石器文化談話会編(京都)、pp.31-47。

【第3章】

Abramova Z.A.(1967) ; L'art mobilier paléolithique en URSS, *Quartar, t.18*, pp.99-12.
Archéologie et paléogéographie du Paléolithique supérieur de la plaine russe, *Livret-guide de la reunion de travail <<Dynamique des interaction du milieu naturel et la societe prehistorique>>*, Moscou.
Absolon K.(1945) ; Die Erforschung des diluvialen Mammut jager Sation von Unier-Wisternitz in den Pollauer Bergen in *Mahren*, Brno.5.
Barta J. and Bainesz L.(1982) ; *The paleolithic and Mesolithic*, pp.11-29.

Bordes F. (1966) ; proto-Magdalènien ou Périgordien Ⅶ, (En coll. avec Sonneville-Bordes de D.) ; *L'Anthropologie, t.70*, Paris, pp.113-122, fig.5.

Bosinski G. (1990) ; *Homo sapiens*. L'histoire des chasseurs du Paléolithique supérieur en Europe (40,000-10,000 av. J.-C.), Edition Errance, Paris, p.281.

Brézillon M. (1969) ; *Dictionnaire de la Prehistoire*. Dictionnaire de l'Homme du XXe siecle, Librairie Larousse, Paris, p.256.

Breuil H. et Peyrony D. (1930) ; Statuette féminine aurignacienne de Sireuil (Dordogne). *Revue Anthropologique, no. 1-3*, p.4, fig.2.

Bridow T. et al. (1977) *Cro-Magnon Man*. Time Life Book, New York, p.160.

Cohen Cl. (2006) ; *La femme des origines, Images de la femme dans la préhistoire occientale*. Belin-Herscher, Paris, p.191.

Delporte H. (1967) ; Brassempouy : ses industries d'après la collection Piette, *Zephyrus*, XVIII. pp..5-41.

Delporte H. (1968) ; *L'Abri du Facteur a Tursac*. Etude Generale. Gallia Prehistoire, t. XI, Paris, fasc. 1, pp.1-112, fig.63.

Delporte H. (1979) ; *L'image de la femme dans l'art préhistorique*, Picard, Paris.

Dupont Ed. (1867) ; Découverte d'objets gravés et sculptés dans le Trou-Magrite à Pont-à-Less, *B.A.R.Sc.L.B.-A. de B., 24*, 1867, pp.129-132.

Gailli R. (1978) ; *L'Aventure de l'os dans la Préhistoire*. Edition France-empire, Paris, p.173.

Gerasimov M.M. (1931) ; *Mal'ta. Paleoliticeskaja stojanka*, Irkutsk.

Gerasimov M.M. (1935) ; Raskopki paleolicheskoij stojanki v. s. *Mal'ta. Paleolite SSSR*. IGAIMK.

Leroi-Gourhan A. (1965) ; *Préhistoire de l'art occidental*. Paris, Mazenod, p.480, fig.804. (coll. L'art et les grandes civilisations) (2e éd.revus et complètée, 1971).

Leroi-Gourhan A. (1982) ; *Les racines du monde*, Entretiens avec Claude-Henri Rocquet. Paris, Belfond, p.279, fig.15.

Leroi-Gourhan A. (1988) ; *Dictionnaire de la Préhistoire*, Presses Uuniversitaires de France, Paris, p.1220.

Lumley H. et al. (1984) ; *Art et civilisations des chasseurs de la Préhistoire, 34,000-8,000 ans av. J.-C.*, Laboratoire de Préhistoire du Musée de l'Homme et Museum National d'Histoire Naturelle, Paris, p.415.

Marshack A. (1979) ; *Notions dans les gravures du Palélithique superieur*. Bordeaux, Publications de l'Institut de Prehistoire, Universite de Bordeaux 8.

Marshack A. (1972) ; *The Roots of Civilization*. McGraw-Hill Book Company.

Mohen j.-P.et Olivier L. (1989) ; *Archeologie de la France, 30 ans de déouvertes*, Ministère de la Culture de la Communication, des Grands Travaux et du Bicentenaire, Editions de la Réunion des musées nationaux, Paris, p.495.

Movius H.L. (1975) ; Excavations at the Abri Pataud, Les Eyzeies (Dordogne). *American School of Prehistoric Recherch*, Harvard Massachusetts, vol.30, p.305, vol.31, p.167, depl.35.

Okladnikov A.P. (1940) ; Burt', novaja paleoliticeskaja stojanka na Angare, *Sovetskaja arkheologija, 5*, pp.290-293.

Okladnikov A.P. (1960) ; paleoliticeskie jenskie statuetki Burt', *Paleolit i Neolit SSSR, 4* Materialy i issledovanja po arkheologii SSSR, 79, pp.281-288.

Otte M. (1981) ; *Le Gravettien en Europe centrale*. Dissertationes Archaeologicae Gandenes, vol. de Tempel, Brugge, p.505. fig.251.)

Peyrony D. (1933) ; Les industries <<aurignacienne>> dans le bassin de la Vézère. Aurignacien et Périgordien. *B.S.P.F. t.30*, pp.543-559, fig.13.

Praslov N.D. et Rogacev A.N. (1982) ; *Paleolit Kostrnkovkogo-Borcevskogo rajana na Donu 1879-1979*. Leningrad.

Staint-Perier R. de (1924) ; Statuette de femme stéatopyge découverte à Lespugue (Haute-Garonne), *L'Anthropologie, t.32*, p.361 à 381, fig.4, pl2.

Vibraye Marquis de (1984) ; L'Ancienneté de l'homme. Appendice, Paris, Babillère J.-B. et Fils,in-8, p.296, fig. ; éd. Lyell Sir Charles 1864 ; *L'ancienneté de l'homme prouvée par la géologie et remarques sur théories relatives à l'origine des espèces par variation*, traduit avec le concours de l'auteur par Chiper M.M. Paris, J.-B.Baillere et Fils, in-8°, xvi-557 p., fig.

【第4章】

Abramova, Z.A. (1962) ; *Lart mobilier paléolithique sur le territoire de l'URSS* (Russe), Moscou-Lenigrad, Edition de l'Academie des Sciences.

Abramova, Z.A. (1967) ; L'art mobilier paléolithique en URSS, *Quartar, 18*, pp.99-125.

Abramova, Z.A. (1988) ; Eliseevici (p.347), Mal'ta (pp.656-657), Buret' (p.166), *Dictionnaire de la Préhistoire*, Presses Universitaires de France, Paris.

Archéologie et paléogéographie du Paléolithique supérieur de la plaine russe (1981) ; Livret-guide de la réunion de travail ≪*Dynamique des intéraction du* milieu naturel et la société préhistorique》, Moscou.

Bordes, F. (1966) ; proto-Magdalènien ou Périgordien Ⅷ. (En coll. avec Sonneville-Bordes, de D.), *L'Anthropologie, t. 70*, pp.113-122, fig.5.

Bordes, F. (1978) ; Proto-Magdalènien à Laugerie-Haute est, *Bull. de la Société Préhistorique. Française., t. 75*, Paris, pp.11-12.

Bosinski, G. (1990) ; *Homo sapiens*. L'histoire des chasseurs du Paleolithique superieur en Europe (40,000-10,000 av. J.-C.), Edition Errance, Paris, p.281.

Brézillon, M. (1969) ; *Dictionnaire de la Préhistoire*. Dictionnaire de l'Homme du XXe siecle, Librairie Larousse, Paris, p.256.

Breuil, H. (1906) ; Les gisements présolutréens du type d'Aurignac., Coup d'oeuil sur le plus ancien age du Renne, *C.I.d'A. et d'A.P., 13e session* : Monaco, t. 1, pp.323-350.

Breuil, H. (1912) ; Les subdivisions du Paléolithique supérieur et leur signification, *Extr. du C.I.d'A. et d'A.P., 14e session*, Genève, CR. vol.1, pp.165-238.

Breuil, H. et Peyrony, D. (1930) ; Statuette feminine aurignacienne de Sireuil (Dordogne). *Revue Anthropologique, No.1-3*, p.4, fig.2.

Bridow, T. et al. (1977) ; *Cro-Magnon Man*. Time Life Book, New York, 160 p..

Cohen, Cl. (2006) ; *La femme des origines*, Images de la femme dans la préhistoire occidentale. Belin-Herscher, Paris, p.191.

Combier, J. (1984) ; Les habitats de plein air, Les premiers artistes, *Les dossiers, histoire et archeologie. no.87* ; Dijon, pp.33-40.

Combier, J. (1989) ; Aurignacien et Périgordien dans l'Est de la France, *Le temps de la Prehistoire*, éd. ; Mohen, P., Edition Archéologia, Paris, pp.274-275.

Delporte, H. (1979) ; *L'image de la femme dans l'art préhistorique*, Picard, Paris, p.287.

Garrod, D. (1938) ; The Upper Paleolithic in the light of recent discovery, *Proceedings of the Prehistoric Society*, pp.156-173, reimpression (s.d.), p.25, fig.7, pl.4. h.-t..

Gerasimov, M.M. (1931) ; *Mal'ta. Paleoliticeskaja stojanka*, Irkutsk.

Gerasimov, M.M. (1935) ; *Raskopki paleolicheskoij stojanki v. s. Mal'ta. Paleolite SSSR*. Igaimk.

木村英明 1995『AMSUニュース』No.5、札幌大学、埋蔵文化財展示室編、16（北海道）。

Leroi-Gourhan, A. (1965) ; *Préhistoire de l'art occidental*. Paris, Mazenod, p.480,

235

fig.804, (coll. L'art et les grandes civilisations), (2e éd. revue et complétée, 1971).

Leroi-Gourhan, A.(1982) ; *Les racines du monde*. Entretiens avec Claude-Henri Rocquet. Belfond, Paris, p.279, fig.15.

Leroi-Gourhan, A.(1988) ; *Dictionnaire de la Préhistoire*, Presses Universitaires de France, Paris, p.1220.

Lumley, H. et al.(1984) ; *Art et civilisations des chasseurs de la Préhistoire : -34,000-8,000 ans av. J.-C.*. Laboratoire de Préhistoire du Musée de l'Homme et Museum National d'Histoire Naturelle, Paris, p.415.

Lyell, Sir Charles 1864 ; *L'anciennette de l'homme prouvee par la geologie et remarques sur theories relatives a l'origine des especes par variation*, traduit avec le concours de l'auteur par Chiper, M.M. Paris, J.-B. Baillere et Fils, in-8°, xvi-557 p..

Movius H.L.Jr.(1975) ; Excavations at the Abri Pataud. Les Eyzeies (Dordogne). *American School of Prehistoric Research*, Harvard, Massachusetts, vol.30, p.305, vol.31, p.167, depl.35.

Okladnikov, A.P.(1940) ; Burt', novaja paleoliticeskaja stojanka na Angare, Sovetskaja arkheologija, 5, pp.290-293.

Okladnikov, A.P.(1960) ; paleoliticeskie jenskie statuetki Burt', *Paleolit i Neolit SSSR, 4 Materialy iissledovanja po arkheologii SSSR, 79*, pp.281-288.

Otte, M.(1981) ; Le Gravettien en Europe centrale. Dissertationes Archaeologicae Gandenes, vol. De Tempel, Brugge, p.505. fig.251.

Peyrony, D.(1933) ; Les industries ≪aurignacienne≫ dans le bassin de la Vézère. Aurignacien et Périgordien. *B.S.P.F. t.30*, p.543-559, fig.13.

Praslov, N.D. et Rogacev, A.N.(1982) ; *Paleolit Kostrnkovkogo-Borcevskogo rajana na Donu 1879-1979*. Leningrad.

Rigaud, J.-Ph.(1989) ; Paléolithique supérieur ancien en Aquitaine, *Le temps de la Préhistoire 1*, tome 1, éd.：Mohen, P., Edition Archéologia, Paris, pp.269-273.

竹花和晴 2007「中部ヨーロッパにおける後期旧石器文化のヴィーナスの様式、『人文論究』76号、北海道教育大学函館校（北海道）、pp.77-107。

竹花和晴 2010・2011「東ヨーロッパ大平原に展開したヴィーナスの様式」上・下、『人文論究』79・80号、北海道教育大学函館校（北海道）、79：pp.29-38、80：pp.123-135。

竹花和晴 2012「グラヴェット文化のヴィーナスの様式、特に西欧地域の研究」上・

下『旧石器考古学』76・77号、旧石器文化談話会編（京都）、76：pp.103-115、77：53-67。

竹花和晴 2014「グラヴェット文化の「ヴィーナスの様式」、特に西シベリアの研究」『旧石器考古学』79号、旧石器文化談話会編（京都）、pp.31-47。

Vibraye, Marquis de (1884) ; *L'Ancienneté de l'homme. Appendice*, Paris, Babillère, J.-B. et Fils, in-8, p.296, fig. ; éd.

下『旧石器考古学』76・77号、旧石器文化談話会編（京都）、76：pp.103-115、77：53-67。

竹花和晴 2014「グラヴェット文化の「ヴィーナスの様式」、特に西シベリアの研究」『旧石器考古学』79号、旧石器文化談話会編（京都）、pp.31-47。

Vibraye, Marquis de (1884) ; *L'Ancienneté de l'homme. Appendice*, Paris, Babillère, J.-B. et Fils, in-8, p.296, fig. ; éd.

The Venus of the Gravettian Culture

Kazuharu TAKEHANA

Summary

Chapter 1   Studies on the Venus Style of the Gravettian Culture, Especially in the West Europe

In the beginning of the 20th century, H. Breuil studied the expansive chronology of the Upper Paleolithic in West Europe. It is related to each cultural stage, such as Aurignacian (Aurignacien), Solutrean (Solutreen) and Magdalenian (Magdalenien). The studies of French prehistorians have discovered the woman statuette from the sediment which involved these Upper Paleolithic cultures before especially Solutrean. In those days, these were called "the Aurignacian statuette."However, nobody has excavated those discoveries from the sedimentary layers of"Aurignacian"in the narrow sense. Until 1993, in the Perigord district in southwestern France, D. Peyrony identified five local cultural aspects which were parallel to Aurignacian in a broad sense in the Upper Paleolithic culture. It was the continuous expansive stage. He called it Perigordian (Perigordien). The terms of the fourth (Ⅳ), fifth (Ⅴ), sixth (Ⅵ) and seventh (Ⅶ) in the Upper Perigordian culture, have been effective. And we till use these terms. Each aspect and continuity on such typologies of those industries are clearand very effective on cultural chronology. We utilize the classification of this Upper Perigordian as a time measure of the chronology. In addition, we call the culture that spread from the Don River valley of Great Plain of Russia to the Iberian Peninsula to Russia a Gravettian (Gravettien). Separately, it is connected with the type site in

France and composite of the period developed to vast geographical space. In this paper, we check the unity of the mental culture in this cultural territory. And this cultural activity was called what is called a "Venus Style" (Style des Venus) by a famous French prehistorian. This style is characterized by the small sculpture which modeled the woman, or the shallow relief technique. This small image was mainly made from soft materials, such as the ivory of a mammoth or a bone of a large mammal, marble, and a limestone.

The expression was exaggerated by the volume in the specific portion of the body, especially a waist, an abdomen, a breast, which was quite different from actual form. In contrast to these body cores emphasized clearly, the end piece such as the head and legs were so simplified that the original balance was disregarded. This feature is regarded as the expression of feature of steatopygia on the African continent which the traveler from West Europe acquainted in the 20th century.

In this paper, we quoted many pioneering researches and typical studies by several precedent researchers. We also added and examined the new data discovered in West Europe in recent years. Moreover, we developed the argument as compared with the example of Central or East Europe.

Chapter 2   Style de Vénus paléolithiques dans l'Europe centrale

En ce qui concerne de la civilisation gravettienne, se dévélopait dans une periode extrêmement froide et séche surtout en Europe centrale et orientale, avec des renne (Rangifer tarandus), des mammouths (Elephas primigenius), des rhinoceros laineux (Coelodonta antiquus) et d'autres animaux du même climat (, etc).

A partir de ces origines différentes, des processus techniques propres à la tradition semblent avoir été adoptés à peu près vers la même période dans les différentes régions d'Europe: la plaine d'Europe orientale (la Russie et l'Ukraine), les parties centrales europiennes (la Moravie et la basse Autriche), le Nord-Ouest (la Grande Bretagne, la Belgique et le Nord de la France) et le Sud-Ouest de la France (le Périgord). A propos de ce thème, à la phase ancienne de la Moravie, cette civilisation apparait déjà très dévelopée avec une économie particulièrement orientée vers la chasse aux mammouths, nombreux oeuvres d'art et les structures d'habitat variées témoignant d'un mode de vie semi-sédentaire et manifestations rituelles et artistiques déjà stéréotypées.

Les statuettes féminines paléolithiques, le plus sounent en ivoire, en os ou en pierre tendre. Elles se repartissent de la Siberie à l'Atlantique. Leurs formes traitées conventionnellement s'inscrivent dans un losange et s'éloignent de la réalité pour devenir un jeu de volumes. Les caractères feminins sont volontairement hypertrophiés. Par exemple, le corps central (hanches, ventre, seins) est énorme par rapport aux bouts partiels (tête et jambes) qui sont négligées.

La datation de ces statuettes dites aussi Vénus, est incertaine, la plupart ayant été découvertes fortuitement ou dans des conditions scientifiques très relatives. Mais la <<tradition>> veut qu'elles soient aurignacienns alors qu'elle sont en majorité gravettienne.

Chapter 3   Style de Vénus paléolithiques dans la plaine d'Europe orientale.

En ce qui concerne de la civilisation gravettienne, se développait dans une période extrêmement froide et sèche surtout en Europe orientale avec des rennes (Rangifier tarandus), des mammouths (Elephas primigenius), des rhinoceros laineux (Coelodonta antiquus) et d'autres animaux du même climat (, etc).

A partir de ces origines différentes, des processus techniques propres à la tradition semblent avoir été adoptés à peu près vers la même période dans différentes régions d'Europe: la plaine d'Europe orientale (Russie et Ukraine), les parties centrales européennes (Moravie et Basse Autriche), le Nord-Ouest

(Grande Bretagne, Belgique et Nord de la France) et le Sud-Ouest (Prigord). A propos de ce thème, à la phase ancienne de la plaine de Russie, cette civilisation apparaît déjà très développée avec une économie particulierement orientée vers la chasse aux mammouths, nombreux oeuvres d'art et les structures d'habitat variées témoignant d'un mode de vie semi-sédentaire et manifestations rituelles et artistiques déjà stéréotypées.

Les statuettes féminines paléolithiques, le plus souvent en ivoire, en os ou en piérre tendre. Elles se répartissent de la Sibérie à l'Atlantique. Leurs formes traités conventionnellement s'inscrivent dans un losange et s'éloignent de la réalité pour devenir en jeu de volumes. Les caractères féminins sont volontairement hypertrophiés. Par exemple, le corps central (hanches, ventre et seins) est énorme par rapport aux bouts partiels (tête et jambes) qui sent négligées.

La datation de ces statuettes dites aussi vénus, est incertaine, la plupart ayant été découverte fortuitement ou dans des conditions scientifiques dans cette région. Mais la <<tradition>> veut qu'elles soient magdalèniennes alors qu'elle sont en majorité gravettienne.

Chapter 4 Style of Venus in Eastern Gravettian, Especially in Western Siberia

In the Western Europe, the style of Venus developed itself paralleling to the style II of the cave painting.

As to the age and the cultural chronology, it took place during a relatively short duration. And it ends with the maximum coldness of the last glaciation. It is interesting that we are able to find out a lot of common features between the Venus in relief of the Abri Pataud shelter (23,010 ± 170BP) in France and the feminine statuettes fromthe site of Mal'ta which are probably their final creation.

With regard to the feminine statuettes from the Western Siberia, they are characterized by the expression of the figurative head that is enough realistic without the exaggeration and extreme stylization.

Although the expression of the hair was important in the sites of the Great Russian plain, it was made too much in the Siberian sites, especially at the site of Mal'ta. The feminine statuettes of the Great Russian plain were not taken any consideration for the facial representation. They have the flat face without eyes and nose. On the other hand, most of Mal'ta figurines were shaped with realistic representation. It is also important to compare between the Gravettian statuettes of Europe and those of Western Siberia for the representation of the volumes of the central body. In the Eastern Europe, statuettes with fat belly are general. However, those fromMal'ta do not show the shape of her pregnancy inmost cases. The breasts are represented as full round in the sites of the Central Europe. Otherwise this characteristic did not develop in the site of Mal'ta.

The Venus of Mal'ta is significantly characterized by the representation of shortening on the lower half of the body, comparing with ones of the Eastern Europe. The statuettes of Mal'ta do not show the feminine features with pregnancy, which are not developed comparing to those of Eastern Europe.

The representation for the fundamental features (breast, abdomen and hip) encircles in the central body suggested by Andre Leroi-Gourhan that we notes the Venus of all the Europe. And we also ratify this importance among most of the statuettes of Mal'ta. Therefore it is impossible to apply the typical features from the Europe to the Siberia.

are characterized by the expression of the figurative head that is enough realistic without the exaggeration and extreme stylization.

Although the expression of the hair was important in the sites of the Great Russian plain, it was made too much in the Siberian sites, especially at the site of Mal'ta. The feminine statuettes of the Great Russian plain were not taken any consideration for the facial representation. They have the flat face without eyes and nose. On the other hand, most of Mal'ta figurines were shaped with realistic representation. It is also important to compare between the Gravettian statuettes of Europe and those of Western Siberia for the representation of the volumes of the central body. In the Eastern Europe, statuettes with fat belly are general. However, those fromMal'ta do not show the shape of her pregnancy inmost cases. The breasts are represented as full round in the sites of the Central Europe. Otherwise this characteristic did not develop in the site of Mal'ta.

The Venus of Mal'ta is significantly characterized by the representation of shortening on the lower half of the body, comparing with ones of the Eastern Europe. The statuettes of Mal'ta do not show the feminine features with pregnancy, which are not developed comparing to those of Eastern Europe.

The representation for the fundamental features (breast, abdomen and hip) encircles in the central body suggested by Andre Leroi-Gourhan that we notes the Venus of all the Europe. And we also ratify this importance among most of the statuettes of Mal'ta. Therefore it is impossible to apply the typical features from the Europe to the Siberia.

あとがき

　筆者は本来、ユーラシア大陸の前・中期旧石器文化の石器類型学の研究をライフワークとして歩んできた。1980年代中ごろ、フランスの国立自然史博物館・人類古生物学研究所の博士課程にあって、如上の研究課題を与えられた。

　同課程前期には、第四紀人類にかかわる先史学上の講義が非常に豪華な講師陣により組まれていた。人類古生物学研究所のルネ・デブロス氏（Desbrosse R.）もその一人で、専門がユーラシア大陸西部の旧石器文化である。その講義には毎回膨大な複写資料が配布された。当時は、講師の意図とすることも理解出来ずに、何より自らの専門領域の必要最低限のフランス語文献ですら咀嚼もままならない状態であり、ましてや中部、東部ヨーロッパの旧石器文化等は明らかに力の及ぶ範囲外におもわれた。

　1992年代に帰国したが、学位論文に関連する研究資料は殆ど日本列島には存在せず、実際の資料を介した研究から不可避的に遠ざかりつつあった。さらに、2000年に発覚した「前・中期旧石器の捏造事件」は、筆者の旧石器研究に精神的にも物理的にも大きな負担を強いた。

　そんな折、あらためてヨーロッパの旧石器文化を全体的に学んでみようとおもった。奇しくも件のデブロス氏の副教材の束が見つかり、それを開けてみた。ヨーロッパの東方地域に関する膨大な発見資料と論考がフランス語と地域言語で論じられていた。あらためて少なからず衝撃を受け、そして関心がわいてきた。旧石器文化に関する事柄で、普遍性のある研究主題と体系的な学術成果を探し求めていたが、期せずして、「グラヴェット文化のヴィーナスの像」についてアンリ・デルポルト（Delporte H.）著作の『Image de femme』（「"婦人のイメージ"」Delporte 1979）が糸口となった。それは後期旧石器時代最大の文化領域を形成したグラヴェット文化の時空に"引き込む"ような磁力と魅力があった。

あとがき

　フランスを中心にした西ヨーロッパの「グラヴェット文化のヴィーナスの像」は何れ必ず取り組むべきものとして、まずは隣接地域のドイツ、チェコ等の中部ヨーロッパに着手した。いう迄もないが、そこにも西ヨーロッパに勝るとも劣らない濃密な旧石器文化が存在した。そして、多くのフランス語で書かれた著作、論文を介して詳しく知るしことが出来た。

　この上は躊躇なく更に東へ向かった。ただ、筆者は当初、キリル文字と云う音読すら困難な壁を想定し、恐れた。けれども、ロシアの研究者アブラモーヴァ（Abramova Z.A.）はフランス語で東ヨーロッパ大平原、西シベリアの「ヴィーナスの像」に関する集大成を表していた。欧州諸語間の汎用性と卓抜した教養語の実力を改めて実感した。

　本書の対象であるグラヴェット文化は大西洋岸からバイカル湖西岸に及び地球の四分の一周にも匹敵する空間に展開したが、その物質文化と生活様式、更に精神文化は濃密なネットワークの如き共通性を示している。それはフランス先史学と学術言語の知的成果であり、それを読み解くことは更新世の人類活動を明晰に理解し得る悦びである。

　本書が、読者の過去の人類と旧石器文化を理解する一助となれば、筆者の望外の喜びである。

　　　2018年5月

　　　　　　　　　　　　　　　　　　　　　　　　　　竹花　和晴

[追記・初出について]

本書は、すでに学術誌等に発表した5つの論文を集成したものです。

各章の第1節に相当する箇所は、2002年「のユーラシア大陸西部における後期旧石器文化の成立とその背景」上・下『旧石器考古学』62・63、旧石器文化談話会編によります。

そして第1章は、2012年の「グラヴェット文化のヴィーナスの様式、特に西欧地域の研究」上・下『旧石器考古学』76・77、旧石器文化談話会編です。

第2章は、2007年の「中部ヨーロッパにおける後期旧石器文化のヴィーナスの様式」『人文論究』76、北海道教育大学函館校(北海道)からです。

第3章は、2010年と2011年の「東ヨーロッパ大平原に展開したいわゆるヴィーナスの様式」上・下、『人文論究』79・80、北海道教育大学函館校(北海道)からです。

第4章は、2014年の「グラヴェット文化のヴィーナスの様式、特に西シベリアの研究『旧石器考古学』79、旧石器文化談話会編からです。

最後に、終章の結論は、今回書下ろしです。

竹花和晴(2002):「ユーラシア大陸西部における後期旧石器文化の成立とその背景」上・下『旧石器考古学』62・63、旧石器文化談話会編、63:pp.23-37、77:23-34。

竹花和晴 2007「中部ヨーロッパにおける後期旧石器文化のヴィーナスの様式」『人文論究』76、北海道教育大学函館校(北海道)pp.77-107。

竹花和晴 2010・2011「東ヨーロッパ大平原に展開したいわゆるヴィーナスの様式」上・下、『人文論究』79・80、北海道教育大学函館校(北海道)pp.29-38・pp.123-135。

竹花和晴(2012):「グラヴェット文化のヴィーナスの様式、特に西欧地域の研究」上・下『旧石器考古学』76・77、旧石器文化談話会編、76:pp.103-115、77:53-67。

竹花和晴(2014):「グラヴェット文化のヴィーナスの様式、特に西シベリアの研究『旧石器考古学』79、旧石器文化談話会編、pp.31-47。

■著者紹介

竹花 和晴 （たけはな かずはる　Kazuharu Takehana）

1954年、岩手県九戸郡軽米町生まれ。
人類古生物学研究所（Institut de Paléontologie Humaine）・仏国立自然史博物館（Muséum National d'Histoire Naturelle）、修士課程（DEA）修了（1986年）。
人類古生物学研究所（Institut de Paléontologie Humaine）・仏国立自然史博物館、統一博士課程修了（1991年）。
仏大学省認定・自然史博物館博士号取得（先史学・地質学・古生物；1992年）、理学博士（先史学）。
人類古生物学研究所・通信会員（2014年より）。

《主要著書》
「ラスコー洞窟」『世界の遺産100』朝日ワンデーマガジン、1995年。
「アシュール文化集団の生活様式と行動を解明する一つの独自なアプローチ、探求すべき一遺跡．テラマタ遺跡のアシュール文化集団の居住面層」、『テラマタ遺跡、フランス・アルプマリティム県ニース市―テラマタ遺跡のアシュール文化狩猟集団の居住面の詳細と考古学的堆積物の分層化―』、第Ⅲ巻、リュムレイ H. de 監修、仏国立科学調査センター出版、パリ、pp.463-464、477p.（全編仏語）2013年。
「学際的研究による更新世中期における南ヨーロッパのアシュール文化集団の生活様式と行動を探求すべき一遺跡」、『テラマタ遺跡、フランス・アルプマリティム県ニース市―テラマタ遺跡のアシュール文化狩猟集団の生活様式と行動―』、第Ⅴ巻、リュムレイ H. de 監修、仏国立科学調査センター出版、パリ、p.407、536p.（全編仏語）2016年。
Whale hunting of the Ainu and the prehistoric tradition, The Whale on the Rock., (ed. : Ulsan Petroglyph Museum), Ulsan Petroglyph Museum, Ulsan, Republic of Korea, pp.123-136, 303p.（全編英語）2017年。
「グラヴェット文化におけるヴィーナス様式の研究」『旧石器時代の知恵と技術』雄山閣、2017年。

2018年6月25日　初版発行　　　　　　　　　　　　　　　　《検印省略》

●ユーラシア考古学選書●
グラヴェット文化のヴィーナスの像
―旧石器時代最大の美と知のネットワーク―

著　者	竹花和晴
発行者	宮田哲男
発行所	株式会社 雄山閣
	東京都千代田区富士見2-6-9
	ＴＥＬ　03-3262-3231 ／ ＦＡＸ　03-3262-6938
	ＵＲＬ　http://www.yuzankaku.co.jp
	e-mail　info@yuzankaku.co.jp
	振　替：00130-5-1685
印刷・製本	株式会社ティーケー出版印刷

©Kazuharu Takehana 2018　　　　　ISBN978-4-639-02579-5 C0022
Printed in Japan　　　　　　　　　　N.D.C.223　248p　22cm